U0575848

国家出版基金项目
NATIONAL PUBLICATION FOUNDATION

"十四五"时期国家重点出版物出版专项规划项目

突发公共卫生事件应急物流丛书

应急物流人才供应链管理与保障

瞿群臻　著

中国财富出版社有限公司

图书在版编目（CIP）数据

应急物流人才供应链管理与保障／瞿群臻著．—北京：中国财富出版社有限公司，2024.11

（突发公共卫生事件应急物流丛书）

"十四五"时期国家重点出版物出版专项规划项目

ISBN 978－7－5047－8142－0

Ⅰ.①应… Ⅱ.①瞿… Ⅲ.①物资管理-应急系统-物流管理-人才培养-保障体系-研究 Ⅳ.①F252.1

中国国家版本馆 CIP 数据核字（2024）第 047788 号

策划编辑 徐 妍		**责任编辑** 徐 妍		**版权编辑** 李 洋	
责任印制 尚立业		**责任校对** 杨小静		**责任发行** 敬 东	

出版发行	中国财富出版社有限公司	
社　　址	北京市丰台区南四环西路 188 号 5 区 20 楼	**邮政编码**　100070
电　　话	010－52227588 转 2098（发行部）	010－52227588 转 321（总编室）
	010－52227566（24 小时读者服务）	010－52227588 转 305（质检部）
网　　址	http：//www.cfpress.com.cn	**排　　版**　宝蕾元
经　　销	新华书店	**印　　刷**　宝蕾元仁浩（天津）印刷有限公司
书　　号	ISBN 978－7－5047－8142－0/F・3705	
开　　本	710mm×1000mm　1/16	**版　　次**　2024 年 11 月第 1 版
印　　张	28.25	**印　　次**　2024 年 11 月第 1 次印刷
字　　数	353 千字	**定　　价**　120.00 元

学术顾问委员会

编　委　会

前　言

　　公共卫生是一个国家或地区稳定与繁荣的根基，政府通过制定公共政策和实施保障措施，创造有利于生产发展和人民健康生活的环境。随着全球化趋势加快，一些公共卫生问题超越国界，对全球的生产生活和人类的健康福祉都造成了严重威胁。近年来，突发公共卫生事件时有发生，且呈现影响范围广、程度大等特点。习近平总书记在中央全面深化改革委员会第十二次会议上强调，确保人民群众生命安全和身体健康，是我们党治国理政的一项重大任务。要完善重大疫情防控体制机制，健全国家公共卫生应急管理体系。突发事件下的救援支持工作离不开应急物流，应急物流承担着物资供给与保障这一重大责任。我国从 2003 年严重急性呼吸综合征（"非典"）事件后开始重视应急物流的研究，且主要集中在突发公共事件下应急物流的保障机制。甲型 H1N1 流感与新型冠状病毒感染疫情等突发公共卫生事件敲响了我国应急管理工作的警钟，成为"应急物流"被政界与学术界广泛提及的催化剂。我国现阶段已经基本形成多层级、跨区域的应急物流体系，但对该体系高效运作的期望与专业化人才不足的矛盾始终制约着我国应急物流能力的提升，阻碍着应急物流管理事业的发展，应急物流人才开发与保障工作迫在眉睫。2008 年沃顿管理学院教授彼得·卡普利首先提出人才供应链管理模式并应用于人力资源管理，即在保证成本的前提下，基于企业需求建立一个让雇员的能力与职位迅速匹配的人才管理模型。我国对应急物流人才需求的特征不同于传统物流人才，需要在动态视角下培育与管理应急物流人才，当务之急就是构建应急物流人才供应链与供应网络，落实各主体的人才开发与管理工作，保障人才与信息在各个节点流通顺畅，为我国储备并保有更多、更优秀的应急物流人才。

本书主要研究突发公共卫生事件背景下应急物流人才供应链管理与保障，从应急物流人才成长环境与现状入手，分析应急物流人才开发的机遇与挑战、构建应急物流人才供应链与供应网络，探索应急物流人才供应链管理信息集成系统与管理环境、应急物流人才供应链管理创新模式、动力机制和治理体系，并提出应急物流人才保障的应对策略与措施。本书试图在总结过去研究工作的基础上，从不同角度探索应急物流人才供应链管理与保障。第一，本书进行了理论基础的阐述，对突发公共卫生事件、应急物流、应急物流人才等概念进行界定，对人才供应链、供应链治理等基础理论进行论述。第二，本书对应急物流人才成长环境、人才供需现状及人才开发的机遇与挑战进行分析，并以此为依据建立应急物流人才供应链。第三，构建应急物流人才供应网络，分析供应网络中各节点间在人才获取、人才配置等方面的运作机制，并在此基础上建立应急物流人才供应链管理信息集成系统，实现信息共享与资源优化配置。第四，提出应急物流人才供应链管理创新模式，从内外部角度构建人才供应链管理的动力机制，分析我国目前应急物流人才供应链管理现实动因和内涵特征，并从不同主体角度研究应急物流人才供应链管理治理体系的"政产学研用"演化博弈，提出应急物流人才供应链管理治理体系构建策略。第五，基于胜任素质模型与激励策略，有针对性地提出应急物流人才保障的应对策略与措施。希望本书的研究成果能为应急物流人才开发与管理涉及的政府部门、高校和企业提供参考，也希望能为物流管理者、应急管理者、公共管理者和相关专业教师、学生及其他对应急物流人才供应链管理相关知识感兴趣的理论工作者和实践工作者提供借鉴。本书的编写参考了近年来本领域的最新研究成果，在此向各位专家和学者深致谢意！

　　限于作者的水平和学识，书中难免有不妥之处，恳请各行各界人士不吝赐教，笔者将感激不尽。

瞿群臻

2023 年 12 月

目　录

第一章　应急物流人才成长环境与现状分析

第一节 有关突发公共事件与应急物流的概念

一、突发公共事件的概念界定

（一）突发公共事件的含义与特征

谈及突发公共事件，2003 年是一个重要的分水岭。在此之前，我国学术界对突发公共事件的研究较少，这些研究多集中在人、财损失严重的自然灾害领域。2003 年春夏之交，严重急性呼吸综合征（"非典"）迅速蔓延并成为一种世界范围的流行性疾病，给我国造成了极其严重的危害。此后又经历了甲型 H1N1 流感疫情大流行，诸多危机加速了我国政界与学术界对突发公共事件尤其是突发公共卫生事件的应急管理与研究。我国在《国家突发公共事件总体应急预案》中指出，突发公共事件是指突然发生，造成或者可能造成重大人员伤亡、财产损失、生态环境破坏和严重社会危害，危及公共安全的紧急事件。根据事件发生后的影响范围和对社会的影响程度，突发公共事件的预警级别有以下几种分类，如表 1-1 所示。

表 1-1　　　　突发公共事件四大预警级别与标识

预警级别	严重程度	预警标识
I	特别严重	红色

续表

预警级别	严重程度	预警标识
Ⅱ	严重	橙色
Ⅲ	较重	黄色
Ⅳ	一般	蓝色

目前学术界普遍认可将突发公共事件界定为突然发生的，对全国或部分地区的国家安全和法律制度、社会安全和公共秩序、公民的生命和财产安全已经或可能构成重大威胁和损害，造成巨大的人员伤亡、财产损失和社会影响的，涉及公共安全的紧急公共事件。

突发公共事件在本书中被认为是突然在某国家或地区暴发的，造成或即将造成严重的人民伤亡或患病、经济财产损失、社会生活混乱，需要紧急援助的公共事件。上述概念中，突发公共事件特征的基本内涵如表1-2所示。

表1-2　　　　　　　　　突发公共事件特征的基本内涵

特征	内涵
突发性和紧急性	突发性是指事件是突然发生的，不可或难以预测；紧急性是由于突发性和严重性，短时间内需要紧急救援与支持
高度不确定性	突发公共事件难以预测，且其往往以非正常的状态发生，变幻莫测，无法及时、准确、全面地掌握信息，以致分析不足，带有极大的不确定性
影响的社会性	突发公共事件的发生和应急管理会挑战社会规范，影响社会架构，同时影响社会生产与生活
非程序化决策	对于一般事务，政府管理部门会遵循既定的规则与程序进行决策与评估。而突发公共事件是一个例外，当局者必须根据有限的时间和资源，灵活地做出决策及非程序化决策

（二）突发公共事件的分类

考虑突发公共事件有其具体的情形和事件成因，产生的影响不同，在应急资源的需求上也存在差异。基于突发公共事件的事件成因、危害性、可预测性等不同，突发公共事件有不同的分类（见图 1-1）。本书借鉴国内外先进的研究成果，按照突发公共事件的性质与过程机理这一分类逻辑，将突发公共事件分为五大类。不同类别突发公共事件的基本内涵及典型事例如表 1-3 所示。

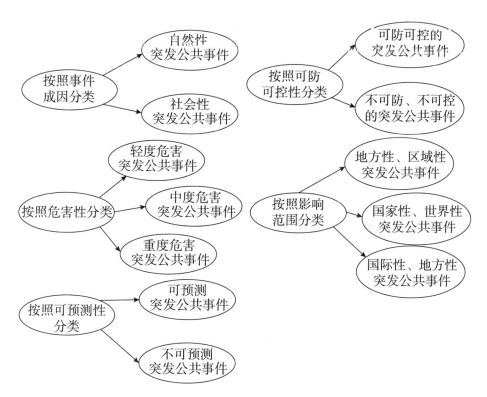

图 1-1　不同标准下突发公共事件的分类

表 1-3　　不同类别突发公共事件的基本内涵及典型事例

突发公共事件的类型	基本内涵	典型事例
自然灾害	我国自然灾害有八大类，分别是：气象灾害、地质灾害、地震灾害、海洋灾害、森林火灾、洪水灾害、森林生物灾害和农作物生物灾害	2007 年吐鲁番大风、2008 年汶川大地震、2010 年云南旱灾、2019 年贵州山体滑坡、2021 年郑州暴雨
事故灾难	主要是安全事故，包括交通事故、生化武器对生态的破坏等	马来西亚航空公司事件、核泄漏事件
突发公共卫生事件	由多种原因造成的（通常是其他突发公共事件），如传播力强的公共传染病、重大食物和职业中毒、原因不明确的公共疾病等	2003 年严重急性呼吸综合征（"非典"）事件、新型冠状病毒感染
突发社会安全事件	对社会安全产生极大影响的事件，包括恐怖袭击事件、民族宗教突发群体事件、重大刑事案件、学校安全事件及金融安全事件等	"9·11"事件、叙利亚连环爆炸事件
经济危机	指金融体系崩溃，经济动荡、不受控制等突发事件	华尔街金融风暴

对以上突发公共事件进行分类要注意以下两点：一是以上五种分类彼此间并不是独立或对立的关系，而是可以同时属于两种或以上的分类，抑或是在特定的情况下可以相互转化，即有时互为因果，引起连锁反应。例如，一些自然灾害，可能会造成病毒传播，诱发突发公共卫生事件。二是突发公共事件的分类不是一成不变的，其分类的标准会根据国际形势、经济条件、社会环境、技术变革等因素发生改变，具有一定的灵活性。由于国际形势变化复杂，近年来"黑天鹅"事件不断，需要为突发公共事件的分类标准预留可以灵活调整的空间。

全球性的突发公共卫生事件较少，但一旦发生，会引发严重的危机。全球暴发的新型冠状病毒感染疫情，就是突发公共卫生事件的典型案例，病毒具有传播快、潜伏期长、人群普遍易感等特点，严重危害生命健康，并以此为导火索引起政治、经济、社会多方连锁反应。随着全球形势的不确定性和不可预测性增强，有学者将当今社会称为VUCA（乌卡）时代。此类"黑天鹅"事件频频发生，全球预警机制受到严重挑战，不少国家纷纷建立或启动应急体系，进行应急管理。突发公共事件使得国民生产生活受到严重影响甚至停滞，造成供应链中断，与此矛盾的是各种物资的调配需求十分迫切，需要高效的应急物资管理与强大的应急物流体系做保障。

二、突发公共卫生事件的概念

（一）突发公共卫生事件的含义与特点

公共卫生是一个国家或地区稳定与繁荣的根基，同时也是关系到一个国家或一个地区人民健康的卫生事业，政府通过制定公共政策和实施保障措施，创造有利于人民健康生产生活的环境和条件。伴随全球化的持续加快，一些公众卫生问题甚至超越国界，对全球的生产生活和全人类的健康福祉都造成了严重威胁。

国务院发布《突发公共卫生事件应急条例》，我国学术界对公共卫生事件的界定也据此展开。除此之外，该条例也对公共卫生事件下的应急管理行政法规做了修订。对于突发公共卫生事件的含义，学术界众说纷纭，权威性较高的是学者曹康泰的定义：突发公共卫生事件是指突然发生，造成或者可能造成社会公众健康严重损害的群体性不明原因疾病、重大传染病疫情、重大食物和职业中毒以及其他严重影响公众健康的事件。此类事件的特征包括突发性、多样性、高频化、公共危害性、复杂性与全球影响性等。以下是其特征的基本内涵。

（1）突发性。作为突发公共卫生事件最显著的特点，突发性的内涵是不可预料、考验危机应对能力与预判性。多数情况下，突发公共卫生事件是出乎意料的，它的发生与否是人们难以掌控的，人们也无法或难以预测发生的时间、地点。来势汹汹的突发公共卫生事件往往伴随着惊人的扩散速度，涉及诸多无法掌控的客观因素。突发公共卫生事件自暴发以来至发展扩散期间，人们无法预判与掌控其影响范围、传播速度、发展趋势及影响的结果。对于这种没有预期或征兆、让人猝不及防的事件来说，风险防范、设置预警、风险识别和控制的难度较大。从诱发根源来看，突发公共卫生事件是经过冲突与矛盾的积累后突然发生的，因此对这类事件的管理要做到未雨绸缪：识别可能发生的风险，提前准备应急措施并进行时刻监控。

（2）多样性。突发公共卫生事件种类繁多，例如，由细菌、病毒、有毒物质污染环境造成的集体中毒、急性职业中毒、生化放射性事件。

（3）高频化。随着经济与技术的进步，人类凭借努力战胜了许多突发公共卫生事件，或者将影响程度人为降至最小。但突发公共卫生事件仍保持高频化的发生速度，在近几年尤为明显。我国突发公共卫生事件时有发生的原因有以下几点：一是作为发展中国家，往往将重点放在经济发展上，将压力转移给了环境，忽视了生态平衡，造成了灾害。二是某些病原体的突变导致新的传染病、不明来源的疾病和传染病、人类和牲畜常见疾病的出现，抗生素的滥用使病原体对药物产生耐药性。三是传统产业发展中有毒有害物质的滥用、管理不善导致的化学污染、中毒和放射性事故增加。

（4）公共危害性。突发公共卫生事件自暴发至平息是一个发展的过程，有些事件平息后也会造成持久性的影响，在这段时间，突发公共卫生事件造成的危害是多种多样的，在直接给身体健康带来损害，甚至对生命造成威胁的同时，间接地影响了人们的心理健康和生活状态。此外，重大的突发公共卫生事件不但影响人们的健康，而且对环境、经济乃至政治都有很大的影响，所以防控措施必须做到位，将公共危害降到最低。

（5）复杂性。复杂性体现在以下两个方面：一是引起突发公共卫生事件的原因具有很大程度的复杂性，很难全面掌控和预防；二是病毒在传播过程中还会变异或进化，更加诠释了其中的复杂程度，因此突发公共卫生事件的应对系统也具有多样性，较为复杂。

（6）全球影响性。目前，在全球化进程加快的背景下，突发公共卫生事件具有全球影响性。经济全球化引发人员和货物流动的全球化，流行病借此机会传播，具体表现为通过国际贸易、旅游等方式实现远距离传播。

（二）突发公共卫生事件的分类

突发公共卫生事件按照不同的标准有不同的分类，大体上可分为以下五种类别，如表 1-4 所示。

表 1-4   突发公共卫生事件的分类

类别	表现
重大传染病疫情	表现为传染性极强，会在很短的时间内造成大量的患者感染和死亡。如 2003 年严重急性呼吸综合征（"非典"）事件、新型冠状病毒感染疫情等
群体性不明原因疾病	以新型冠状病毒感染疫情为例，最初大家对病原体认识不清，因而发病机制、诊断标准、传播途径等都不是非常明了。但是随着对这种疾病研究的不断深入，逐步认识并且最终查明了病因
重大食物和职业中毒事件	食物和职业中毒事件是指由于食品或职业安全存在问题，食品的原材料遭到污染或特定职业所带来的危害，造成大量人员伤亡的中毒事件
新发传染性疾病	新发传染性疾病是第一次出现的传染病毒及病例，在某个国家或地区发生的病毒变异或新发传染病。如艾滋病、埃博拉疫情等
重大环境污染事件	重大环境污染事件是指相关化学物品在使用、运输过程中，由于一些意外状况的发生给环境带来的不良影响，进而对人们的健康造成威胁和损害

近年来，突发公共卫生事件多次出现，并且出现的频率不断增加，此外，这些突发公共卫生事件带来的影响也在加剧。世界卫生组织官方网站曾有公开数据，数据显示截至 2020 年 1 月，国际突发公共卫生事件发生频率明显增加，比如，甲型 H1N1 流感疫情大流行（2009 年）、南亚和非洲脊髓灰质炎疫情（2014 年）、刚果（金）暴发第二次埃博拉疫情（2018 年）。

三、物流与应急物流的概念

(一) 物流的含义

物流，字面意思就是"物的流通"。物流活动是一个过程，涉及一些具体活动，包括用户服务、需求预测、订单处理、配送、存货控制、运输、仓库管理、工厂和仓库的布局与选址、搬运装卸、采购、包装、情报信息。

在美国，"物流"被界定为"实物分配"。20世纪60年代这一概念被引入日本，被解释为"物的流通"，后经逐步发展，形成了"物流"一词。"物流"一词也正是从日文资料引进中国的。在中国国家标准《物流术语》（GB/T 18354—2021）中是这样定义物流的：物流是根据实际需要，将运输、储存、装卸、搬运、包装、流通加工、配送、信息处理等基本功能实施有机结合，使物品从供应地向接收地进行实体流动的过程。

突发公共事件发生时，为了落实科学预案，使各种救援支持工作能够顺利开展，必须保障四大流的畅通：资金流、信息流、人流与货流。这四大流分别有不同的功能与作用，其中物流是基础的物资供给，承担着筹集与配送应急物资的功能，是应急工作人员应对突发公共事件的基础。同时，任何工作的顺利实施都离不开人，在物流体系尤其是应急物流领域中，面对突如其来的事件，系统有序的人才输送供应链架构就显得尤为重要。

(二) 应急物流的含义与特点

(1) 应急物流的含义

有关应急物流的含义，国内外学者都进行了讨论与研究。国外学者较早地对应急物流进行研究，大多聚焦在突发公共事件发生后危机的应对和保障等方面以及军事供应链的研究上。关于应急物流的界定，Thomas 和 Mizushima 认为应急物流是为了满足最终救助人的需求，将救援物资按既定的计划保质保量地从筹集地（储存地）运往危机发生地的过程。Altay 和 Green 认为应急物流是为了最大限度地减少人类生命财产损失，尽快恢复到正常状态而在危机发生的前中后期采取的一系列行为。Thomas 认为应急物流可以看作在筹集、分发、储存、运输应急物资过程中涉及的物资与人员的总和，并以部署、维持和重新配置这三个阶段划分应急物流的过程。Lee 和 Zbinden 从时间逻辑出发，将应急物流划分为准备阶段、处理阶段与后处理阶段。

相较于国外，我国对应急物流的关注和研究起步较晚。类似于"突发公共事件"的关注时间线，经过 2003 年严重急性呼吸综合征（"非典"）事件后，国内对应急物流的研究才逐渐展开。学者欧忠文最早对应急物流的概念进行了界定：以提供突发性自然灾害和公共卫生事件等所需的应急物资为目的，实现时间效益最大化、灾害损失最小化目标的特殊的物流活动。对应急物流的官方解释源于《物流术语》：为应对突发事件提供应急生产物资、生活物资供应保障的物流活动。由于国内不同行业及学科的专家学者研究领域与研究角度不同，应急物流的概念还没有广泛认同的、标准的、明确的统一界定。2008 年汶川地震和南方雪雨冰冻灾害再次凸显了应急物流管理工作的重要性，引起了全国的广泛关注，此后，我国各方学者才开始加大对应急物流的相关研究，多数研究都聚焦于应急物资的需求、储备规模与储备模式、节点选址与网络规划、储存策略、调度优化等方面。新型冠状病毒感染疫情后，对应急物流的研究呈井喷式增长。在应急物流体系方面，张丽芳等对云南省目前的应急物流体系进行了研究，发现云南省应急物流体系存在有待优化的地方，并从健全专业人才培养模式和完善相应法律法规等五个方面提出了系统性的优化建议。余家祥等基于武汉市交通强国建设试点背景，提出应急物流保障体系的建设应厘清平台、系统与机制的关系，为其他城市应急物流体系建设提供了借鉴。姜岚从绿色物流视角出发，探索应急物流中的生态环境问题与保护方法。唐珍从组织建设、运作管理、资源保障及法律预案四个层面提出青岛市应急物流管理系统的优化方案。在应急物流系统运行方面，马福婧运用 AHP（层次分析法）和模糊综合评价法确定评价指标权重，构建港口应急物流系统运作绩效评价指标体系，后进行实证分析。灾害发生后在最短的时间内实现救援中心的位置确定和运输路径规划是实现有效救援的前提。在节点选址与规划方面，尹传忠等学者构建综合运输网，运用弗洛伊德算法、区位理论、熵权法（TOPSIS）法确定南京、苏州、宁波、徐州四个应急物流中心及各自的覆盖范围。马丽荣等应用中心法确定了甘肃省应急物流配送中心的选址。胡晓等从服务时间—响应时间两个维度进行演化博弈，定位最优应急物流仓库。冯瑛杰和谢庆红为应急物流设施建立模型，选出了三个时间最短、总成本最小、需求服务满意度最高的目标函数，使用灰色预测模型预测需求点的物质需求，并结合特定实例验证模型的可用性。孟燕萍等研究了灾民恐慌心理因素影响下的应急救援选址方案。陈业华等考虑可利用阶段和总时间限制，对灾后救援的时效性问题开展了研究。如何实现响应—时效性的平衡是目前应急管理领域众多学者关注的方向之一。曲冲冲等通过在网格化管理视角下的信息更新将应急救援过程划分为多个阶段，建立一种多阶段带时间约束的应急救援物资配送响应—时效性的选址模型。信息网络建设方面，区块链、5G、云计算等科学技术助力应急物流发展，陈端玉、黄文霞利用区块链技术构建应急物资保障体系，通过体系运作实现信息记录管理与物资调度管理。冯良清等学者构建包含感知联动层、信息系统层、应急管理层及信息安全链"三层一链"架构的"智慧塔"应急物流模式。通过"智慧"预警、"智慧"共享、"智慧"运输、"智慧"服务四个方面更好地满足突发公共卫生事件对应急物流的需求。除此之外，学者还借鉴他国经验旨在优化我国应急物流体系。姜旭、胡雪芹等研究日本应急物流管理社会化的经验，分析保障我国应急物流管理体系高效运作的方法。

截至目前，美、日、欧洲等发达国家和地区不但在应急物流管理的研究方面取得了较大的进步，而且建立了相对完善的应急物流管理体系，并确立了应急物流实践的相关标准，应急物流救援已实现了标准化，应急物流管理工作日趋高效。自2003年严重急性呼吸综合征（"非典"）事件以来，我国学者越来越关注突发公共卫生事件发生时的应急物流保障机制，此后几年发生的重大突发公共事件为我国应急管理事业敲响警钟，政界与学术界对此领域的研究得到了进一步深化。从研究对象上看，受生态环境论的影响，国内外早期研究主要关注自然灾害、环境污染等突发公共事件，在全球化背景下，市场经济快速发展，现代企业面临复杂多变的生存环境，企业应急物流也越来越受到广大专家学者的重视。此外，"海洋强国"战略出台，作为国际运输体系的重要组成部分，以港口为研究对象的应急物流研究也是一个重要的发展趋势。现有研究大多是以全国应急物流为研究对象，区域应急物流的研究有待加强。

本书中的"应急物流"是指为应对突发公共事件背景下，对物资需求的急迫性而产生的特殊物流活动。应急物流与普通物流的共同点在于都是由"五大流"这个组成要素构成的。而应急物流又因其自身特点区别于普通物流活动，具体区别如表1-5所示。

表 1-5　　　　　　　　　　应急物流与普通物流的区别

名称	应急物流	普通物流
流体	救援物资为主	普通商品
载体	固定场所与临时场所兼具	固定场所
流向	最终流向灾区的受灾群众	最终流向消费者
流程	受许多不可抗因素干扰	遵循一定原则
流量	各个地区数量不均衡且难以预测	数量稳定

（2）应急物流的特征

一是突发性和不可预测性。这是应急物流最明显的特征，由于突发公共事件涉及面广、破坏力大，使应急物流工作变得难以预料。随着科学技术的进步和预警机制的成熟及人类对自然灾害的预防，之前不可预测或难以预测的突发事件渐渐变得有章可循。

二是物流需求不确定性。应急物流需要满足的是突发公共事件发生后的物流需求，突发公共事件的不确定性造成了应急物流需求的随机性。灾害事故发生时，许多物资的需求呈现短期内暴涨的特征，比如救灾专用设备、医疗用品、食物和生活用品及救援人员、医护人员。由于突发公共事件预测难度大，所需应急物资的数量与类型同样难以预判，常常还带有变化趋势，如公共卫生事件突发后，随着时间的推移，病毒毒株会发生改变，应对的方法和应急物资需求也会发生变化。

三是时间约束的紧迫性（时效性）。突发公共事件常伴随巨大的生命财产损失，因此应急物流的头等大事是分秒必争地将应急物资高效、快速地运送至目的地。这就需要在非程序化的决策背景下实现最优的选址与配送，应急物流应考虑时间的紧迫性——"灾难面前，时间就是生命"，节约储存与交付的时间间隔，压缩运输时间，避免烦琐的程序，让整个流程更加高效简洁，秉承特事特办之原则。

四是具有高峰期。突发公共事件发生时，一些物资的需求量激增，应急物流的需求也在急性期内突然暴涨，具有一段或几段高峰期。如随着相关专家对病毒的变异预测，人们开始提前购买药品与食物，药品厂家与商家订单量激增，物流也会运力不足。

五是经济次要性。物流作为服务业赛道，强调的是物流的效益，运输效率是其获利的竞争力。然而，应急物流最突出的特点就是一个"急"字，若以普通物流的商业理念考量势必会使应急物流的公共性发生偏移。在应急物流中，效益是通过物流效率来体现的，这也就使物流成本急剧增加，因此，在突发公共事件发生时，不能将经济效益作为物流活动的首要目标。经济的次要性不代表丝毫不考虑物流的经济性，仍需关注应急物流的经济性以促进应急物流事业的发展。

六是多主体参与性。分两个方面解释：第一，物资的来源涉及多个供给端，即多方提供、多方资助，如政府提供、社会捐赠、国际援助。第二，在物资的运输、保障方面，社会各群体的参与发挥着重要作用，如军队、物流企业、社会志愿者等共同助力。

七是政府与市场共治。由于应急物流参与主体的多方性以及应急物资的多样性，包括广大群众捐赠的物资、企业采购的物资、政府援助的物资等，所以分散的采购和运输是不成体系的，因此需要整合采购资源，再集中运输以提高运输效率。在应急物流中，政府的组织、指挥、协调起到关键作用，但企业作为执行主体，他们的参与也至关重要。

（3）应急物流的分类

从不同角度出发，应急物流有不同的分类，本文从物流规模、事故起因、是否有军队参与和应急物流的层次对应急物流进行分类，如图 1-2 所示。

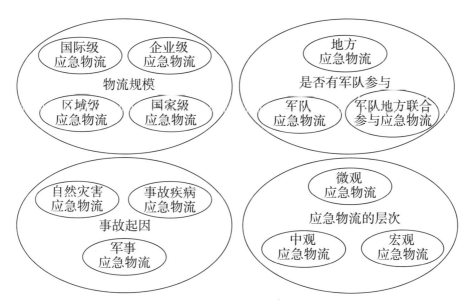

图 1-2　应急物流的分类

四、应急物流体系与运作

（一）应急物流体系

我国目前的应急物流体系是以政府为主导的自上而下的系统模式。在应急物流交通法律法规建立与完善方面，我国自 2023 年严重急性呼吸综合征（"非典"）事件发生以来做出了不懈努力，在公路、水路交通应急管理领域颁布了众多制度、提案，对突发公共卫生事件相关事项进行规范化管理，政策的支持与研究的深入为突发公共卫生事件下应急物流体系的建设提供了推力，目前我国跨区域的应急物流体系已经基本形成。

应急物流涉及多方参与，应急物流企业是应急物流体系的重要主体。一般物流企业注重利润和效率，而应急物流企业更加注重物流运输目标的实现，应急物流企业的效益建立在效率的基础上。因此，负责应急物流的人员必须具备专业的应急物流知识，他们要准确把握应急物流中筹集、运输等各个环节，要冷静解决各个环节出现的各种问题，使每批应急物资都能尽快送达目的地。应急物流管理是一个专业化的系统工程，一方面由于应急物资运输量大、时效性强，另一方面由于物资的来源广，需要进行较复杂的调配与管理。图 1-3 为现有救灾物资供应体系。

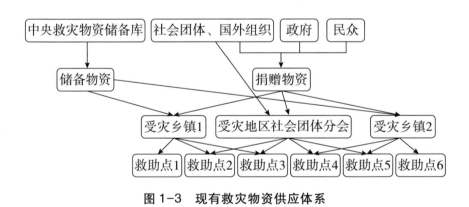

图 1-3　现有救灾物资供应体系

近年来，我国经历过严重程度不同的突发公共事件，以新型冠状病毒感染疫情为例，总结重大突发公共事件给我们留下的应急物流方面的经验与教训，可以得知，我国多部门、跨区域的应急物流体系仍处于成长阶段，需要以防患于未然的意识对应急物流进行全局规划，健全法律与政策保障，实现政府主导统一管理，多方参与保证运力与信息畅通，构建集应急物资采买与筹集、运输与转移、储存与分配各环节为一体的"政、企、军、民"应急物流系统。当前，应重点发展应急物流行业，加快发展新业态、新模式。

（二）应急物流的运作流程

应急物流的运作流程如图1-4所示。参与应急物流的有四大主体：应急物流协调指挥中心（一级）、采购部门（二级）、运输保障部门（二级）与物流中心管理部门（二级）。通过应急物流信息平台，应急物流协调指挥中心将调令发至二级部门，实现了不同层级指令的上传下达、信息的正反向传递及沟通交流。采购部门、运输保障部门和物流中心管理部门各司其职，物资采购或筹集后，交运输保障部门运输，后经物流中心管理部门分拣、包装，配送到物资需求地（目的地）。整个运作流程实现了信息与物资的流通。

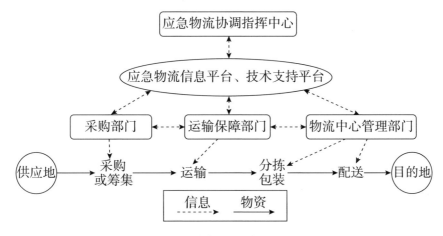

图1-4　应急物流的运作流程

（三）突发公共卫生事件下应急物流过程分析

（1）预估和统筹

突发公共卫生事件发生时的首要步骤为预估和统筹，需要由专业的应急型公共卫生人才和综合型应急人才等根据突发公共卫生事件的具体情况进行分析与判断。作为应急物流完整过程的重要基础，预估与统筹的责任主体需要收集事件发生地的各种需求信息，并对各类资料进行快速整理，规划未来的安排，所有的具体应急措施都应按计划展开。应急物流人才作为这一阶段的责任人，需要计划以下具体的工作内容：一是确定所需物资，各类民生物资、药品、医疗设备、防护用品等应对突发公共卫生事件的所有物资都需要根据当前事件的紧急程度及其变化情况提前规划安排。以新型冠状病毒感染疫情为例，防控初期，从口罩、酒精到防护服等应急物资储备均存在品种和数量缺口，难以满足当时的需求。因此，应急物流人才需要提高忧患意识，定期检查各类应急物资的储备情况，保障应急资源处于充足的状态。二是组织物资的对接与分配，支援方与被支援方应尽量做到供需对接，精准完成物资的交付，避免资源浪费。三是物流进度的批次安排。根据突发公共卫生事件的现况和变化速度，按批次安排物流的运输，避免物资中途短缺，在这个过程中，物资的仓储、物流运送人员的组织与分配、相关人员的卫生防护工作等都需要提前统筹安排。四是预备机动人员的设置。为避免前线的医护人员和应急物流专家因救援感染病毒或其他突发情况造成人员紧缺，需提前安排预备人员随时待命作为应急保障。

（2）运送与分配

新型冠状病毒感染疫情之下一直坚守岗位的除了前线的医护人

员、疾控中心的专家、实验室的科研人员，还有物流人员。数百万名物流人员坚守在岗位上，运送分配大量的民生物资、防控物资和医疗物资，应急物资从各地组织筹集并运送分配到疫情严重的地区。我国的应急物流体系日益完善，但在运输与分配上仍有许多需要调整优化的地方。最大的难点就是交通问题，突发公共卫生事件发生时，为了防止疾病的快速传播，往往会实施交通管制，"封城""封小区"等措施会阻碍应急物资的配送，而且一些偏远地区的路况不允许大型货车或客车通行。这些都影响物流的时效和成本。

（3）评估与调整

当物资送达分配，前线医护人员已经开始工作时，需要安排专业的评估人员对应急物流的执行情况、变化情况及前线的物资和人员是否充足进行实时跟进和评估。评估人员需要分阶段对工作进行评估，判断应急措施是否可行，并在出现变化和差错时及时调整计划，动态化调控管理，保证疫情严重的地区应急物资充足，物流进度合理完善。

五、应急人力资源与应急物流人才的概念界定

（一）应急人力资源的含义

在突发公共卫生事件背景下，应急物资的需求带动应急物流的需求，为保证应急物流活动完整、顺利、高效并专业化进行，应急物流所需的人力资源呈现爆发式增长。物流活动离不开人力资源，而应急物流人力资源是应急物流体系顺利运转的基本保障。人是各项活动付诸实践的载体，有了人，物才得以正确、合理、高效、快捷地流动，

并运送至最需要的地方，发挥其最大的效用，保障公众的生命安全。

在具备一般人力资源共性的同时，应急人力资源是指从事应急工作且在相关领域具有专业特长和专业素质的稀缺性人力资源。应急物流人力资源属于应急人力资源，主要从事应急物流方面的工作。应急物流人力资源的稀缺性与专业性决定了对其管理的特殊性与复杂性。本书认为，突发公共卫生事件背景下的应急物流人力资源管理是指规划应急物流人力资源需求、分析应急物流人力资源胜任力、挖掘应急物流人才并提供专业的培训和较高的福利待遇，关注其上层需求的一系列管理活动。

（二）应急物流人才的含义

应急物流体系高效运行需要专业的人才发挥推动力。学者王圣洁认为，指挥决策人员、科研人员、专业技术人员、操作人员等各类专业人员是应急物流体系的能动力量。宋则等学者指出，专业化的应急物流人才队伍既需要管理人员进行统筹与规划，也需要有丰富应急经验的专业人员。韩嘉楠通过结合 DEMATEL（决策试验和评价试验法）和 ANP（网络层次分析法）两种方法，评价对应急物流体系可靠性产生影响的因素，其中，专家顾问是关键影响因素。本书中的应急物流人才是指具有大专以上学历，凭借丰富的学识或实践经验为应急物流做出贡献的人员。从应急物流参与主体看，应急物流人才涉及政府、军方、物流企业、科研院所、社会应急组织的人员，包括：应急物流科研人才、应急物流教学人才、企业应急物流技术人才、企业应急物流综合管理人才、政府的管理人才、军队应急储备人才、民间应急物流组织人才。从应急物流的运作流程看，应急物流人才包括：

协调指挥人员、信息技术人员（平台网络搭建维护者）、物资采购人员、运输人员、配送人员及其他承担责任的工作人员。普通物流人才与应急人才的区别如表1-6所示，普通人力资源管理与应急物流人力资源管理的主要区别如表1-7所示。

表 1-6　　　　　　　普通物流人才与应急物流人才的区别

维度	普通物流人才	应急物流人才
价值导向	经济导向，强调经济收益	公益导向为主，经济导向为辅
首要目标	降低物流人才成本以收获最大利润	尽可能减少突发公共事件造成的损失，保障应急救援物资的及时供应
专业要求	一般要求，物流知识和服务知识	较高要求，物流专业知识和应急处理知识
时效要求	一般人才供需基本稳定	需求紧急且需求量大
与政府联系	不紧密	政府与市场共同参与

表 1-7　　　普通人力资源管理与应急人力资源管理的主要区别

维度	普通人力资源管理	应急人力资源管理
管理活动	制定企业人力资源规划、招聘、员工培训、工作分析、绩效考核、设计薪酬、员工保留与开发等	范围更广，包括普通人力资源管理的内容与应急人力资源管理的特殊性内容，如应急专项指挥、应急人员梯队建设、开展应急知识培训等
工作地点	通常为线下，无特殊要求	线上远程与线下相结合，对网络硬件设备和网络技术有较高要求
战略导向	企业的组织战略	应急管理
管理机制	公司日常管理章程	增加了管理、考评、监督的难度
时间跨度	较长时效	短期内急性
基本原则	系统优化原则、能级应对原则、激励强化原则等	统一指挥、专业分工、权责一致等

应急物流系统是一个庞大而又复杂的系统，系统中包括建立应急物流组织机制、筹集应急资金与物资、管理应急物流人力资源、储存与管理应急资源、运输与交付应急资源等活动。在整个应急物流系统中，专业人才是最重要的因素。应急物流人才落实应急物流活动，也是应急管理体系的主体和基本支撑。以新型冠状病毒感染疫情为例，疫情防控期间，人员流动性下降，很多企业停工停产。但应急物流在此特殊时期发挥了关键作用，为国家提供物资运力保障，展现出了良好的应急救援能力。应急物流人才由上至下共筑物资运输的城墙，从一级的组织协调层，到人民解放军、再到物流企业与志愿者协会，一线物流员工、退役军人等多方力量守在各自的岗位上尽职尽责，为疫情防控奉献个人力量。应急物流还承担着运输建筑材料的作用，新冠疫情在武汉暴发时，当地火神山医院仅用十天就建成并投入使用，这离不开应急物流的鼎力配合，不仅彰显了我国建筑事业的"中国速度"，更展示了物流与供应链的强大能力。物流不仅存在于我们常看到的快递服务中，更是国家基础建设中不可或缺的。

习近平总书记在多次讲话中强调应急管理的重要性，并提出培养应急管理人才的必要性。目前随着经济全球化，任何国家都无法在公共危机面前独善其身，近年来，突发公共卫生事件时有发生，常伴随极大的破坏力与极广的影响范围，这就需要具有足以抗衡的应急能力，应急人才的数量与质量决定了一个国家或地区的应急能力，目前需要发掘并培养更多高质量的应急人力资源，并落实开发与管理工作。虽然我国已有对应急人力资源的相关规定，但仍需不断完善并考虑应急人力资源开发与管理的动态性与社会性工作原则。

第二节 应急物流人才成长环境

一、我国物流行业发展现状

(一) 我国社会物流运行现状

物流业在我国经济发展中的地位举足轻重，为我国高质量发展做出了很大的贡献。笔者以 2020 年为观测年份，经分析得到 2020 年物流运行呈现回升之势，并逐渐恢复正常。全国物流规模有明显增长，物流业总收入保持增长之势，物流成本逐渐平稳，总体来看，物流行业提质增效效果显著，在疫情大考验之下仍保持产业活力，并在疫情防控期间提供救援与应急资源的运输配送。2011—2020 年我国社会物流总额、社会物流总费用和 GDP 相关数据如表 1-8 所示。

表 1-8　2011—2020 年我国社会物流总额、社会物流总费用和 GDP 相关数据

年份	社会物流总额（万亿元）	社会物流总额增长率（%）	社会物流总费用（万亿元）	社会物流总费用增长率（%）	GDP（万亿元）	GDP增长率（%）	社会物流总费用与GDP的比率（%）
2011	158.4	26.3	8.4	18.3	48.4123	18.4	17.4
2012	177.3	11.9	9.4	11.9	53.4123	10.3	17.6
2013	197.8	11.6	10.2	8.5	58.8018	10.1	17.3
2014	213.5	7.9	10.6	3.9	63.5910	8.1	16.7
2015	219.2	2.7	10.8	1.9	67.6708	6.4	16.0

续表

年份	社会物流总额（万亿元）	社会物流总额增长率（%）	社会物流总费用（万亿元）	社会物流总费用增长率（%）	GDP（万亿元）	GDP增长率（%）	社会物流总费用与GDP的比率（%）
2016	229.7	4.8	11.1	2.8	74.6395	10.3	14.9
2017	252.8	10.1	12.1	9.0	83.2036	11.5	14.5
2018	283.1	12.0	13.3	9.9	91.9281	10.5	14.5
2019	298.0	5.3	14.6	9.8	98.6515	7.3	14.8
2020	300.1	0.7	14.9	2.1	101.5986	3.0	14.7

从表 1-8 可以看出，2011—2020 年我国国内生产总值（GDP）、社会物流总额和社会物流总费用的各项数据，以及根据以上数据计算出的社会物流总额增长率、社会物流总费用增长率、GDP 增长率、社会物流总费用与 GDP 的比率。从图 1-5 中能更直观地分析数据的变化趋势。

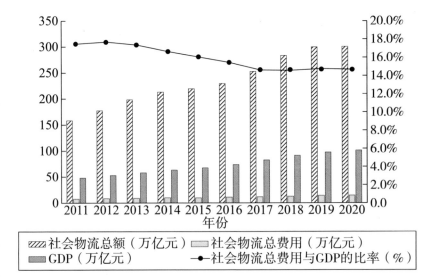

图 1-5　2011—2020 年我国社会物流总额、社会物流总费用、GDP 及相关比率

根据表 1-8 和图 1-5，我国社会物流运行情况分析如下。

（1）我国物流业总体运行平稳。2011—2013 年我国社会物流总额增长率均在 10% 以上，物流业发展迅猛，行业规模不断扩大。2015 年，我国经济发展步入新常态，物流业稳步发展。受新型冠状病毒感染疫情的影响，2020 年我国国内生产总值（GDP）增长率出现大幅下跌，物流业作为第三产业的马车之一也受到影响，社会物流总额增长率为 0.7%，为近十年最低。然而，从整体来看，2020 年全国社会物流总额首破三百万亿元，接下来社会物流总额的增幅会稳步回升并恢复活力。

（2）社会物流总费用增速逐渐下降。自 2012 年起，社会物流总费用与 GDP 的比率整体呈下降趋势。数据变化的背后是国家力图降低物流活动的成本，为获得更高发展蓄力。近年来，国家大力支持物流企业科技创新，云仓储、5G 技术、无人机配送等技术为物流业带来革新的同时也降低了行业成本。

（3）物流业与其他行业深度融合进程加快。物流企业作为行业活力的源泉，其服务能力不断提升，为供应链的打通、产业链的协调和价值链的创造提供了大力支持，促进"三链合一"快速发展。国家发展改革委、中国物流与采购联合会（以下简称中物联）对 2020 年我国 50 强物流企业的调研表明，上榜物流企业的物流业务收入门槛为 40.6 亿元，相比 2019 年，有近 10% 的提升。50 强企业在 2020 年的物流业务收入共计 13589 亿元。民营物流企业排名前 50 的营业收入门槛为 10.7 亿元，同比增长 2.7%，民营物流企业 50 强业务收入共计 5770 亿元，营业收入增速高于 50 强企业，体现出民营物流企业的发展潜力。目前，物流市场上已经形成了一批具有专业服务能力与良好口碑的物流企业，并成为业内标杆企业。物流业已深入各个产业，尤其近年来与高新技术行业联系紧密，其作用不再是终端配送，而是深度融合，比如与进出口贸易、医药冷链等高新制造业融合。

（4）新型冠状病毒感染疫情结束后物流业景气指数加速回升。新型冠状病毒感染疫情暴发初期，防疫政策下对物流的需求出现高峰，在其他行业停工时，物流业逐步复工复产，承担起了保障民生的作用。随着政策下放，各行各业逐步恢复秩序，物流业又扛起了服务业发展的大旗，接到大批量订单，重现市场活力。从 2020 年 3 月起，中国物流行业景气指数出现回升，2020 年第四季度物流行业景气指数增速明显加快，2020 年 12 月该指数为 56%，与 2020 年 11 月的差距缩小，物流业活力逐渐趋于平稳。

（二）我国物流业现状

相关调查数据显示，我国物流规模十分庞大。我们日常生活中可能对顺丰控股股份有限公司、京东物流集团和"四通一达"等快递企业较为熟悉，实际上中国物流企业数量庞大，数不胜数。2018 年，中物联发布年度中国物流企业 50 强榜单，前 10 名如表 1-9 所示。从企业类型看，除了顺丰控股股份有限公司和京东物流集团，其余均为国有企业，业务囊括海内外运输，涉及经济基础的方方面面，是我国物流体系的支柱。顺丰控股股份有限公司和京东物流集团分别排在第 5 位和第 10 位，再加上"通达系"和苏宁物流等则构成了我国快递领域的头部企业，但还有一半以上的市场份额由其他快递企业占据。外资物流企业主要有联邦快递、美国联合包裹运输服务公司（UPS）、嘉里大通、DHL（敦豪航空货运公司），主要在国际运输领域。

表 1-9 　　　　　　2018 年中国物流企业 50 强前 10 名

排名	物流企业
1	中国远洋海运集团有限公司
2	厦门象屿股份有限公司
3	冀中能源国际物流集团有限公司
4	中国外运股份有限公司
5	顺丰控股股份有限公司
6	河北省物流产业集团有限公司
7	山东物流集团有限公司
8	中铁物资集团有限公司
9	天津港（集团）有限公司
10	京东物流集团

我国物流业发展呈现出以下特点。

（1）不同所有制下的物流企业协同发展

现阶段我国物流企业有三种所有制形式：国有企业、民营企业和外企。和其他行业一样，物流业中一些传统的仓储、运输企业经过资本重组、产业结构调整等转变成现代物流企业。国有企业以自身的规模和品牌优势在物流业内占据领军地位，比民营企业根基更牢更稳，以中远海运、中铁物流、中国邮政为代表。民营企业凭借其灵活性和政策支持发展迅猛，更有赶超国企之势，以顺丰控股股份有限公司、京东物流集团、"四通一达"为代表。不同于国有企业的人力优势，民营企业中的员工结构不合理是普遍现象，具体体现在基层工作人员学历低、缺少物流专业知识，未经培训就上岗，缺少有效的人力资源管理等。与此同时，民营企业还面临员工流动性大、缺乏培训机制等问题，这使民营企业发展受到约束。由于我国的物流业发展比较迅猛，国家出台政策鼓励国有企业与民营企业相结合，2018 年 8 月 29 日，在国家的支持下中国铁路总公司所属中铁快运股份有限公司（以下简称"中铁快运"）和深圳顺丰泰森控股（集团）有限公司达成合作，中铁顺丰国际快运有限公司成立。合资经营下，两家分别占股 55%（中铁快运）与 45%。

我国物流业的迅猛发展，吸引了国外物流资本的进入。它们将中国物流市场看作其全球战略的组成部分，如联邦快递、DHL、荷兰邮政集团的 TNT 公司、UPS 等。外资物流企业以多种多样的方式进入我国物流市场：大型物流企业采用建立物流枢纽的方式挤占市场；有些外资企业通过购买航线或投资物流设施的方式进入我国物流市场。这些外商物流企业项目成熟，具有较好的资金链和娴熟的技术，它们的进入在加强市场功能导向、提供竞争性活力、促进国际经贸流通的同时，也成为国有企业和民营企业的有力竞争对手，其争夺的资源以人力资源最为突出。

（2）平台经济成为物流业发展新抓手，平台型物流企业优势明显

根据《2020 中国物流平台发展报告》，平台型物流企业有明显的竞争优势。平台注册车辆数是一个能够反映平台经济发展情况的明显指标，报告指出，29% 的平台注册车辆数达到 10 万辆以上，平台注册车辆数为 5 万~10 万辆的占比达到 15%。相较于传统物流企业，平台型物流企业善于进行资源整合，具有较好的运力保障。

物流业作为我国支柱型产业，在新型冠状病毒感染疫情防控期间，对保障重点疫区医疗、生活物资及时供应起到了重要作用。物流平台运力资源整合能力强、响应速度快，在平台运力池中积极寻找合适的车辆，源源不断地运送各类物资，为抗疫做贡献。但同时也暴露

出一些问题：各平台各自为政，货源、车源信息不互通，缺乏统一的资源调度，影响应急物流响应速度。行业急需建立"平台的平台"，整合全网运力资源。统一调度、指挥、协调，以最快速度响应应急物资的运输需求。

（3）疫情下物流业砥砺前行

2020 年伊始，我国物流业和其他行业一样遇冷，物流业面临巨大挑战。中国物流业景气指数在 2020 年 2 月仅为 26.2%，为调查分析以来的最低值。不仅如此，2020 年第一季度的社会物流总额也呈现巨大的下跌。物流业并没有在严峻的挑战下一蹶不振，而是奋起直追、砥砺前行，抓住第一批复工复产的机遇，在 2020 年第二季度实现快速反弹。经过下半年的努力，在 2020 年 12 月行业景气指数达到 56%，恢复力较好。行业中的公路物流、仓储、快递物流、电商物流等主体恢复之势明显，展现出了物流业较强的韧性。

根据中物联发布的统计信息，整理可得物流业相关数据（见表 1-10）。其中，反映产业态势和快递物流业活力最显著的指标是快递物流指数，观察自 2019 年 11 月至 2020 年 4 月的相关数据，可见受疫情的影响，2019 年 12 月开始指数出现下降，2020 年 1 月快递物流指数仅为 49.9%。随着疫情逐步得到有效控制，从 2020 年 2 月开始，指数逐渐上升，正稳步回升到疫情暴发前的水平。物流从业人员指数用来反映物流从业人员的变化，由表中数据可知，受疫情控制和春节前务工人员返乡的影响，人员的规模在 2020 年 1 月达到最低，但随着复工复产及社会对应急物流的需求，物流从业人员指数逐渐恢复至节前状态。疫情后，物流从业人员指数有较大增幅。对于电商物流来说，由于 2020 年 2 月疫情防控最为严峻，非疫情保障物资和商品的物流运输受到极大限制，因此此时电商物流指数最低，2020年3月和4月逐渐恢复正常。受疫情的影响，物流业的景气指数也受到很大的影响，尤其在2020年2月，指数跌至26.2%，随后也逐步恢复常态。

表1-10　　2019年11月—2020年4月物流业相关数据

	2019年11月	2019年12月	2020年1月	2020年2月	2020年3月	2020年4月
快递物流指数（%）	107.7	105.7	49.9	91.2	103.7	104.5
物流从业人员指数（%）	112.2	96.9	48.6	87.2	102	109.7
电商物流指数（%）	113.5	112.2	108.8	96.6	104.7	107
物流业景气指数（%）	58.9	58.6	49.9	26.2	51.5	53.6

通过上述分析，疫情后物流业呈现出不景气、人员规模减小、发展速度变慢的现象，表明这次突发公共卫生事件带给我国物流业极大的冲击，影响程度较深。对于应急物流而言，可能会措手不及，物流从业人员不足，影响疫情中物流的规划布局，以及疫情物资的快速运转。但随着疫情常态化，物流行业整体呈触底反弹趋势，这无疑是应急物流发展的强大助力。

二、国内外应急物流发展现状

（一）国外应急物流发展现状

随着世界经济一体化进程加速，突发公共事件具有全球性特征。近年来，全球气候变暖、生化辐射、传染性病毒等的出现，成为世界上多数国家和地区重视应急管理的催化剂，和我国一样，国外一些国家通过应急管理来减少对经济、社会和居民生活的损失。

其中，应急物流是应急管理事业中的重要一环。国外大多国家研究应急物流的保障，而且通常将应急物流相关研究纳入应急管理大类之下。以美、德、日为代表的一些国家和地区重视应急管理体系机制和救援系统的建设，经多年探索与完善，现大多拥有了较完善的应急管理体系，并努力将开展的一系列活动规范化、标准化，使应急管理工作朝着科学、高效的方向快速进步。国外应急物流发展现状主要有以下特点。

一是应急物流制度保障已上升至法治层面。世界上的许多发达国家在应急物流立法方面颇有建树。以美国为例，作为当今世界物流大国之一，美国联邦政府立下诸多保障应急物流系统建设的法律条令，且实施效果良好。位于地震带的日本长期受突发公共事件的影响，因此，事故预防和灾害应对在日本备受重视，日本政府坚持"立法先行"原则，颁布了200余部有关应急管理的法律法规，还有一些地方性法律法规，其应急管理立法较为成熟。美国、日本有关应急管理的法律法规（部分）如表1-11所示。

表1-11　美国、日本有关应急管理的法律法规（部分）

国家	法律法规
美国	《国家安全法》 《美国全国紧急状态法》 《国家应急反应框架》
日本	《灾害救助法》 《灾害对策基本法》

二是应急管理模式较为成熟。为了减少灾害带来的损失，美国建立了较为成熟的"三方"协作应急体系，运行特征为"行政首长领

导，中央协调，地方负责"。美国设立联邦应急管理署（FEMA），是应急管理集权化的机构。当突发公共自然灾害，进入紧急状态时，负责人主体启动并依法执行应急计划，由 FEMA 介入并作为应急管理的主要责任人。此外，美国在救灾计划上也有一套类似的安全系统，这套系统一般都是与警察一起执行各种安全任务，一旦遇到重大灾难，就会自动转化为应急系统。在救灾过程中，FEMA 设立了一个专业的后勤管理部门，主要负责救灾物资的储备、救灾物资需求的确定，运输方案的决策。一旦灾难来临，后勤部门就会立即进入联邦应急响应模式，接收和分发各种救灾物资。在国际救援工作中，美国设立了一个对外灾害援助办公室（OFDA），专门处理各种突发公共事件。对外灾害援助办公室目前在全球拥有 7 个紧急储备库，紧靠机场和海港，储存必要的救灾物资。如果某一区域出现了严重的自然灾害，OFDA 会就近将紧急援助物资运送到受灾区域。

将视线转移至日本，日本政府在灾害防治、救灾规划、防灾救灾演习等方面，建立了"由行政首长指挥，各机关协同联络，中央会议制订应对措施，地方政府负责实施"的应急管理模式。日本的防灾系统由三个层次组成，从中央到地方。每年的"防灾日"，日本首相及相关官员都会出席防灾演习，借此加强民众的防灾知识，同时也考验中央与地方当局之间的通信联络、救灾、救护、消防等单位的运作与配合，以及各种人员的实战训练。更有政府与企业结合，建立应急项目，达成应急合作。例如，联合包裹与美国红十字会合作，成立了 8 个国家的后勤行动团队。这些团队中有一些志愿人员自愿参加，他们与 NGO（非政府组织）、FEMA 和州政府一起工作，负责从仓库到服务配送点的货物运输。

三是民间组织在应急物流中发挥作用。作为较早一批落实民防工作的德国，拥有大约 60000 名专职于民防工作的专业人员，形成了一支专业人才队伍，另外还有 1500000 名的医疗救助志愿者、消防救助志愿者参与其中。在组织机构方面，德国设立技术救援组织，通过灵活的网络架构为应急物资的流动提供专业的技术及先进的救援设备，值得一提的是，除了官方授权的技术机构，在人道主义救助上德国也先行一步，德国健康促进会是一个国际化的志愿组织，其拥有长期的医疗项目为应急管理提供医疗保障，灾难发生时，德国健康促进会及时响应应急需求，在应急物流领域扮演着非常关键的角色。不仅如此，该组织作为国际组织，为全球的突发公共事件也贡献了力量。

四是应急物流人才多元化培养。国际化的应急物流培训机构众多，培训范围涉及全球，尽管这些机构的发起人、培训体系、培训内容与方式呈多元化特征，但都秉承着以全球性应急管理体系中的应急物流环节顺利运行为目标，培育专业的应急物流人才，并持续赋能，总结经验与教训，灵活调整自身的体系以应对未来的挑战。这些机构还与所在地政府保持紧密联系或合作，当突发公共事件发生时，以其资源优势快速投入救援与配送物资之中，解决了物资需求地的燃眉之急。国外的应急物流专门培训机构（部分）如表 1-12 所示。

表 1-12　　　　国外的应急物流专门培训机构（部分）

创立人	培训机构	介绍
Will Holden	Emergeny Logistics Team	为全球私营部门的供应链和物流专业人员提供培训，提高其专业技能，使其具备与非政府组织合作所需的知识

创立人	培训机构	介绍
世界粮食计划署	物流集群（Logistics Cluster）工作组	在线应急物流入职人员培训包括课堂课程和应急反应模拟演练
英国当局	RedR UK	为世界各地应对自然和人为灾害的非政府组织、援助人员和社区提供培训与技术支持。其课程具有高度的仿真性与参与体验感
澳大利亚当局	RedR Australia	培训课程包括运送货物和设备、安置受灾人员、转移伤亡人员及运送援助和救济工作人员与志愿人员

　　除了专业的社会培训机构，国家教育体系也十分重视应急物流专业建设，大学是孕育人才的沃土，教育是将人力资源转变为人才的必经之路。科学完善的应急物流教育体系提供给受教育者科学的知识、实用的技术，塑造了其应急价值观与职业观。此外，应急管理不是一门独立的学科，教育发达的国家将供应链与物流、社会救助与保障、战略管理、项目管理、危机决策等相关学科与应急管理专业交叉，致力培养战略决策层、体系管理层、专业技术层的学生，国外的应急物流教育机构（部分）如表 1-13 所示。

表 1-13　　　国外的应急物流教育机构（部分）

机构名称	面向的群体及获得的学位/证书
马尔凯理工大学（意大利）	面向寻求资格认证的专业人道主义工作者，设立人道主义后勤硕士学位

机构名称	面向的群体及获得的学位/证书
提契诺大学（瑞士）	面向计划提高能力和拓展职业生涯的专业人道主义人士，设立人道主义物流与管理高级研究硕士学位
佐治亚理工学院（美国）	面向非政府组织、私营企业、基金会、政府实体的参与者，设立健康与人道主义供应链管理（HHSCM）专业教育证书

美国经历过数次大规模的自然灾害袭击，因此政府和相关的科研单位高度重视应急管理体系的建立。美国的应急管理人才培训注重实战性和全民参与，对应急物流管理人才培养主要从"知识、技能、能力"三个层次进行，从基本的应急物流管理知识入手，特别强调在紧急状态下组织物资流动，全面响应救灾过程中各种需要以及灾后重建过程中的资源调度。德国在应急物流人才的培养方面特别注重两点：一是专兼结合。培养人员既有少量专业的应急物流工作人员，又有大量接受过应急知识培训、能随时参与应急管理工作的大众。二是对从事应急物流管理的人员进行信息化培训，以提高他们的工作效率和灾害处置能力。

（二）国内应急物流发展现状

在突发公共事件增多的情况下，我国政府对自然灾害、社会安全、公共卫生事件高度重视并采取多项措施。国家领导人在多次会议中提到国家应急能力的重要性与必要性，表达了对应急管理人才的殷切希望。近年我国涉及应急管理政策的会议及相关内容如表 1-14 所示。

表1-14　　　近年我国涉及应急管理政策的会议及相关内容

会议名称	有关应急管理的内容
第十九届三中全会	加强、优化、统筹国家应急能力建设，构建统一领导、权责一致、权威高效的国家应急能力体系
中共中央政治局第十九次集体学习	要发挥我国应急管理体系的特色和优势，借鉴国外应急管理有益做法，积极推进我国应急管理体系和能力现代化
第十三届全国人民代表大会第四次会议	"十四五"规划纲要：加快建立储备充足、反应迅速、抗冲击能力强的应急物流体系

应急物流系统作为现代物流系统的一个重要组成部分，为国家和社会提供了有力的保障。我国的应急物流是伴随着突发公共事件产生的，在2003年严重急性呼吸综合征（"非典"）事件后，我国政府对应急管理制度给予了高度重视，并将应急预案、体制、机制、法制这四项主体结合，形成了目前的应急管理体系。在这个体系中，应急预案是重中之重，从涉事范围看，预案有总体与专项之分；从责任主体看，预案有联合、政府及有关部门、企事业单位之分；从应急事件看，不同类型的突发公共事件又将预案划分成不同的种类。我国目前的突发公共事件应急管理体系有数百个预案，触角深远，部分政策发展过程如表1-15所示，在不同发展阶段，我国对应急物流体系建设的要求、主要任务和具体措施等都有差异。

表1-15　　　我国应急物流体系政策建设进程

政策时期	具体政策
2003年	《突发公共卫生事件应急条例》
2006年	《国家突发公共事件总体应急预案》
2009年	《物流业调整和振兴规划》

政策时期	具体政策
"十一五"时期	首次将"强化应急体系建设"纳入国家国民经济和社会发展规划纲要
"十二五"时期、"十三五"时期	《国家综合防灾减灾"十二五"规划》《国家突发事件应急体系建设"十三五"规划》
第十三届全国人民代表大会第一次会议	设立中华人民共和国应急管理部
2018 年	组建中华人民共和国综合性消防救援队伍

中华人民共和国应急管理部作为国务院组成部门，负责应急预案的编制与规划，指导各地区应对突发公共事件，统筹救援力量进行灾难救援。2018 年，中华人民共和国综合性消防救援队伍组建，受应急管理部指挥，在发生突发公共事件时，是他们奔走在抢险救灾第一线。目前，我国尚未建立应急物流管理机构，通常是在发生突发公共事件时，在应急管理部和各地应急管理厅（局）下设应急物资物流指挥部，掌握各类应急物资物流状态，保障应急物资供应链。目前，参与应急物流工作的人员主要包括综合性消防救援队、当地的武警官兵、物流企业及社会性组织等，来自社会上各个企业和部门的人员虽然人数众多，但是没有接受过专业、系统的应急物流管理方面的培训，所以很有可能出现物流效率下降、沟通协调不畅等问题，同时也缺乏专业的应急物流管理团队进行管理。

物流行业各主体是应急物流工作的主要践行者。对物流行业发展情况进行探讨是分析应急物流发展现状的前提。以新型冠状病毒感染疫情为例，疫情暴发，席卷全国，全国掀起了一场抗击疫情的阻击战，物流等后勤部门、行业纷纷响应，以自己特殊的行业性质投入抗击疫情的伟大战争中，守住人民生活的底线与救援的供应链，为应对此次突发公共卫生事件做出了巨大贡献，主要体现在以下几个方面。

（1）保证应急物资的运输。在疫情暴发的早期，为了防止疫情随人流迅速传播，很多地方都实行了交通管控，还有一些偏远地区的道路不通。物流业收到使命号召，《中物联关于做好新型冠状病毒肺炎防控工作的紧急倡议》一出，各大物流公司驰援湖北武汉，在做好疫情下复工复产的准备后，纷纷加入防疫物资和生活物资运输队伍。受疫情影响，各产业停摆，这些物流企业便将自己的所有资源都贡献出来，无论是航空运输、铁路运输、水路运输，还是公路运输，都将企业的园区、港口、仓库、运输工具等投入应急使用，一些物流企业的员工组成应急车队为疫区运输防疫物资，还有一些满载建筑材料的货车朝疫区驶去，目的是支援临时医院的建设。笔者查阅行业报告，发现交通运输部曾对物资的运输情况进行过统计，统计时间是自 2020年 1 月 27 日起至 2020 年 2 月 27 日。统计结果显示，全国通过各种运输途径运往疫区的防疫与生活物资共计 51.98 万吨。具体情况如表 1-16 所示。

表 1-16　　疫情暴发初期防疫物资与生活物资运输情况

运输方式	运输频次	运输量
公路	—	23.03 万吨
铁路	9552 车次	18.69 万吨
航空	569 架次	0.66 万吨，70.08 万件
快递	车辆 1.57 万辆，货运航班 277 架次	9.6 万吨，包裹 1.45 亿件

邮政业作为交通运输行业主体之一，在此次疫情防控中做出了不少贡献。国家邮政局与各快递公司协调资源分配，快速开辟国内外航线，保证受灾地区应急物资的需求得到供应，据统计，对比 2019 年第一季度和第四季度的服务量，在疫情暴发的前十日，邮政业服务量明显增多，累计承运寄递疫情防控物资 7454.9 吨，包裹 3392.9 万件。

（2）疫情下迅速复工复产。在疫情得到基本控制的情况下，由于其他行业订单量激增，再加上原来积压的订单，给少数几家复工的物流企业带来了不小的压力。因此，政府继续实行阶段性免收收费公路车辆通行费，也取消了对货车和司机的隔离政策。随着复工复产政策出台，物流业开始逐步恢复运行，最先投入工作的是中国邮政，其快递业务在 2020 年 3 月中旬已达到了近 95% 的复工率。

考虑疫情对经济的影响，国家呼吁对疫情防控期间各个行业减租降税，物流行业中的货运、物流园区等也在 2020 上半年全面复工复产。相关数据表明物流业具有较顽强的恢复力与经济活力。

（3）积极承担崇高的社会责任。为了满足疫情防控期间对应急物资快速增长的需求，物流行业团体担负起政府和物流企业之间的"桥梁"，一方面向政策制定部门提供相关的经验建议，反馈现实情况。另一方面得知军队运力不足后，将此需求传达至物流企业，一呼百应。物流企业一线运输人员作为疫情下的逆行者，他们的生命健康安全应得到保障，中物联制定了《公路货运行业新型冠状病毒流行期间营运防控指南》和《新冠肺炎下骑手心理防护手册》等，为加入战斗的"将士们"提供保障。此外，行业团体还承担了对接捐助者和运输者的角色，组织紧急救援物资的需求对接，减少对接时间和物资浪费，促进应急物流的高效运行。全国各地的行业协会与团体都自觉充当中间人的身份，成立应急办公室，与企业紧密沟通，与政府密切合作，配合后勤保障，做出行业贡献，部分企业和个人受到了表彰（见表1-17）。

表1-17 受表彰集体或个人

典型集体、个人	获得荣誉
招商局集团"灾急送"应急物流志愿服务队等	"全国抗击新冠肺炎疫情先进集体"
湖北顺丰速运有限公司分部经理汪勇等	"全国抗击新冠肺炎疫情先进个人"
九州通医药集团物流有限公司等	"全国物流行业抗疫先进企业"

犹记2003年"非典"肆虐，全国范围内，北京是受影响最严重的地区。在交通发达的2020年，春运给病毒传播提供了条件，全国各省份都没能避免。为了尽可能使疫情传播范围缩小，降低损失，国家不得不采取出入境管控、工人停工、学生停课的举措，从而导致部分供应链中断，给国民经济与人民生产生活带来影响。物流企业在恢复供应链活力方面有其自身优势，能充分调动国内外资源，实现需求与供给的精准匹配。

三、我国应急物流存在的问题

一方面，我国的应急物流起步相对较晚，但发展十分迅速，2003年"非典"疫情、2007年南方雪灾、2008年汶川地震等重大突发公共事件的处理，反映了我国强大的组织协调能力；另一方面，我国应急物流体系在逐步完善的过程中也反映出许多问题。整体来看，我国应急物流发展有以下六个突出的问题。

（1）应急物流法规体系不健全。我国还没有完善的应急物流保障法规体系，在一些应对突发公共事件的法律法规中仅仅是对物资的保障做出了相关规定。分析我国现有的法律，对应急物流的规定与保障很少，以应急管理居多，其中条例缺少应急物流运作体系的视角，在指挥决策、仓储运输、调用对接等细化环节没有提供保障。虽然应急物流建设已经在各种会议上被多次提及，但是与之相关的配套法律法规还不够完善，应急物流还不够全面、系统，其与实际情况还有较大的差别，没有足够的经验。

（2）一级组织管理机构缺位。目前还没有一级的应急物流指挥部门，这会造成多头指挥、决策失误、专业化程度低和效率不佳。如果没有一个集中的领导机构，势必会加大应急组织和救援阻力，混乱的组织和无序的援助会导致救援延迟，造成损失和浪费。还有一些社会人士，有一颗想为祖国尽心尽力的心，奔赴救灾一线，却没有相应的组织把他们有序地组织起来开展救援工作。

（3）专业队伍的派遣程序复杂。在一些公共卫生事件突然发生后，各方面力量都急切地投入救援中，但是我们却不能将各方的力量有机结合发挥出最大的效力，此时我们应当考虑，如果能有效结合第三方物流企业，让他们加入救援活动中来，就可以实现紧急情况下的应急物流，但是现状就是我们缺乏有效的机制，物流企业对于加入作战的积极性不高，无法发挥他们在资源整合、物资调配、服务运营网络等方面的优势。此外，在执行紧急救援任务的时候，承担主要救援任务的是人民解放军、武警官兵等，一些专业的救援资源较为紧缺，在调动空中救援力量的过程中，调遣程序也较为烦琐。

（4）应急物流与现代技术结合程度低，应急效率受影响。我国应急物流的相关设施设备还不完善，信息化、网络化进程还应加快。在救灾工作中，信息网络是各部门之间进行重要信息共享、传递和协调配合的平台，如果在这个过程中出现信息不对称，就会使信息传递产生错误，无法做到精准高效。从一些历史教训中可以看到，面对突发公共卫生事件，应急物资需求量爆发式增长，但是存在着物资筹集后积压在仓库，无运力运输和配送的情况，导致物资丧失时效性，以及供需两端出现矛盾。此外，在重大灾害面前，时间就是生命，物资不能第一时间送达灾区，损失便不可避免。因此，完善相关的设施设备是保证救援工作顺利开展的必要前提。相关设施设备的完善包括道路的修建、物流站点的安排与修建、货车的购置等。在道路方面，应该开通物流绿色通道，缩短"通关"时间。无论是哪项工作的开展，都离不开人员的参与，救援准备工作的人员投入不足，将直接导致救援工作的低效。

（5）没有专门的应急物流人才体系。我国缺乏应急物流人才的体系架构，突发公共事件发生后，大多是从全国各个地区抽调人员，没有专门的应急救援人才保障系统，这样会延误最佳救援时间，关系到最终救援的结果。应急物流人才是实施救援工作的载体，目前我国应急物流人才匮乏，需要加大应急物流人才后备军的培养力度。

（6）缺乏应急物流人才监督体系。由于应急物流人才体系不完善，所以同样缺少应急物流人才监督体系这个重要的环节。缺乏监督，就缺少工作反馈，从而无法进一步改进救援工作。这不利于我国应对突发公共卫生事件的后期总结与反思工作，若缺乏对突发公共卫生事件的总结与反思环节，就不能够吸取教训，缺少经验教训的总结不利于我国今后应对突发公共卫生事件。

第三节　我国应急物流人才发展现状 及人才需求的基本特征

一、我国应急物流人才发展现状

（一）我国应急物流人才存量及分布

应急物流的运作体系为多层级主体、跨区域信息及物资供应链。参与主体包括但不限于政府组织、军队消防、物流企业、志愿者协会和广大人民群众。因此，我们从政府、军队、企业、民间组织四个层面来分析应急物流人才的发展现状。

（1）政府层面

应急物流人才发展现状决定应急物流的力量。各省的应急局承担物资运输规划管理的职责。我国在 2006 年成立了中国物流与采购联合会应急物流专业委员会（以下简称"中物联应急委"），作为应急物流领域唯一的、全国性的社会团体，一方面以会员的专业力量为政府进行应急物流体系建设，为军队开展应急物流救援提供辅助，另一方面与物流行业协会类似，扮演政府和企业间的桥梁，促进双方的合作，使应急物流供应链通畅，增强应急管理能力。通过在官方网站上公示的信息，中物联应急委拥有由数十位军地著名管理专家、物流专家组成的专家团队，并与清华大学、北京交通大学、北京科技大学、北京工商大学、上海海事大学等高校合作交流形成智囊团，在应急物流各个领域开展工作。中物联应急委领导与专家的学历分布与行业分布如表 1-18 所示。政府及企业员工虽然在数量上不可小觑，但是并没有经过专业的应急物流知识方面的培训。这些人往往专业性较差、缺乏物流管理能力和经验，如果贸然"上阵"，不仅会造成物流效率的下降，也容易在突发公共事件下造成不良后果。

表 1-18　　中物联应急委领导与专家的学历与行业分布

学历分布	学历占比	研究生及以上 76.92%	大学本科 7.69%	其他 15.38%
行业分布	所属单位类别 占比	机关单位 30.77%	高等院校 30.77%	企业 38.46%

（2）军队层面

人民解放军是我国抢险救灾的主力，当地部队、武警官兵队伍一直以来都是我国应对突发公共事件的中坚力量。在突发公共事件发生后，由应急管理部门调派的国家综合性消防救援队伍等专业救援力量前往灾区救援，这些大部分由消防战士组建的队伍经常参与协助物资整理、运转等工作。

新型冠状病毒感染疫情暴发初期，中国军队发挥着重要的作用。2020 年 2 月，在中央军委批准下，从空降兵军、空军武汉基地、陆军勤务学院训练基地等军营和军校中抽调成立驻鄂部队抗击疫情运力支援队，260 多名军人用 130 辆卡车将人民急需的生活物资及临时医院的医疗物资配送至各个需求地。服务期间驻鄂部队抗击疫情运力支援队共运送数万吨应急物资，为地区防疫工作做出突出贡献。令人动容的是，一些退役军人组建的"老兵突击队"等志愿组织，投身救灾物资运输中，也是应急物流中的中坚力量。疫情发生后，黄石市消防救援支队积极主动对接市防疫指挥部，在各地物资顺利到达疫区后，第一时间派出党员突击队协助转运物资，服务地方疫情防控工作。

（3）企业层面

为贯彻军民深度融合发展战略，推动我国应急物流事业持续健康发展，由中物联应急委发起，2016年10月成立了"军民融合应急物流企业联盟"，上百家物流企业加入这一联盟阵线。联盟按照"自愿、平等、合作、共赢"的原则，由中物联应急委的企业会员组成。该联盟作为军民融合的桥梁与平台，一方面培养国家需要的应急物流企业，建设一支能与军队配合的应急物流企业梯队，成为应急"后备军"；另一方面促进物流企业转型发展，以创新驱动变革，培养物流企业的社会意识与担当，推动行业自律。此外，联盟物流企业为退役军人解决择业之忧，提供了储备干部、驾驶员、快递员等工作岗位，物流体系的军民融合迈上新台阶。

政府与现代物流企业合作可以充分利用其资源优势，提高应急物流技术水平和资源优化能力。为了增强应急物流联动能力，保障应急设备资源高效利用，国家应急管理部救援协调和预案管理局在2020年7月与顺丰集团签订协议，协议双方在技术研发、信息资源共享等方面合作，以期建设军民融合的应急物流管理信息服务系统。除此之外，在疫情突发阶段，双方建立24小时联络制度，保证信息链运行通畅。相较于政府和民间组织在应急物流中做贡献的人才，物流企业的人才是物流经验最丰富的。除人才外，物流企业以其他资源（供应链基础设施、仓储园区、供应链、物联网）优势承担更多的责任。

京东物流集团在《2021 年环境、社会及治理报告》（简称 ESG）中总结其助力公共治理的应急物流事业。技术的研发与投入让京东物流集团在冷链运输上具有竞争力，也使它具备承担新冠疫苗配送工作的能力，成为北京市药监局公示的首家疫苗配送服务企业和交通委指定疫苗配送企业。极端天气与自然灾害的应急保障中也常能见到京东物流集团的身影。京东物流集团积极响应应急管理的号召，实现应急场景下的全域应急物资共享和集中调配，达到应急管理的规范化和智能化。京东物流集团与各级应急管理、粮食和物资储备部门建立常态化应急物流协同保障机制，一旦有应急需求，京东物流集团的仓运配一体化供应链物流体系将立即响应。京东物流集团充分调动社会专业力量参与国家应急管理体系建设，提升应急物资保障服务水平。2021年，河南、山西汛情发生后，京东物流集团快速组织力量，从附近的智能物流园区紧急调拨大量抢险救灾物资和生活物资，为防汛救灾工作提供支持，缓解受灾群众的食物供给及饮用水等问题。除此之外，京东物流集团还致力国家粮食应急保障。京东物流集团基于积累十余年的物流供应链基础设施和技术能力，积极履行企业社会责任，建立起了一套平时服务、灾时应急的一体化供应链物流保障体系。

然而，物流企业的人才链存在以下突出问题：一是人才结构不均衡，一线员工供应量大，而高层次应急物流人才供应不足，不能满足突发公共事件背景下的人才需求；二是大多数基层一线员工所掌握的知识太过单一，难以用整体、系统的眼光看待物流这个行业，也难以完善整个行业的人才结构；三是人才流动太大，一线人员由于工作强度大，以及工作环境和待遇等问题，人才流动频繁，综合能力强且高素质的应急物流人才十分难得；四是在人才培养方面也存在着不合理的现象，书本知识与社会生产需求脱节。这些都给物流企业的人力资源管理部门带来了诸多挑战。应急物流人才的培养更是滞后，我国应急物流的发展起步较晚，表现在组织难度较大，信息传递存在滞后性，物资储备方面不足，以及在应急物流方面宣传普及不到位等。相应的应急物流的指挥体系、法律法规体系、配送体系也不健全。随着行业的蓬勃发展，我国物流行业直接面临着物流人才市场供不应求的局面。应急物流供应链自然也面临着人才市场供不应求的局面，因此应急物流人才供应链发展现状不容乐观。

（4）民间组织层面

民间组织也是应急物流多方主体之一，凭借其丰富的应急救援经验，在应急物资筹集管理、联络各方共享信息上独具优势。我国目前已有相当多的民间应急组织。新型冠状病毒感染疫情暴发初期，为了满足疫情下激增的物资筹集、运输需求，上百名志愿者以"三班倒"的高工作强度参与应急物资的搬运、装卸工作。由于缺少专业的物流管理知识与经验，这支临时的志愿队伍在"囤积物资"后没有做到及时运输，出现问题后，仍然没有专业的应急物流人才提供支持，导致物资的时效性与利用率大打折扣。应急物流人才培养迫在眉睫。

（二）我国应急物流人才发展特点

（1）军民融合特征显著。由于军队在处理突发公共事件中具有高度统一性的优势，我国的应急物流也呈现出了军事化的特征。突发公共事件发生时，想要应急物流达到高速和准确，统一的指挥必不可少，故应急物流基本由军事部门承担。由于事故的突发性与随机性，仅依靠军队的力量来保障物流供给还不够，还需要发挥地方力量。在军民融合的典型实践中，中国人民解放军空军后勤部在 2017 年曾与中物联以及 5 家物流公司签署《空军后勤物流军民融合战略合作协议》。协议双方在采购、仓储、运输、配送等环节密切协作，促进科研创新、信息融合与行业发展。在此背景下，应急物流体系带有鲜明的军民融合特征。

（2）专业化力量缺位。疫情背景下的应急物流需要专业人才来推动，由于缺少学科建设和社会培训，应急物流从业者大多数都是兼职人员或是从其他物流行业转入，往往在专业知识和经验上有所欠缺。而从全国交通运输、仓储和邮政业从业人员受教育程度来看（见表 1-19），我国物流行业从业人员学历水平普遍较低。根据《中国人口和就业统计年鉴（2018）》发布的统计数据，物流行业中拥有初中学历的从业人员最多，而研究生及以上学历水平的从业人员数量占比仅为 0.8%。这说明我国高学历物流人才缺口大，相应地，高学历应急物流人才也十分短缺。当前，急需应急物流人才的参与，才能将应急物流体系建设完善并高效运行。

表 1-19　全国交通运输、仓储和邮政业从业人员受教育程度

受教育程度	从未上过学	小学	初中	高中	中等职业教育	高等职业教育	大学专科	大学本科	研究生及以上
所占比例（%）	2.3	16.9	43.4	12.8	5.2	1.2	9.4	8.0	0.8

（3）培养主体受重视程度不足。高校是人才的培养基地，承担系统化培养人才的责任。目前，我国仅有少数本科院校开设了应急物流相关课程（见表 1-20）。

表1-20　开设应急物流相关课程的本科院校及专业（部分）

本科院校	开设应急物流相关课程的学院与专业
北京石油化工学院	经济管理学院物流管理专业
武汉理工大学	安全科学与应急管理学院公共事业管理专业
太原理工大学	安全与应急管理工程学院应急技术与管理专业

应急物流专业作为物流和应急的交叉学科，物流专业的基础课程包括但不限于统计、经济与管理等，但专业课程缺少创新，较少与学科前沿结合，理论与实践结合效果不佳；应急处理与管理通常在工科的地质学、工程类学科会涉及。任何一个国家，培养专业人才的主要场所都是大学和一些科研院所，大学在应急物流学科建设卜存在空白，不利于科研的开展与前沿趋势探究，加之对应急物流领域科研经费投入力度不够，基金支持的应急物流研究较少。综上所述，我们还需充分重视物流人才的培养。

二、我国应急物流人才需求现状

（一）应急物流人才需求特征

应急物流在应对突发公共事件时起着至关重要的作用，因此，我国对应急物流活动的实施主体——应急物流人才的需求也逐渐明确。企业需要的应急物流人才数量占比最大，通过分析各大物流企业在招聘网站、企业门户网站上发布的招聘信息，发现操作技能和工作经验是物流企业筛选应聘者的两大漏斗。通过分析，企业对人才综合能力重视因素排序如下：专业技能操作能力强>实习经历多>拥有多个职业资格证书>综合素质高>专业理论知识牢固。本书从人才需求总量、人才需求结构、人才素质需求三个层面分析我国对应急物流人才需求的基本特征。

一是人才需求总量极具规模性。在突发公共事件面前，时间就是生命，当采购或筹集的物资到仓时，急需应急物流人员将之分拣、包装并运送至资源需求地。毫无疑问，在有足够能力保证应急物流人员生命安全的前提下，物流人员越多越好，只有具备足够的运送力量，物资才不会积压，才能实现高效"应急"。从数量上看，我国应急物流人才需求总量缺口很大。

二是人才需求结构更具合理性。应急物流人才需求分为专家智囊团、应急物流组织管理人才、实战人才。专家智囊团成员在应急物流领域有丰富研究成果或技术技能，制定应急物流运行规则，凭借其经验为应急物流决策提供智力支持；应急物流组织管理人才具有管理人才的普遍特征，能够协调各方力量，实现资源最优化配置；实战人才包括军队官兵、物流企业人员、志愿者队伍等能够投身于应急物流一线中工作的人才。

三是人才素质需求更具综合性。应急物流区别于普通物流，对物流工作者的素质提出了更高的要求。除具备物流知识与经验外，更要具备组织管理、指挥控制、危机处理等综合性能力。我们时常见到一腔热血的志愿者载着物资奔向灾区，但却遇上高速被封、无人接应的情况，主要原因并不是配套工作疏漏，而是志愿者不具备现代信息获取能力，在行动前没有或没有能力查询相关政策，所以，现代信息获取能力也是应急物流人才的素质要求之一。

（二）应急物流人才需求素质结构

应急物流人才既需要掌握物流操作技术，也需要应急管理经验与应变能力。业内已对应急物流行业相关人员展开行为事件访谈和问卷调查，依据理论对访谈结果编码，归纳应急物流人才胜任要素，具体情况如表 1-21 所示。

表 1-21　　　　　应急物流人才胜任要素及其权重

素质要素	涉及的关键事件（件）	权重（%）
组织管理能力	28	19.6
指挥控制能力	25	17.5
业务能力	35	24.5
人际公关能力	22	15.4
成就导向	18	12.6
个人品质	15	10.5

目前，在国际形势复杂多变、各种突发公共事件频发的大背景下，国家高度重视应急管理的处置问题。未来，我国对应急物流人才的需求将在数量和质量上有更高的要求，而国内并没有成立专门的应急物流人才部门，对应急物流人才的开发与培养也处于较低水平。应急物流人才供求关系亟待探究。

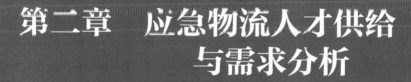

第二章 应急物流人才供给与需求分析

第一节　应急物流人才需求量预测

一、应急物流人才分布

应急物流体系为跨区域多层次组织结构，其运作包括应急物资的筹集、仓储、运输、配送等环节，参与主体包括政府机构、军队消防、物流协会与企业、志愿者以及社区工作者。由于国内应急行业尚未细分，不存在应急物流责任机构，无论是在应急行业还是在物流行业，都缺少对应急物流人才或从业者的人数、结构等要素的统计。本文以典型突发公共卫生事件——"新型冠状病毒感染疫情"为搜索应急物流人才数据的"关键词"，以国家应急管理部官方网站和中物联网站为搜索平台，得到参与此次突发公共卫生事件中应急物流工作的人员所在组织包括：国家应急管理部及各省（自治区、直辖市）应急管理厅（局）、国家综合性消防部队、中物联、先进物流企业、非营利性组织。

考虑到对人才的定义，上述组织中，国家应急管理部、中物联和先进物流企业中负责指挥管理应急物流的人员可以列为管理型应急物流人才，消防队员和先进物流企业中经技术培训或有经验积累的员工可以列为技术型应急物流人才。一些非营利性组织的志愿者大部分是未经过专业化应急训练、缺少物流工作经验的民间力量，不能被列入应急物流人才行列。除了上述直接参与应急物流工作的组织，还应考虑研究型应急物流人才，即应急物流科研、教学人士，他们在研究应急物流行业、教育应急物流人才的同时，本身也属于应急物流人才。

二、原始数据来源

在原始数据的选取上需要注意的是，数据要科学且适中。一方面，在确定影响因素时，应该确保与预测变量具有较高的相关性，否则会造成偏差，模型难以建立。另一方面数据量的选取要适中，过少的数据量难以形成数据规律，未来的预测可靠性低；而当数据选择过多时，早期的数据会丧失时效性，预测值会模糊近年的发展趋势。由于应急物流人才来源涉及多组织，应急物流人才需求预测所需的原始数据极其不易得。因此，本节选用《中国统计年鉴》中我国物流行业从业人员数据，构建灰色 GM（1，1）预测模型、ARIMA 预测模型以及组合预测模型，预测未来物流行业人才需求量，并将三个模型进行对比，以误差最小的模型的预测值为应急物流人才需求的参考。

三、预测方法

对人才的预测往往以供给和需求为主。人才需求预测是指通过对历史资料进行统计和分析来预计未来人才需求的相关过程和方法。通过需求预测得到人才供给端面临的机遇与压力，为实现行业人才发展、供需平衡、各项人才资源优化配置提供较为科学的参考。预测是一项复杂的工作，人才预测更是如此，复杂性体现在预测的不确定性和影响因素的多样性。应急物流是在突发公共事件背景下催生的，目前我国尚未形成一支专业的应急物流人才队伍，每次发生突发公共事件时参与应急物流环节的人员大多具有临时性，缺少官方的综合性统计，且统计口径不一，应急物流人才的需求也会在数量、质量和结构上存在差异。因此需要选择合适的方法对应急物流人才的需求进行预测。

（一）时间序列分析法

时间序列分析法是美国和英国的两位学者于 20 世纪 70 年代提出的概念，他们发现原始数据样本中存在一种规律，猜想这种规律可能延续至未来。时间序列是以时间为唯一维度将数据排列后形成的数组。由于时间序列分析法不考虑影响数据的相关因素，只观察分析数据本身，在原始数据的收集和模型建立上难度较小，预测学发展前期经常使用；但这一特点也要求时间序列有明显的趋势特征，过于分散无规律的数据是不适合以此方法进行未来值预测的，原始数据值过小也不适合建立时间预测模型。除此之外，一些受其他因素干扰程度高的变量同样不适合用此方法，否则会得到较低的预测精度，预测值不可靠。因此，近年来的相关研究多数是以优化后的时间序列模型或是作为组合模型之一对水利、铁路工程、经济数值或人员需求量进行短期预测。

（二）回归分析法

回归分析法兴起于 20 世纪 30 年代，最早被用于研究经济活动。任何事物都不是孤立存在的，会受到相关因素的影响，如果两个以上的变量间存在原因与结果的关系，就可以用函数关系式建立要素间的数学逻辑，通过其中一个或多个因素的变化推导出因变量的变化。常见的回归模型有逻辑回归、多项式回归、逐步回归、岭回归和套索回归等，在预测上常用的是逻辑回归中的线性回归、非线性回归和多项式回归。其中线性回归的应用最为普遍，其原理基于最小二乘法，计算相关程度与变量系数，构建回归模型，从而对因变量进行预测，通常使用 SPSS 统计分析软件来实现这一过程。对物流人才需求进行预测的第一步就是确定各个变量——考虑哪些因素会影响物流人才需求。通常会考虑经济因素（GDP、GNP）、产业因素（第三产业情况、社会物流总额、社会物流总费用、社会物流总费用与 GDP 的比率等）、社会因素（就业人数、失业率、社保缴纳情况）、教育因素（物流专业高校数量、在岗教师、硕士博士点情况）等。对应急物流人才需求的预测除考虑上述因素外，还需要考虑财政支持、突发公共事件数量、应急管理行业相关指标等。

（三）灰色预测法

灰色预测法是基于灰色系统运行原理，不同于黑箱信息的完全不确定性，也不同于白箱信息的透明对称，灰色系统介于黑白色系统之间，其中的信息混杂，难以辨别其真实性，具有一定程度的不确定性。也正是如此，灰色系统成为有限条件/背景下进行数据预测的新方法。原始数据一般规律性较弱甚至是无序的，通过累加新序列的方法让数据变成递增序列，赋予其规律性，再建立微分方程，构建预测模型进行预测。并不是任意一组原始数据都可以进入灰色系统，在模型建立之前需要对数据进行前验工作——级比检验，检验是否适合该模型，预测后也需要检验模型的精度，检验指标有相对误差、后验差值比等。目前，最常见的预测模型是 GM（1，1），即一阶微分方程构建的模型。早期的预测研究中 GM（1，1）通常单独使用，但由于误差较大，后来经常与时间序列或回归模型结合起来使用。

（四）BP 神经网络法

BP 神经网络法是基于误差反向传播原理，采用非线性可微分函数进行权值训练，并以最小均方误差为准则的多层前馈神经网络模型，BP 神经网络包括输入层（Input Layer）、隐含层（Hidden Layer）和输出层（Output Layer）。模型学习时，输入信号经过输入层输入，通过隐含层计算，由输出层输出，输出信号与期望输出值比较，计算其误差，再将误差信号反向由输出层通过隐含层处理后向输入层传播。在这个过程中，通过误差梯度下降的方法调整神经元权值，以此达到权值的优化。这种信号正向传播与误差反向传播的各层权值调整过程周而复始进行，直到 BP 神经网络输出的误差下降到可接受程度，或训练到程序预先设定的学习次数为止。学术界已验证 BP 神经网络具有较强的非线性映射能力，可高度拟合非线性问题，可用于动态预测且预测精度较高。目前，研究人员经常运用 BP 神经网络法研究企业人才安全系统或进行人才预测。类似于回归模型，进行 BP 神经网络预测前也需要确定需求预测的影响因素，构建人才需求指标体系并收集指标的数据。首先将原始数据进行归一化处理，将数据限制在 [-1，1]，接着确定网络结构（隐含层数与隐含层节点数），将样本划分为训练样本和测试样本进行网络训练与测试，如果预测值和真实值之间的拟合情况达到要求即可代入数据进行预测。BP 神经网络法建立预测模型是在 Python、MATLAB 等软件上实现的。对代码的学习与编写要求较高。

（五）组合预测法

当同时运用两种及以上的预测方法并对其赋予权重时，可以称为使用了组合预测法。为了降低单一预测方法带来的预测误差，研究人员将组合模型引入人才预测。最常见的组合方法是运用最优加权法赋予各方法预测值不同的权重，从而使误差降至最低。将组合后的预测值与各个模型的预测值进行对比，以误差最低为标准选择最终的模型。多数研究已经证实组合预测方法的误差低于单一预测方法。

梳理文献，学者们在人才预测领域运用的预测方法和预测内容多种多样。陈广英组合 GM（1，1）灰色预测模型、BP 神经网络和计量经济学预测模型对山东省科技人才需求进行预测。蒋莉莉、杨颉以高层次知识创新人才需求为被解释变量，国民经济发展水平、科技投入水平等指标为解释变量，建立人才预测多元线性方程。单博基于手术机器人现状，运用灰色预测模型预测人才缺口。赵昕、李丹使用 MATLAB 软件建立海洋人才预测 GM（1，1）模型。王小许、蔡文伯预测我国卫生人力资源供求量，为后疫情时代背景下卫生人员队伍建设提出建议。刘恬玥、高冰等建立 ARIMA 人才需求预测模型，对人才市场进行预测。陈振斌、张万红等分别建立 Elman 神经网络和 BP 神经网络对江苏技术人才进行需求预测。由于物流人才系统是一个灰色系统，其需求量受到多种因素影响，在指标选择上容易受到主观干扰而导致模型建立失败，所以避免使用回归预测和 BP 神经网络预测。因此，本文选用灰色 GM（1，1）预测和 ARIMA 相组合的方法进行人才需求预测。

1. 灰色 GM（1，1）预测模型构建及检验

（1）数据选取

经上文分析，数据的选取对建立预测模型而言十分重要，数据不宜过少也不宜过多，因此，本书从 2003—2020 年物流从业人数为基本数据，具体数据如表 2-1 所示。

表2-1　2003—2020年物流从业人数

单位：万人

年份	铁路运输业	公路运输业	水上运输业	航空运输业	管道运输业	装卸搬运和仓储业	邮政业	城市公共交通业	多式联运和运输代理业	总数
2003	172.7735	162.4952	57.0463	17.882	2.1439	27.7722	44.1626	88.8518	—	573.07
2004	169.8667	159.5449	52.512	20.5023	1.8653	27.779	44.7091	88.2213	—	565.00
2005	166.5588	154.9025	49.8282	20.9868	1.79	24.2303	45.4434	89.6132	—	553.35
2006	165.272	151.2393	47.8841	22.1193	1.7537	28.2337	46.8798	91.9627	—	555.31
2007	174.1029	149.5349	45.6608	23.1127	1.7661	26.1236	47.7638	92.575	—	560.64
2008	173.2909	152.8087	43.5417	25.2953	1.9773	25.0135	43.5959	94.7342	—	560.26
2009	185.0147	160.9972	44.9479	25.2779	2.1842	26.9764	55.2687	108.7973	—	609.46
2010	175.6385	161.6625	44.493	27.2023	2.7341	28.598	53.3887	111.9633	—	605.68
2011	176.1542	168.9831	46.0513	33.526	3.2458	31.1846	61.8264	116.9084	—	637.88
2012	179.3267	227.8125	44.705	37.61	3.9762	56.2282	67.8609	—	—	617.52
2013	179.6382	380.6122	48.3428	49.4397	3.7704	76.7525	107.6595	—	—	846.22
2014	190.25	388.1462	49.1124	50.7789	3.7632	76.4499	102.9294	—	—	861.43
2015	187.4448	387.9657	46.6509	55.3358	3.8536	75.6912	97.4473	—	—	854.39
2016	187.4131	385.5896	46.0259	59.5301	3.6444	74.23	93.0745	—	—	849.51
2017	184.8032	384.6122	44.1227	62.4318	3.6965	73.1331	91.0924	—	—	843.89
2018	183.38	364.297	35.7698	64.5957	3.3883	43.2771	92.9159	—	31.3777	819.00
2019	191.5824	364.7405	31.9477	62.3543	2.6514	46.8431	83.426	—	31.9437	815.49
2020	188.6517	359.6333	29.4025	60.2532	2.483	49.6132	90.1029	—	32.0601	812.20

（2）模型构建

模型构建之前，需要判断原始数据是否适合灰色预测模型，同时判断原始数据的规律性、季节性等，这是灰色预测模型前验流程，只有通过检验，建模才具有可行性。具体操作是进行级比检验，包括以下几个步骤。

①建立物流人才需求数据时间序列：原始序列为 $X^{(0)} = (x^{(0)}(1), x^{(0)}(2), \cdots, x^{(0)}(n)) = (573.07, 565.00, 553.35, 555.31, 560.64, 560.26, 609.46, 605.68, 637.88, 617.52, 846.22, 861.43, 854.39, 849.51, 843.89, 819.00, 815.49, 812.20)$。

②求级比：$\lambda(k) = \dfrac{x^{(0)}(k-1)}{x^{(0)}(k)}$（$k=2, 3, \cdots, n, n=18$）。

$\lambda(k) = (\lambda(2), \lambda(3), \lambda(4), \lambda(5), \lambda(6), \lambda(7), \lambda(8), \lambda(9), \lambda(10), \lambda(11), \lambda(12), \lambda(13), \lambda(14), \lambda(15), \lambda(16), \lambda(17), \lambda(18)) = (1.014, 1.021, 0.996, 0.99, 1.001, 0.919, 1.006, 0.95, 1.033, 0.73, 0.982, 1.008, 1.006, 1.007, 1.03, 1.004, 1.004)$。

③级比判断：如果所有数据的级比值都位于区间 $(e^{\frac{-2}{n+1}}, e^{\frac{-2}{n+1}})$ 内，说明数据适合模型构建。分析级比检验的结果，发现第 10 个级比不在标准区间内，故对序列进行"平移转换"，转换前后数据如表 2-2 所示。分析表内数据得到，平移转换后序列的所有级比值都位于区间（0.9，1.111）内，说明平移转换后序列适合构建灰色预测模型。

表 2-2　　　　　　　　原始级比值与平移转换后级比值

年份	原始值	级比值	平移转换后序列值	平移转换后级比值
2003	573.07	—	2296.07	—
2004	565.00	1.014	2288	1.004
2005	553.35	1.021	2276.35	1.005
2006	555.31	0.996	2278.31	0.999
2007	560.64	0.99	2283.64	0.998
2008	560.26	1.001	2283.26	1
2009	609.46	0.919	2332.46	0.979
2010	605.68	1.006	2328.68	1.002
2011	637.88	0.95	2360.88	0.986
2012	617.52	1.033	2340.52	1.009
2013	846.22	0.73	2569.22	0.911
2014	861.43	0.982	2584.43	0.994
2015	854.39	1.008	2577.39	1.003
2016	849.51	1.006	2572.51	1.002
2017	843.89	1.007	2566.89	1.002
2018	819.00	1.03	2542	1.01
2019	815.49	1.004	2538.49	1.001
2020	812.20	1.004	2535.2	1.001

接下来用 GM（1，1）建立预测模型：依据原始数据，构建原始数据序列：$X^{(0)} = (x^{(0)}(1), x^{(0)}(2), \cdots, x^{(0)}(n)) =$（573.07，565.00，553.35，555.31，560.64，560.26，609.46，605.68，637.88，617.52，846.22，861.43，854.39，849.51，843.89，819.00，815.49，812.20）。

经过累加得：$(x^{(1)}(1), x^{(1)}(2), \cdots, x^{(1)}(n))$，$n=18$。

即 $X^{(1)} =$（573.07，1138.07，1691.42，2246.73，2807.37，3367.63，3977.09，4582.77，5220.65，5838.17，6684.39，

7545.82， 8400.21， 9249.72， 10093.61， 10912.61， 11728.1，

12540.3），构造数据矩阵 $\boldsymbol{B}$ 及数据向量 $\boldsymbol{Y}$：

$$Z^{(1)}(2) = \frac{1}{2}\left[x^{(1)}(1) + x^{(1)}(2)\right] = \frac{1}{2}\left[573.07 + 1138.07\right] = 855.57$$

$$Z^{(1)}(3) = \frac{1}{2}\left[x^{(1)}(2) + x^{(1)}(3)\right] = \frac{1}{2}\left[1138.07 + 1691.42\right] = 1414.745$$

$$Z^{(1)}(4) = \frac{1}{2}\left[x^{(1)}(3) + x^{(1)}(4)\right] = \frac{1}{2}\left[1691.42 + 2246.73\right] = 1969.075$$

$$Z^{(1)}(5) = \frac{1}{2}\left[x^{(1)}(4) + x^{(1)}(5)\right] = \frac{1}{2}\left[2246.73 + 2807.37\right] = 2527.05$$

$$Z^{(1)}(6) = \frac{1}{2}\left[x^{(1)}(5) + x^{(1)}(6)\right] = \frac{1}{2}\left[2807.37 + 3367.63\right] = 3087.5$$

$$Z^{(1)}(7) = \frac{1}{2}\left[x^{(1)}(6) + x^{(1)}(7)\right] = \frac{1}{2}\left[3367.63 + 3977.09\right] = 3672.36$$

$$Z^{(1)}(8) = \frac{1}{2}\left[x^{(1)}(7) + x^{(1)}(8)\right] = \frac{1}{2}\left[3977.09 + 4582.77\right] = 4279.93$$

$$Z^{(1)}(9) = \frac{1}{2}\left[x^{(1)}(8) + x^{(1)}(9)\right] = \frac{1}{2}\left[4582.77 + 5220.65\right] = 4901.71$$

$$Z^{(1)}(10) = \frac{1}{2}\left[x^{(1)}(9) + x^{(1)}(10)\right] = Z^{(1)}(9) = \frac{1}{2}\left[5220.65 + 5838.17\right]$$
$$= 5529.41$$

$$Z^{(1)}(11) = \frac{1}{2}\left[x^{(1)}(10) + x^{(1)}(11)\right] = \frac{1}{2}\left[5838.17 + 6684.39\right] = 6261.28$$

$$\ldots$$

$$Z^{(1)}(18) = \frac{1}{2}\left[x^{(1)}(17) + x^{(1)}(18)\right] = \frac{1}{2}\left[11728.1 + 12540.3\right] = 12134.2$$

于是得到：

$$
\boldsymbol{Y} = \begin{bmatrix} x^{(0)}(2) \\ x^{(0)}(3) \\ \cdots \\ \cdots \\ \cdots \\ x^{(0)}(n) \end{bmatrix} = \begin{bmatrix} 565.00 \\ 553.35 \\ \cdots \\ \cdots \\ \cdots \\ 812.20 \end{bmatrix} \qquad \boldsymbol{B} = \begin{bmatrix} \dfrac{1}{2}\left[x^{(1)}(1) + x^{(1)}(2)\right] & 1 \\ \dfrac{1}{2}\left[x^{(1)}(2) + x^{(1)}(3)\right] & 1 \\ \cdots \\ \cdots \\ \cdots \\ \dfrac{1}{2}\left[x^{(1)}(n-1) + x^{(1)}(n)\right] & 1 \end{bmatrix}
$$

$$
= \begin{bmatrix} 855.57 & 1 \\ 1414.745 & 1 \\ \cdots \\ 12134.2 & 1 \end{bmatrix}
$$

用最小二乘法估计参数列 $\boldsymbol{P} = (\hat{a}, \hat{b})^{\mathrm{T}} = (\boldsymbol{B}^{\mathrm{T}}\boldsymbol{B})^{-1}, \boldsymbol{B}^{\mathrm{T}}\boldsymbol{Y} = \begin{pmatrix} -0.0320 \\ 511.5814 \end{pmatrix}$，于是得到 $a = -0.0320$，$b = 511.5814$，则相应时间序列为：

$$
\hat{X}^{(1)}(k+1) = \left(X^{(0)}(1) - \dfrac{\hat{b}}{\hat{a}}\right)e^{-a(k)} + \dfrac{\hat{b}}{\hat{a}} = 16559.98875e^{0.0320k} - 15986.91875
$$

通过该公式求解 $\hat{X}^{(1)}(k+1)$，后将数据还原为 $X^{(0)}(k+1)$。

最后一个步骤就是对预测精度进行检验。对比 2003—2020 年物流从业人数实际值（原始值）与预测值，分析模型的预测精度。预测结果如表 2-3 和图 2-1 所示。其中，2003 年为基期，预测值与实际值相同。

表 2-3　　　　　　　　　　　　原始值与预测值对比

年份	原始值（万人）	预测值（万人）	残差	相对误差
2003	573.07	573.07	0	0.00%
2004	565.00	538.532	26.468	4.68%
2005	553.35	556.071	2.721	0.49%
2006	555.31	574.181	18.871	3.40%
2007	560.64	592.881	32.241	5.75%
2008	560.26	612.19	51.93	9.27%
2009	609.46	632.129	22.669	3.72%
2010	605.68	652.716	47.036	7.77%
2011	637.88	673.974	36.094	5.66%
2012	617.52	695.924	78.404	12.70%
2013	846.22	718.589	127.631	15.08%
2014	861.43	741.993	119.437	13.86%
2015	854.39	776.158	78.232	9.16%
2016	849.51	791.111	58.399	6.87%
2017	843.89	816.876	27.014	3.20%
2018	819.00	843.48	24.48	2.99%
2019	815.49	870.951	55.461	6.80%
2020	812.20	899.317	87.117	10.73%

　　除了比较预测值和实际值，灰色预测模型的评价指标还包括相对误差、小误差概率和后验差比值，如表 2-4 所示。评价结果显示，灰色预测模型通过了上述三类检验，证明模型有较好的预测精度，可以用于中长期预测。

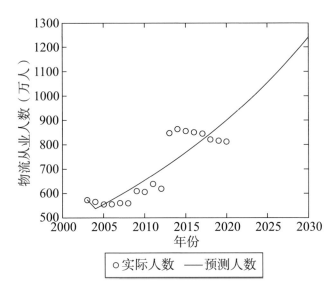

图 2-1　我国物流从业人数曲线

表 2-4　　　　　　　　　　模型评价结果

评价指标	模型指标值	临界值	精度等级
相对误差 q	0.0685	<0.1	3 级
小误差概率 p	0.8333	>0.8	2 级
后验差比值 c	0.4804	<0.5	2 级

利用此模型预测物流从业人员需求规模，得到的预测结果如表 2-5 所示。

表 2-5　2023—2030 年我国物流人才需求 GM（1，1）预测　　单位：万人

年份	预测人才需求
2023	990.077
2024	1022.32
2025	1055.62
2026	1090.00

续表

年份	预测人才需求
2027	1125.50
2028	1162.15
2029	1200.00
2030	1239.08

2. 基于 ARIMA 模型的应急物流人才的时间序列预测

（1）平稳性检验：将表格数据导入 SPSS 系统中，软件识别数据，描绘了原始时间序列（见图 2-2）。从图中可以看出，原始数据序列并非平稳的，波动幅度较大，而且不具有季节性规律。于是进行 ACF、PACF 图检验，结果如图 2-3 和图 2-4 所示。

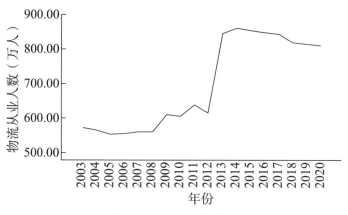

图 2-2　原始时间序列

由图 2-3 可知 ACF 图像很像拖尾，从编号 6 开始到编号 10，数据有反向变化的趋势，从编号 10 开始收敛；从图 2-4 可以观察到，PACF 为一阶截尾，系数在置信度上下限之间出现，因此判定原始时间序列为非平稳序列。

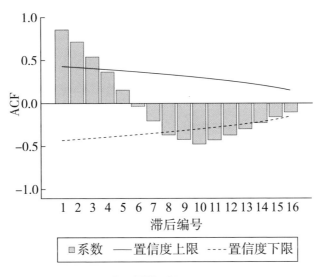

图 2-3　原始时间序列 ACF

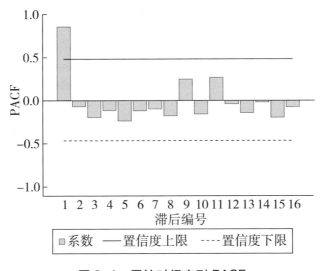

图 2-4　原始时间序列 PACF

（2）模型识别：在此阶段对原始时间序列进行一阶差分，结果如图 2-5 所示。

一阶差分之后进行 ACF 和 PACF 图检验，观察截尾性，结果如图 2-6、图 2-7 所示。

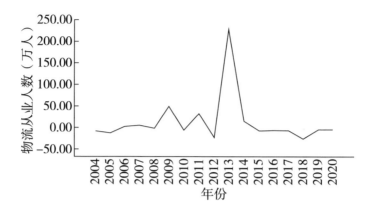

图 2-5 一阶差分后的时间序列

观察图 2-6 和图 2-7，对原始序列进行一阶差分后，ACF 图、PACF 图均为 0 阶拖尾，这时，一阶差分后的序列为平稳序列，根据经验可以判断模型中 p 和 q 这两个指标，得到 $p=0$，$q=0$。

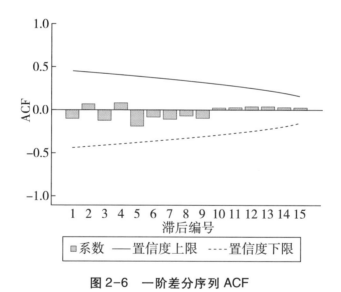

图 2-6 一阶差分序列 ACF

（3）模型估计与检验：在此阶段通常要对数据进行季节性分析，但是物流从业人数是全年年末值，没有精确到季度、月份，所以省去

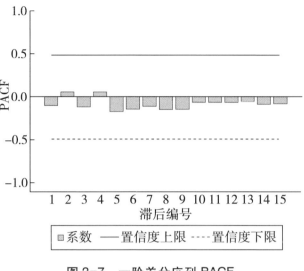

图2-7 一阶差分序列 PACF

了季节性分析这一步骤：根据之前分析所确定的参数值，最终确定模型为 ARIMA（0，1，0）。通过 SPSS 软件进行模型建立，对数据真实值和预测值进行拟合，模型统计量如表 2-6 所示。

表 2-6 模型统计量

模型	预测变量数	模型拟合统计量			离群值数
		平稳的 R^2	R^2	正态化的 BIC	
ARIMA（0，1，0）	0	0.978	0.996	5.189	3

注：BIC—贝叶斯信息准则。

结合图表分析模型拟合效果，表中平稳的 R^2 为 0.978，表明模型具有较好的预测精度。已有研究通常使用最小化信息准则或贝叶斯信息准则确定 p 和 q 的值。两者最大的差异体现在衡量角度不同。前者是从预测角度衡量，后者是从拟合角度衡量；前者关注精准性，后者关注拟合程度。具体公式和解释如表 2-7 所示。以上述方法的理论为逻辑，通过 SPSS 软件确定最终的预测模型为 ARIMA（0，1，0）。

表2-7　　最小化信息准则和贝叶斯信息准则公式及解释

p、q 的确定方法	公式	
最小化信息准则	$AIC=2k-2\ln(L)$	k 表示模型的简洁度，L 值越大模型越精确。AIC 值最小的模型为最优模型
贝叶斯信息准则	$BIC=k\ln(n)-2\ln(L)$	BIC 值越小越好

（4）残差白噪声检验：选择最终模型后，还需要对残差项进行白噪声检验。如果残差存在自相关，则应考虑增加自回归或滑动平均的解释，重新建模并且进行模型评估，再对新模型的残差进行白噪声检验，如此往复，直到确定残差为白噪声为止。白噪声检验也可以采用自相关图检验的方式，结果如图 2-8 所示。

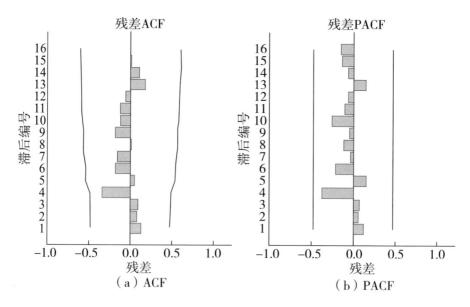

图2-8　最终模型拟合残差 ACF、PACF

从图 2-8 中可以看出，一阶差分之后所有自相关系数都落在了置信区间内。除此之外，残差 PACF 系数无限接近 0。残差 ACF 统计情况如表 2-8 所示，残差符合建模的标准。

表 2-8 残差 ACF 统计情况

滞后编号	自相关	标准误差
1	0.126	0.243
2	0.079	0.246
3	0.091	0.248
4	−0.335	0.250
5	0.053	0.275
6	−0.182	0.276
7	−0.156	0.283
8	0.006	0.288
9	−0.177	0.288
10	−0.117	0.294
11	−0.123	0.297
12	−0.059	0.300
13	0.175	0.300
14	0.107	0.306
15	0.010	0.308
16	0.003	0.308

（5）数据预测：使用模型对 2021—2030 年中国应急物流人才需求 ARIMA（0，1，0）进行预测，结果如表 2-9 所示。

表 2-9　　中国应急物流人才需求 ARIMA（0，1，0）预测　　单位：万人

年份	2021	2022	2023	2024	2025	2026	2027	2028	2029	2030
预测	809.62	807.03	804.45	801.86	799.28	796.69	794.11	791.52	788.94	786.35
UCL	830.34	836.34	840.34	843.31	845.62	847.46	848.94	850.14	851.11	851.89
LCL	788.89	777.72	768.55	760.41	752.93	745.93	739.27	732.90	726.76	720.82

注：UCL—上控制限；

LCL—下控制限。

3. 应急物流人才需求的组合预测

经过前述两种预测方法的实践，本节建立组合预测模型，依据的方法是最优加权法，赋予上述两个模型不同的权重。该赋权方法是以最终误差最小化为原理运行的。在此过程中会不断调整权重来达到误差最小化的目标。

以灰色预测 GM（1，1）模型和 ARIMA 时间序列模型的预测误差作为组合对象，将前者的权重设为 R_1，将后者权重设为 R_2，由此建立权重矩阵 $\boldsymbol{R}=(R_1, R_2)^{\mathrm{T}}$，两个权重之间存在 $R_1+R_2=1$ 的关系。设 $\hat{Y}_t=R_1\hat{Y}_{1t}+R_2\hat{Y}_{2t}$，其中 $\hat{Y}_t$ 代表第 t 年的组合预测值，$\hat{Y}_{1t}$ 和 $\hat{Y}_{2t}$ 分别代表两种模型的预测值。记 Y_t 为第 t 年的实际值，GM（1，1）在 t 年的预测误差为 $e_{1t}=Y_t-\hat{Y}_{1t}$，而 ARIMA 时间序列预测模型在 t 年的预测误差为 $e_{2t}=Y_t-\hat{Y}_{2t}$，由此得到误差矩阵：

$$e=\begin{bmatrix} 0 & 0 \\ -26.468 & -5.49 \\ 2.721 & -9.07 \\ 18.871 & 4.54 \\ 32.241 & 7.91 \\ 51.93 & 2.2 \end{bmatrix}$$

$$e = \begin{bmatrix} 22.669 & 0 \\ 47.036 & -1.2 \\ 36.094 & 8.5 \\ 78.404 & 8.5 \\ -127.631 & 0 \\ -119.437 & 17.79 \\ -78.232 & -4.46 \\ -58.399 & -2.3 \\ -27.014 & -3.04 \\ 24.48 & -22.31 \\ 55.461 & -0.93 \\ 87.117 & -0.71 \end{bmatrix}$$

因此，误差信息矩阵 $\boldsymbol{E} = e^t e = \begin{pmatrix} 67056.39 & -726.644 \\ -726.664 & 1196.377 \end{pmatrix}$。

组合预测的误差平方和 $S = \sum_{1}^{n} \left[(w_1 e_{1_t})^2 + (w_1 e_{2_t})^2 \right] = W^t \cdot \boldsymbol{E} \cdot W = 67056.39 W_1^2 + 1196.377 W_2^2 - 1453.29 W_1 W_2$，求得最优解为 $W_1 = 0.0276$，$W_2 = 0.9724$，确定权重后得到组合模型的预测结果。

最后比较三种预测模型，将三种模型中 2003—2020 年中国物流从业人员需求预测值和实际值进行同期对比，如表 2-10 所示。三种预测模型中，组合模型的平均绝对误差（MAE）为 5.47，平均绝对百分比（$MAPE$）误差为 0.77%，MAE 和 $MAPE$ 均小于单独模型，证明组合模型有更好的预测效果。

表 2-10   2003—2020 年中国物流从业人员需求预测值与实际值对比

单位：万人

年份	实际值	GM（1, 1）预测结果	ARIMA（0, 1, 0）预测结果	组合模型结果
2003	573.07	573.07	573.07	573.07
2004	565	538.532	570.49	569.608
2005	553.35	556.071	562.42	562.2448
2006	555.31	574.181	550.77	551.4161
2007	560.64	592.881	552.73	553.8382
2008	560.26	612.19	558.06	559.554
2009	609.46	632.129	609.46	610.0857
2010	605.68	652.716	606.88	608.1451
2011	637.88	673.974	629.38	630.6108
2012	617.52	695.924	609.02	611.4186
2013	846.22	718.589	846.22	842.6974
2014	861.43	741.993	843.64	840.8345
2015	854.39	776.158	858.85	856.5677
2016	849.51	791.111	851.81	850.1347
2017	843.89	816.876	846.93	846.1005
2018	819	843.48	841.31	841.3699
2019	815.49	870.951	816.42	817.9251
2020	812.2	899.317	812.91	815.2948
MAE		49.68	5.50	5.47
MAPE		6.79%	7.94%	0.77%

使用该模型对 2021—2030 年中国物流从业人员需求进行预测，得到的结果如表 2-11 所示。

表 2-11　2021—2030 年中国物流从业人员需求组合预测值　　单位：万人

年份	预测人才需求
2021	812.904
2022	811.2202
2023	809.5733
2024	807.9447
2025	806.355
2026	804.7854
2027	803.2564
2028	801.7494
2029	800.2853
2030	798.8453

通过组合预测方法能够预测 2021—2030 年中国物流从业人员在岗人数，而人才的需求量不仅要考虑每年增加的人员需求量，还要弥补因离退休、退职缺少的职工人数。通过《中国人口和就业统计年鉴》《中国统计年鉴》得到 2011—2020 年的就业总人数和离退休、退职人数，从而得到 2011—2020 年的离退休、退职率，如表 2-12 所示，并预测 2021—2030 年的离退休、退职率，如表 2-13 所示。以此作为我国物流从业人员的离退休、退职率的估计值。由此可得，物流从业人员的需求量计算公式：物流从业人员需求量＝物流从业人员预测数−物流从业人员现有数+物流从业人员现有数×M，M 为我国物流从业人员离退休、退职率。

利用公式计算得出 2021—2030 年我国物流从业人员需求量，如表 2-14 所示。

表 2-12　　　　2011—2020 年我国离退休、退职率

年份	就业人数（万人）	离退休、退职人数（万人）	离退休、退职率（%）
2011	76196	6826.2	8.96
2012	76254	7445.7	9.76
2013	76301	8041	10.54
2014	76349	8593.4	11.26
2015	76320	9141.9	11.98
2016	76245	10103.4	13.25
2017	76058	11025.7	14.50
2018	75782	11797.7	15.57
2019	75447	12310.4	16.32
2020	75064	12762.3	17.00

表 2-13　　　　2021—2030 年我国离退休、退职率预测值

年份	离退休、退职率（%）
2021	18.80
2022	20.10
2023	21.60
2024	23.20
2025	25.00
2026	26.80
2027	28.80
2028	30.90
2029	33.20
2030	35.70

表 2-14　　　　2021—2030 年我国物流从业人员需求量

年份	需求量（万人）
2021	153.3976
2022	162.2724
2023	172.8085
2024	184.1751
2025	197.205
2026	210.255
2027	224.97
2028	240.5192
2029	257.7357
2030	276.6007

第二节　应急物流人才供给量分析

一、应急物流人才总供给量分析

（一）应急物流人才供给源分析

应急物流人才是随着以新型冠状病毒感染疫情为代表的突发公共卫生事件的发生才开始被人们关注的。前文提到，应急管理部、中物联和先进物流企业中负责指挥管理应急物流的人员可以列为管理型应急物流人才，消防员和先进物流企业中经技术培训或经验积累的员工可以列为技术型应急物流人才。高校、科研院所的应急物流人才为研究型应急物流人才。以上都是应急物流人才的现存量，而分析应急物流人才每年的供给量时，则需要把视角聚焦到人才培养层面，即高校。从应急物流人才培养方面来说，应急物流人才大致可分为以下三个层次。

（1）普通高等学校本科人才。根据 2018 年教育部公布的普通高等学校本科新增相关专业情况可知，与应急相关的专业有理学、工学、管理学等门类，说明应急是一个系统工程，需要各个学科领域的支撑。在现有的学科中，与应急相关的理学专业有 11 个，工学专业有 11 个，农学、管理学、法学专业各 1 个。根据国务院机构改革方案可知，与应急管理部组成机构的职责相适应的本科学位以理学和工学为主。与物流相关的专业涉及交通运输类、工商管理类及机电设备类。

（2）硕士研究生人才。许多学生在本科毕业后选择继续深造，以保研、考研、申请留学的形式攻读硕士研究生。相较于本科教育，硕士研究生的培养更注重学生科研能力与实践能力的同步提升，要求学生了解学科前沿，树立科研意识与求实精神。我国目前尚未设立应急物流硕士点，通常是在物流和供应链专业中加入了应急管理和危机下供应链治理等相关课程，来培养物流人才的应急意识和基础技术。

（3）博士研究生人才。博士研究生是在硕士毕业后继续攻读博士学位的研究型人才。博士学位对人才科研能力有较高要求，这一阶段的人才具备了运用研究成果为行业做贡献的能力。这类人才毕业后往往会在高校、科研院所就业，或是成为企业高级咨询顾问、管理者。相较于前两个层次的人才，我国设置的博士点有限，尚未细分至应急物流领域，此外，在本科教育和硕士研究生教育中，与应急物流有关的专业以理学、工学为主，管理类为辅，到了博士研究生阶段，涉及应急物流的专业几乎都是理学和工学。笔者对部分高校的博士研究生招生章程和专业目录进行查阅，了解到目前开设应急管理相关博士点的高校有：河南理工大学、西南交通大学、太原理工大学以及四川大学、香港理工大学合作成立的四川大学—香港理工大学灾后重建与管理学院。

（二）应急物流人才供给量

根据《中国物流年鉴（2020）》显示，截至 2020 年年底，全国共设有 712 个物流本科专业建设点，建设 1401 个高职物流专业点，560 个中职物流专业建设点，全部在校生有五十多万人。相关推算指出：目前我国各类院校每年向物流行业输送的人员数量在 17 万人以上，但在人才交付过程中会出现人才非本专业就业的现象。根据统计，大约 27% 的物流专业毕业生从事与物流无关的工作。这与物流行业的工作模式和社会印象有关。无论是一线物流小哥还是运营人员，他们的工作时间集中，不分昼夜且工作强度大，职业幸福指数低；社会印象中物流业是基础服务业，受认可程度低。除此之外还有其他因素导致人才供应链出现裂缝。在阳光高考网上以"物流""应急"为关键词进行搜索，得到一般物流与应急物流专业毕业生规模如表2-15、表 2-16 所示。

表 2-15　　　　　　与一般物流对应专业毕业生规模

学科	类别	专业	全国普通高校毕业生规模（人）
工学	交通运输类	交通运输	12000～14000
		交通工程	8000～9000
		航海技术	2500～3000

学科	类别	专业	全国普通高校毕业生规模（人）
工学	交通运输类	轮机工程	2500~3000
		飞行技术	2500~3000
		交通设备与控制工程	900~1000
管理学	公共管理类	交通管理	暂无数据
		物流管理	38000~40000
	物流管理与工程类	物流工程	7000~8000
		采购管理	100~150
		供应链管理	暂无数据

表 2-16　　　　与应急物流对应专业毕业生规模

学科	类别	专业	全国普通高校毕业生规模（人）
工学	安全科学与工程类	应急技术与管理	暂无数据
	管理科学与工程类	应急管理	暂无数据
管理学	公共管理类	公共事业管理	18000~20000
		城市管理	2000~2500

二、应急物流教育与培训

（1）开发迭代在线学习平台

随着科学技术的发展，我国渐渐步入了科学技术助力教育培训发展的时代，更新了人才培养的理念与技术手段。新型冠状病毒感染疫情的暴发加速了教育培训工作数字化转型升级。为积极应对挑战，打造线上人才培养服务体系，自 2019 年开始，中物联构建开发了面向社会在职人员、院校教师及学生的在线学习平台，截至目前，平台各类课程资源超过 500 个，注册人数超过 3 万人，日常有 3000 多名讲师利用平台开展在线培训和教学工作。

（2）供应链教育培训工作取得进展

首先，在职业设置上，人力资源和社会保障部、国家市场监督管理总局、国家统计局在 2020 年 5 月联合向社会发布供应链管理新职业。同年，在职业技能认定方面，中物联组织专家编写了供应链管理师国家职业技能标准。其次，重视职业技能竞赛以提升职业能力、实现培训方式多元化，同时为业内人才提供了技术技能交流与切磋的平台及自我展示的机会。2020 年 5 月，中物联举办了第一届全国供应链大赛。大赛共有来自全国 29 个省、自治区、直辖市的 489 所院校的 877 支参赛队伍报名参加，受新型冠状病毒感染疫情影响，所有比赛活动线上进行并顺利完成。同年 8 月，中物联开展全国行业职业技能竞赛——"物产中大杯"全国供应链管理职业技能竞赛。全国共有 823 支队伍、3293 名选手报名参赛。证书与学习成果认定对于教育发展至关重要，2020 年，北京中物联物流采购培训中心申报了教育部供应链运营"1+X"证书制度试点，目前该试点项目已成功获批第四批职业教育培训评价组织和职业技能等级证书试点单位。

（3）教育工作迈入国际化

2020 年，为服务"一带一路"沿线国家留学生培养和海外中资企业，中物联组织了数百位留学生和海外员工参加培训考试，并将留学生参加"1+X"证书的学习成果存入中国职业教育国家学分银行；组织开展了 3 期面向泰国 18 所高校 76 名物流管理专业教师的师资培训，将物流管理"1+X"培训内容融入此次培训，促进"1+X"证书国际化推广。目前，国际采购与供应链管理联盟正式审核通过物流管理"1+X"项目全球标准认证。

（4）科研教改新发展

2020年，教育部公布共有28个物流类专业点列入首批国家级一流专业建设点，其中物流管理专业21个、物流工程专业7个。在职业教育方面，中职教育新增冷链物流管理、国际货运代理、快递运营管理、物流装备运行与维护4个专业；高职教育将航空物流、铁路物流、港口物流从其他类调整到物流类，并申报高职供应链运营专业，专业规模持续扩大。

为继续深化物流类专业学科体系建设研究，规范物流类专业建设和推动学科发展，物流教指委开展了"物流与供应链：理论、科学与学科"项目研究。为适应新型冠状病毒感染疫情防控常态化的发展，北京市人社局委托中物联进行"互联网+职业技能培训"线上培训平台的评审工作，组织专家对报送的92家在线学习平台的申报材料进行审阅，大力开展线上教育。

物流行业的发展和技术的进步向物流人才教育与培养提出了更高的要求，对物流人才的培育应该是多学科共同发力、知识与技术教育双管齐下，提供机会促成理论与实践的结合，同时还应重视创新能力的开发，培养一批具有创新精神和创新能力的复合型、专业化、国际化的物流人才。

三、应急物流人才供给量预测

（一）数据选取

目前的教育体系尚未开设应急物流专业，也没有专门的组织机构培养应急物流人才。考虑到目前的应急物流人才大部分都是物流行业的工作者或科研人员，因此本节选取普通高等教育下交通运输大类的应届毕业生数量，作为预测的原始数据（见表2-17），并以此为参考，分析应急物流人才的供需情况。

表2-17 我国2011—2020年专科以上交通运输大类应届毕业生人数

年份	专科以上交通运输大类应届 毕业生人数（万人）
2011	23.1792
2012	24.3856
2013	26.5769
2014	31.4223
2015	30.2124
2016	29.2567
2017	32.2339
2018	35.0858
2019	38.2042
2020	43.6659

（二）数据预测

考察原始数据，结合前文对主流预测方法的对比与分析，本节选择 GM（1，1）为预测模型。模型建立之前需要判断原始数据是否适合灰色预测模型，同时判断原始数据的规律性、季节性等，这是灰色预测模型前验流程，只有通过检验，建模才具有可行性。建立物流人才供给数据时间序列：原始序列为 $X^{(0)} = (x^{(0)}(1), x^{(0)}(2), \cdots, x^{(0)}(n)) = (23.1792, 24.3856, 26.5769, 31.4223, 30.2124,$

29. 2567，32. 2339，35. 0858，38. 2042，43. 6659）。

求数列的级比：$\lambda(k) = \dfrac{x^{(0)}(k-1)}{x^{(0)}(k)}$，$k = 2,3,\cdots,n$，$n = 10$。

$\lambda(k) = (\lambda(2),\lambda(3),\lambda(4),\lambda(5),\lambda(6),\lambda(7),$ $\lambda(8),\lambda(9),\lambda(10)) = (0.951,0.918,0.846,1.04,1.033,$ $0.908,0.919,0.918,0.875)$。原始序列的所有级比值都位于区间（0. 834，1. 199）内，说明原始序列适合构建灰色预测模型。依据原始数据，构建原始数据序列：$X^{(0)} = (x^{(0)}(1),x^{(0)}(2),\cdots,$ $x^{(0)}(n)) = (23.1792,24.3856,26.5769,31.4223,30.2124,$ $29.2567,32.2339,35.0858,38.2042,43.6659)$，经过累加得：$(x^{(1)}(1),x^{(1)}(2),\cdots,x^{(1)}(n))$，$n = 10$；构造数据矩阵 **B** 及数据向量 **Y**，得到发展系数 $a = -0.0643$，$b = 22.3622$。时间相应序列为：

$$\hat{X}^{(1)}(k+1) = \left(X^{(0)}(1) - \frac{\hat{b}}{\hat{a}}\right)e^{-a(k)} + \frac{\hat{b}}{\hat{a}} = 370.95836e^{0.0643k} - 347.77916。$$

最后一个步骤为通过该公式求解 $\hat{X}^{(1)}(k+1)$，将数据还原为 $X^{(0)}(k+1)$，模型构建完毕。

预测精度检验为分析模型的预测精度，利用预测模型估计 2011—2020 年交通运输大类应届毕业生供给量，并将其与实际值对比分析。预测结果如表 2-18 和图 2-9 所示，其中，2011 年为基期，预测值与实际值相同。

表 2-18 实际值与预测值对比

年份	实际值（万人）	预测值（万人）	残差	相对误差（%）
2011	23. 179	23. 179	0	0
2012	24. 386	24. 6351	−0. 249	1. 021

年份	实际值（万人）	预测值（万人）	残差	相对误差（%）
2013	26.577	26.2704	0.307	1.154
2014	31.422	28.0143	3.408	10.845
2015	30.212	29.8739	0.338	1.119
2016	29.257	31.8570	−2.600	8.887
2017	32.234	33.9717	−1.738	5.391
2018	35.086	36.2268	−1.141	3.251
2019	38.204	38.6316	−0.428	1.119
2020	43.666	41.1960	2.470	5.657

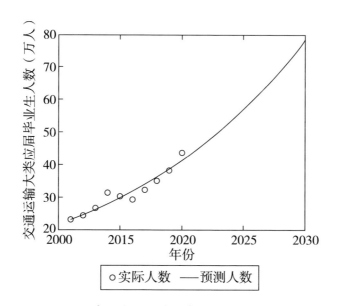

图 2-9　我国交通运输大类应届毕业生供给量

多模型进行三项指标检验，评价结果如表 2-19 所示，灰色预测模型通过了三类检验，且小误差概率和后验差比值均为一级精度，证明模型有较好的预测精度。

表 2-19　　　　　　　模型评价结果

评价指标	模型指标值	临界值	精度等级
相对误差 q	0.0384	<0.05	2 级
小误差概率 p	1	>0.95	1 级
后验差比值 c	0.2862	<0.35	1 级

利用此模型预测应急物流人才供给规模，得到我国 2021—2030 年物流人才供给情况（见表 2-20）。

表 2-20　　我国 2021—2030 年物流人才供给 GM（1，1）预测

年份	预测值（万人）
2021	43.931
2022	46.847
2023	49.957
2024	53.273
2025	56.809
2026	60.580
2027	64.602
2028	68.890
2029	73.463
2030	78.340

第三节　应急物流人才的供求分析

一、应急物流人才缺口量大

一方面，应急物流与普通物流之差异在于"应急"，灾难发生时，

应急物流人才需求量呈爆发式增长，以新型冠状病毒感染疫情为例，汇集军队、政府、企业、社会团体等多方力量仍不足以保证运力。因此，应急物流人才需求量会超出预测值。另一方面，从生态系统视角来看，从生产到消费，有许多因素会影响人才供应链的运行，应急物流人才，尤其是实用型应急物流人才，其供给量往往小于预测值。通过前文对应急物流人才需求量和供给量的预测与分析，得到2021—2030年我国应急物流人才缺口量（见表2-21），得出结论为我国应急物流人才供需失衡，人才供不应求，供应缺口量大。

表2-21　　　2021—2030年我国应急物流人才缺口量　　　单位：万人

年份	需求预测值	供给预测值	人才缺口
2021	153.3976	43.931	109.4666
2022	162.2724	46.847	115.4254
2023	172.8085	49.957	122.8515
2024	184.1751	53.273	130.9021
2025	197.205	56.809	140.396
2026	210.255	60.580	149.675
2027	224.97	64.602	160.368
2028	240.5192	68.890	171.6292
2029	257.7357	73.463	184.2727
2030	276.6007	78.340	198.2607

二、应急物流人才专业性不强

应急物流行业一直被模糊定义，业内大多数都是"身兼多职"的应急物流人才，除了研究型应急物流人才，少有专业的应急物流人才。而当前，重大突发公共事件发生时，参与应急物流的管理人员，大多数都是从其他行业借调的，这种"临危受命"缺少事先的计划和准备，加之他们中的大部分人员未经过专业化培训，在应对突发公共事件时进行科学统筹的难度较大，容易出现决策失误、信息不对称、物资积压、供应链不通畅等现象。

从应急物流人才生产者角度看，目前我国各院校均未设置"应急类"学科，也未设置"应急物流"专业。少有学校将应急管理纳入物流专业培养方案。现有物流专业设置同质化问题严重，与行业多元化发展不匹配；缺乏对区域物流产业发展的充分调研，与区域物流人才需求不匹配；缺乏有效的实训实践方法和手段，与岗位技能水平要求难以匹配；师资队伍职业能力水平参差不齐，与学生职业能力培养目标难以匹配等，导致人才培养严重滞后于行业发展水平。加之学生所学专业知识陈旧，专业技能水平落伍，缺乏解决实际问题的基本能力，一些高校培养的物流人才与企业需求不对"胃口"，很难符合岗位的实际需求。虽然物流人才需求量巨大，但上述诸多不匹配造成了毕业生"就业易，乐业难"的现状，降低了毕业生职业发展的"天花板"，加剧了物流行业人员的流失，造成供给与需求的恶性循环。

从应急物流人才消费者角度看，物流行业未设有应急物流职业资格认证。物流企业也是近年来从实践中吸取教训、总结经验，开始对员工开展应急培训和应急物流预案演练等。进入社会团体的应急物流人才由于经常参与突发公共事件的物流管理，其实践经验丰富，但缺乏理论知识的更新，与科研院所、企业之间缺少经常性的交流与协作，而且流动性极强，很难深耕应急物流领域。

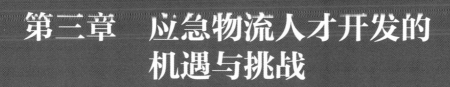

第三章　应急物流人才开发的机遇与挑战

第一节　我国人才开发与应急物流人才开发

一、我国人才开发的内涵、理念与战略

（一）人才开发的内涵与新理念

人才开发不同于人才培养，人才开发将人看作一种珍贵的资源，像打磨原石一般将人才潜在的灵感想法、智慧底蕴、技术技能逐渐挖掘显露出来，提高人才利用率，促使人力资源快速成为人力资本。从宏观角度看，人才是社会经济发展的动力，人才开发为实施人才强国战略蓄力，为我国提高国际竞争力储备人才，推动科技进步与发明创造。从微观角度看，现代企业中的人才开发为企业发展提供动力，是企业竞争产生推力的引擎。企业中的人才开发与企业战略密切相关，一个以人为本的企业势必会重视人才培育与开发；反之，只看到短期经营收益的企业很少会关心员工的需求。根据马斯洛需求层次理论，当人们中低层次的需要得到满足后，便会追求高层次需求，体现在尊重需求和自我实现需求两个层面，对人才进行开发，让人才意识到自己的潜能能够被发现，自己的价值有机会展示。目前多数企业主要对高级技术人员和管理层进行开发，以期能促使前者使用新技术创造价值，提高后者的领导管理能力。实际上只要是具有潜力的员工都应受

到重视，用适合的培训方式提高其业务能力和技术水平。

随着人才开发研究的深入，人才开发步入了新阶段，产生了许多理论创新：一是"智力×活力＝绩效"。这个公式表明想要获得良好的绩效水平就必须提高员工智力并激发其活力。二是智力的开发对社会的贡献最大。能力可以分为三种，分别是体能、技能与智力，其中智力的开发是产出最大的。三是学习速度小于变化速度等于死亡。这一理念来源于彼得·圣吉的"学习型组织"这一理念，社会商业环境变幻莫测，学习速度的快慢决定了差异化竞争力的强弱，不具备学习能力或学习能力低下的组织会被淘汰。四是一个人的成就受五个因素的影响：遗传、个人努力、教育、环境、机会。

（二）我国的人才开发战略

我国如今正处在发展变革的关键时期，实现中华民族伟大复兴的中国梦指日可待。国家发展靠人才，民族振兴靠人才，要依靠人才贯彻新发展理念、构建发展格局，充分发挥人才的推动力，实现社会主义高质量发展。2021 年在北京召开的中央人才工作会议上，习近平总书记提出深入实施新时代人才强国战略，相应地，我国的人才开发战略也进入了新格局，人才开发又上了一个新台阶。基于历次人才工作会议的分析如表 3-1 所示。

人才是实现中华民族伟大复兴的重要战略资源，自党的十八大以来，我国对人才的定位和重视程度站在了一个新的历史起点上，对人才实施全方位的引进与使用，其中尤为重视人才开发工作，以期实现人才强国战略。党十分重视对人才工作的领导，成立了中央人才工作协调小组，该小组由中央统一领导，各部门支持配合。目前，在多方

表 3-1　　　　　　　　基于历次人才工作会议的分析

	2003 年全国人才工作会议，通过《中共中央、国务院关于进一步加强人才工作的决定》	2010 年全国人才工作会议，颁布了《国家中长期人才发展规划纲要（2010—2020年）》	2021 年中央人才工作会议
发展阶段	富起来		强起来
发展地位	支撑发展	优先发展	引领发展
	服务发展		
发展任务 要求	实施人才强国战略	更好地实施人才强国战略	深入实施新时代人才强国战略
发展任务 目标	从人口大国转化为人才资源强国	进入世界人才强国行列	加快建设世界重要人才中心和创新高地
发展任务 重点	三支队伍	"1+2+6" 队伍	战略科技人才、一流科技领军人才和创新团队以及规模宏大的青年科技人才队伍
发展格局	合理流动	区域协调	高水平人才高地、战略支点和雁阵格局

努力下我国的人才培养成效显著，人才队伍不断扩大，人才专业程度和复合程度逐渐提高，人才结构不断合理化，为我国社会经济发展做出巨大贡献。据统计，我国人才总量在 2019 年已达到 2.2 亿人，相较于 2009 年的统计量，增长率高达 83.3%。2019 年我国研发人员数位居全球第一，全时当量达到 480 万人。我国获得人才竞争优势离不开国家在科研领域的投入，查阅各类年鉴可知，我国 2020 年的研发

经费为 2.44 万亿元，位居世界前列。我国的创新能力和人才竞争力排名都实现了大跨度进步。进入 21 世纪以来，许多政治工作得益于人才资源而顺利开展并取得成效，如脱贫攻坚、全面建成小康社会、制造大国转向智造大国等，人才资源在突发公共事件治理与保障中也发挥着至关重要的作用。

在"十四五"国家应急体系规划中，明确了应急物流在灾害应对准备时的重要性。提出加强区域统筹，建立健全多部门联动、多主体参与的综合交通应急运输管理协调机制，依托骨干物流企业，集合涵盖铁路、公路、水路、民航等运输方式的力量，保障物资的及时、高效供应，同时建立动员社会力量参与机制，多方合作促进应急物流发展。应急物流人才队伍建设是应急物流管理体系的重要根基，其作用是不可忽视的，加强应急物流人才建设是提高我国应急管理水平的根本途径。

二、我国应急物流人才开发的内涵、原则与必要性

（一）我国应急物流人才开发的内涵与原则

参照人才开发的内涵，应急物流人才开发是指将准备和已经从事应急物流工作的人才作为培养对象，通过学科教育和技能培训等手段提升其知识、能力与素质，使人才与应急物流岗位相匹配。

为了使培养计划更加合理，我国应急物流人才开发应当遵循以下几个方面的原则。

（1）以国家战略为导向原则。对应急物流人才的开发要与我国应急管理战略、人力资源开发战略相协调，确保人才培养目标与国家应

急物流管理发展步调一致。对于应急物流主体——物流企业而言，在制定人才开发规划时，应考虑当前社会大环境对物流企业提出的要求，从国家战略角度出发，提升物流从业者的总体素质，将应急处理能力加入培训体系，并保持灵活性，以在未来持续调整业内应急物流人才开发体系。

（2）系统开发与重点开发相协调原则。应急物流人才开发是一个庞大而复杂的社会系统工程，涉及多行业多部门，因而必须采用系统性开发的方法，统筹全局，兼顾各方，集结社会有利资源，包括人力、物力、财力等一切有利于应急物流人才开发的资源，引发社会各界对应急物流及人力资源开发的关注。针对关键人才开发领域应重点开发，对于我国应急物流人才开发而言，扩大现有应急物流从业者的规模，提升整体综合素质，培养一支懂专业知识、高技能、经验丰富、用之则来来之能战的应急物流人才队伍是政府、学校、企业培训的重点内容。因此，协调系统开发与重点开发有利于在实现资源统筹、集结效率的基础上突出重点，调动劳动者积极投身应急物流事业，充分发掘物流人的潜力，实现资源高效利用。

（3）动态适应原则。突发公共事件具有极强的不确定性，发生的时间、地点、起因和影响范围与程度都是无法或很难确定与预测的，这决定了应急物流需要极高的灵活性，可以随着突发公共事件的类型、时间、路程、所需资源等的不同灵活调整供应链各环节，对应急物流人才的数量、结构需求也因具体情况存在差异，因而对应急物流人才的开发也要遵循动态适应原则，主动适应行业外环境与行业内环境。

（4）多方合力共建原则。军民融合是应急物流建设的大趋势，军民融合能够实现在多方合力的同时统一指挥，避免决策的失误和指挥的混乱，在突发公共事件发生时实现高效的应急物流活动。在对应急物流人才的开发上也应做到军民融合，现阶段的应急物流人才包括人民解放军、物流企业员工、社会公益力量等，不同的主体虽在人才开发上的侧重点有所不同，但其开发目标都符合应急物流战略层规划与人力资源开发战略。只有多方合力，才能实现应急物流人才队伍的多方共建。

（二）我国应急物流人才开发的必要性

（1）符合当前与未来形势的要求

中国属于自然灾害多发国家，公共卫生设施、国家处理突发公共事件的经验等均存在诸多亟待改进的方面。随着新型冠状病毒感染疫情席卷全球，我国中央和地方政府及相关部门就疫情防控期间劳动关系治理问题陆续出台了一系列政策文件。在这次与疫情的战斗中，党和国家采取了军民结合的方式，军队部署下的统一调度和物流企业的积极配合，为这次疫情的胜利打下了坚定的基础。而这次疫情中"红十字会物资滞留""群众自发组织运口罩""老百姓支援物流派送"等事件，反映了我国应对突发公共事件时应急物流人才方面出现的问题：物流人才供给不足、人才结构失衡、业务实战型物流人才和高级物流管理人才短缺、物流人才流失等。综上所述，科学高效的应急物流人才开发迫在眉睫。

（2）缓解人才紧缺的困境

与发达国家相比，我国应急物流人才缺口大、紧缺程度较高，经过了 2003 年"非典"疫情，我国才开始加快了应急物流建设，也是从那个时候开始，学者对应急物流的研究有了质和量的突破。目前我国应急物流管理专业的人才培养方面还比较落后。除了少数军事院校的后勤物流课程中会涉及一些应急物流的知识，一般高校开设的物流专业课程中很少有应急物流方面的介绍，更没有对学生进行相应技能的训练。此外，目前大多数物流企业中的培训机制还不够健全。首先，没有针对专业技能的专门培训，也没有针对培训专门拟定的文件，缺乏完整的具有专业特殊性的培训体系。其次，培训内容单一，没有为发挥员工潜力、挖掘员工能力而进一步拓展培训的内容，仅保证了员工能够达到岗位要求的基本操作水平，而每次培训以后又要求员工以最快速度达到培训效果，从而导致员工没能很好地消化培训内容，出现专业技能不高、效率低下等问题。最后，在培训方法上，采取的手段过于单一，仅采取集中授课培训，没有对员工的掌握程度进行测验。这些问题显然不利于应急物流人才储备。

第二节　宏观视角下我国应急物流人才开发的机遇与挑战

宏观视角下对我国应急物流人才开发的分析模型为 PEST，即从政治环境视角、经济环境视角、社会文化环境视角和技术环境视角出发，分析其中存在的有利于和不利于应急物流人才开发的因素，以便更好地抓住人才开发机遇并迎接环境带来的挑战。

一、政治环境视角

（一）政治稳定性

政治体制是指一个国家政府的组织结构和管理体制，全球常见的现代政体形式有君主立宪制、民主共和制等，不同国家在不同历史时期所采用的政体不尽相同。我国采用的人民代表大会制度是民主共和制的一种，根据实际国情变化，国家积极进行政治体制改革，与经济体制改革相呼应，致力营造稳定的政治环境。我国现代政治制度包含人民代表大会制度的根本政治制度，中国共产党领导的多党合作和政治协商制度、民族区域自治制度和基层群众自治制度等基本政治制度，从我国宏观发展进程来看，采用这样的政治制度是十分正确的。一个国家的政局稳定有利于推动社会和经济发展。政治稳定性是在灾害面前统一指挥、统一调配各方资源、以人民利益优先的重要前提，同时对人才开发具有促进作用。

（二）政策法规

（1）国家政策

近年来，中国遭受的突发公共事件类型多种多样，损失程度较高。随着我国大力推动城市建设、经济发展，一些大城市更容易受到突发公共事件的威胁，比如生态环境污染导致的卫生事件、劳资关系冲突等社会性危机。而大城市的人口多、产业集中，承载的国民经济发展任务大，突发公共事件的发生会造成更大的损失，由此引发了对应急物流的迫切需求。回顾与应急物流有关的政策，应急物流进入国家战略层工作始于《物流业调整和振兴规划》（2009 年出台），在此之后我国在应急工作和物流业发展的相关政策文件中频繁提到应急物流。2009—2010 年，我国在对应急物流标准认定上制定了多项规划与项目，涵盖了应急物流企业的评估条件、仓储与设备、物资包装与标识等多方面。自 2011 年应急物流基础性工作落实后，我国开始重视应急物流的运行，建立完善的机制以期实现效率和专业一体化的完善体系。2014 年是应急物流又上新高度的一年，应急物流工程在《物流业发展中长期规划（2014—2020 年）》中被列为十二大重点工程，加快产业发展、提质增效成了这个阶段的主流政策。应急物流比一般物流更考验技术和设备的运用。在科研教育方面，应急物流课题在 2016 年被列入国家重点研发项目，表明我国对应急物流科研人才以及科研成果转化的迫切需求。2018 年我国成立应急管理部，改变了责任模糊、指挥不精准的局面，组建了一个国家级的、对突发公共事件进行管理的指挥统筹部门。我国有关应急物流的政策发展情况如表3-2 所示。

表 3-2　　　　　我国有关应急物流的政策发展情况

时间	政策	要点
2009 年	《物流业调整和振兴规划》	应急物流被列入九大重点工程和七个专项规划
2009 年	《全国物流标准 2009—2011 年专项规划》	加快专业类物流标准制定
2011 年	《商贸物流发展专项规划》	完善应急物流运行机制
2014 年	《物流业发展中长期规划（2014—2020 年）》	将应急物流列入十二大重点工程

续表

时间	政策	要点
2014 年	《关于加快应急产业发展的意见》	加强应急仓储、中转、配送设施建设，提升应急产品物流效率
2015 年	《物流标准化中长期发展规划（2015—2020 年）》	进一步优化物流标准体系，以标准支撑应急物流领域的技术

随着全球不确定性和不可预测性增强，"黑天鹅"事件频频发生，当今社会早已进入了 VUCA（乌卡）时代。突发公共事件造成供应链中断，使国民生产生活受到严重影响甚至停滞，我国面临的挑战也比其他历史时刻更加严峻。现在我国政府已经意识到应急物流的重要性，自党的十八大以来，我国对应急物流的研究更加细化与深入，从标准化基础性的工作过渡到了体系运行、实施保障的领域，具体政策发展如表 3-3 所示。"十三五"期间有关突发公共事件应急体系的规划中提到，我国要充分利用各种资源，加强应急物流基础建设和网络建设，并将互联网、5G 等新兴技术运用至应急物流体系。此外，我国借鉴和学习发达国家的成果与经验，完善具有中国特色的应急物流体系。最新的政策对应急物流体系在储备物资、危机意识、反应能力等方面提出了更高的要求。

表 3-3   党的十八大以来我国有关应急物流的政策发展

会议、政策文件	要点
《国家突发事件应急体系建设"十三五"规划》	建立健全应急物流体系，提高应急物流调控能力
党的十九大报告	提升防灾减灾救灾能力
《交通强国建设纲要》	将交通定位为"先行官"，努力建成交通强国

会议、政策文件	要点
中共中央政治局第十九次集体学习	发挥中国特色治理体系的优势，积极推进我国应急管理体系和能力现代化
中央全面深化改革委员会第二十一次会议	必须具备同大国地位相符的国家储备实力和应急能力
《中共中央关于制定国民经济和社会发展第十四个五年规划和二〇三五年远景目标的建议》	加快建立储备充足、反应迅速、抗冲击能力强的应急物流体系

应急物流的能力与体系运行水平依托于综合交通的发展，综合交通实现人的流动和物的流通。作为"交通强国"背景下的首要规划，《"十四五"现代综合交通运输体系发展规划》强调了综合运输体系的重要性，提出了到 2025 年交通运输发展向世界一流水平迈进的目标。在这一时期，"绿色物流""智慧物流""冷链物流""国际化物流"等应被给予更多关注，为了完善综合交通运输体系，并推动其朝着现代化方向发展，该规划提到综合交通运输要统筹全局，一体化发展是大势所趋，将综合物流的安全应急能力提升为重点工程。一是培育综合物流主体的创新性与灵活适应性，提高现代物流体系的运行效率与安全性能；二是加强产业供应链的抗打击能力和弹性，训练其在突发公共事件发生时强大的应急能力和迅速恢复的能力。目前，世界正经历百年未有之大变局，我国也站在一个新起点上，物流业作为经济发展的有力推手、国际贸易的续航马车，对促进我国经济国内外双循环、构建新发展格局起到至关重要的作用。这就需要有更多国际化的现代物流企业与物流人才，提高我国的国际竞争力。

（2）法律法规

应急物流政策法规的建立与完善离不开物流行业法律法规的建设。我国在突发公共事件的法律法规保障方面做出了很大的努力。

在"非典"疫情发生之前，对于突发公共卫生事件，我国并没有高度重视，也没有在危害发生前设立预警机制。2003年之后，我国开始重视突发公共事件的应急管理，若要取得成效，必须立法先行。我国先后颁布了一系列与应急管理有关的法律法规并逐步实施，具体如表3-4所示。这些政策对风险评估、风险监测、预警报告及发布提供了法律认定与保障，加强了突发公共事件监测预警系统的建设。然而，由于没有建立一个与法律法规契合的环境系统，我国应急法律法规的实施力并不足，应急物流作为应急管理的一项基础工作，暂无该领域专门的法律法规，多数情况下是在突发公共事件发生后，临时下发一些"通知""办法"等文件，权威性不够，同时，没有做好准备的相关人员在落实文件时难免会存在执行隐患，影响对灾情的救援或管理。所以有必要制定一系列应急物流法律法规的实施办法来保障应急物流体系有效运行。

我国已经出台了一系列法律法规，以适应物流业的长期发展，同时这些法律法规带有中国特色，保障物流业朝着现代化、国际化趋势发展。目前，我国在物流标准化规定方面遵循的是《物流术语》《物流企业分类与评估指标》等少数标准，我国的物流政策多存在于基础建设领域，主要包括《中华人民共和国公路法》《中华人民共和国铁路法》《中华人民共和国民用航空法》等。我国现代物流政策的制定还存在较大局限性。健全的政策法规体系对于规范应急物流人才开发起着至关重要的作用，能使开发项目更加有序地进行，便于政府统一管理。

表 3-4　　"非典"疫情后我国颁布的与应急管理有关的法律法规

颁布时间	法律法规
2003 年	《突发公共卫生事件应急条例》（2011 年已修订）
2006 年	《国家突发公共事件总体应急预案》
2007 年	《中华人民共和国突发事件应对法》
2015 年	《全国医疗机构卫生应急工作规范（试行）》
2015 年	《全国疾病预防控制机构卫生应急工作规范（试行）》
2016 年	《关于加强卫生应急工作规范化建设的指导意见》
2022 年	《"十四五"国家应急体系规划》

（3）疫情下物流行业的政策环境

我国面对新型冠状病毒感染疫情防控的严峻形势，党中央、国务院高度重视物流业发展，物流业在运输防疫物资、生活物资和运送医护人员，国际供应链畅通运作，助力其他行业复工复产上起到了不可替代的作用。

疫情对各行各业的打击都十分深重，在疫情得到初步控制、恢复经济发展迫在眉睫时，物流业承担了推动复工复产的支持性工作。为减轻车辆通行的压力，交通运输部在 2020 年 2 月下发通告，对疫情防控期间的公路收费政策做出了调整，即免收收费公路的过路费。政策有效期近 3 个月，据统计，在此期间一共免收了 1590 亿元的过路费，减轻了物流企业的成本。同年 3 月在港口运输费用上也做了调整，取消了非油轮货船强制应急响应服务及收费，免收进出口货物港口建设费，并降低其他收费标准。除了在公路运输和水路运输上有明显的政策倾向，各部门积极落实要求，出台降低航空、港口、铁路、机场收费的政策措施，各项降费政策实施取得实效，提升了企业政策获得感和抵御疫情冲击的能力，物流减税措施深入推进。

除了在物流行业降低运行费用，为了减轻企业税赋压力，对纳税人运输应急物资而取得的收入，税务局实施不征收增值税的规定。与此同时，财政部对小型企业的增值税额给予了一定的优惠，以此来支持个体商户复工复产。此外，挂车购置税减半征收政策继续实施，并延期至2023年年底。物流辅助服务继续享受加计抵减政策，持续减轻企业税收负担。

意识到物流企业在抗击疫情中的重要地位，我国财政部、国家发展改革委、人民银行等多方加强对参与应急物流企业的资金支持力度。疫情防控期间，物资需求一出现，许多物流企业就自愿承担起社会责任，发挥自身优势，形成了疫情防控重点保障企业队伍，对这些企业，财政部等部门通过货款支持、加大信贷支持、中央财政安排贴息资金等方式降低其融资成本，为有关企业战胜疫情提供了坚实的基础，确保应急物资及时、高效、安全地供应与运输。同时，"五险一金"阶段性减免或缓缴政策让企业普遍受益，在一定程度上缓解了企业亏损的压力。

突发公共事件发生后，受灾地区交通不畅，严重影响应急物资乃至生产生活物资运输车辆通行，国务院对此提出了三项基本要求，即保证公路路网顺畅运行，恢复公路运输服务以及做好应急物资运输。有些地区为防止疫情传播，对高速公路的人和货物都采取强制限行、禁止进入城市等措施，这不但耽误应急物资的输送，还产生了严重的社会问题，对此，国务院发布了严禁擅自封闭高速公路出入口等指令，保障物资运转通畅、促进多方合力抗疫。

坚持"一断三不断"以及"三不一优先"的原则，交通运输部为应急物流开辟绿色通道，取消了烦琐的办理、检查流程。各地的交管局继续延长绿色通道，提供城市交通支持，调度车辆，保证运送应急物资的车辆先行。中物联作为行业协会为参与应急物流的企业工作人员制定安全复工手册，为其生命健康提供保障。疫情防控期间运输安全对应急物流的重要性凸显。

（三）国际关系

各国之间的关系、国际组织之间的关系、国家和国际组织之间的关系统称为国际关系。国际关系的内容是多方面、多元化的，主要内容包括政治、经济、文化和军事。进入 21 世纪，和平与发展越来越成为当今世界的主题，我国奉行独立自主的和平外交政策，以维护国家利益和促进世界和平为目的，积极建立和谐的国际关系。

在新型冠状病毒感染疫情暴发之初，世界多国向我国捐助抗疫物资，彰显一方有难八方支援的良好国际关系。随着疫情席卷全球，我国积极落实防疫举措，向其他国家提供防疫建议、捐助防疫物资、输送中国疫苗……为此次全球抗疫贡献中国力量。在应急物流人才开发上，我国可以向美、日、德等应急物流发展成熟的国家借鉴经验。借助友好的国际关系，我们可以共同建立人才开发项目，交流经验，改善自身不足，签订相关协议，互派物流专业留学生，学习更多国际化课程，支持本国物流企业与外国物流企业合作，派遣员工出国培训，增强应急物流能力。

二、经济环境视角

(一) 国民经济运行情况

选取国民总收入、国内生产总值 (GDP)、人均 GDP 以及 GDP 增长率四个指标研究我国国民经济发展状况 (见表 3-5)。图 3-1 显示，2011—2020 年我国国民总收入和 GDP 持续增长，但 GDP 增长率总体呈下降趋势。受新型冠状病毒感染疫情影响，我国 2020 年 GDP 增长率为 2.2%，创近 10 年来最低增长率。疫情席卷全球，没有一个国家的经济不受影响，我国在抗击疫情上投入了巨大的成本，全国人民万众一心使疫情得到控制，成效显著，使经济运行逐渐恢复到往常的状态。据国家统计局公布的数据，2021 年中国 GDP 同比增长 8.4%，分季度看，一季度至四季度 GDP 同比分别增长 18.3%、7.9%、4.9%、4.0%。2021 年消费、投资、净出口分别拉动经济增长 5.3%、1.1%、1.7%。新型冠状病毒感染疫情以来，2020 年、2021 年中国 GDP 的平均增速为 5.1%，两年各季度的平均增速分别为 5.0%、5.5%、4.9%和 5.2%。总体上，中国经济减速主要还是受最终消费支出的影响，而外需发挥了正向拉动作用。相比疫情前中国经济 6%的增速，在增速放缓的同时，疫情后中国经济结构转型特征突出：传统稳增长动能——房地产和基建增速低于疫情前水平；与绿色转型相关联的高耗能产业增速回落；而装备制造类和高技术类行业获得了比疫情前更强的增长动能；疫情催生的线上类消费与受疫情限制的线下类消费呈两极分化。

表 3-5　　　　　　　　　国民经济发展统计数据

年份	国民总收入（亿元）	国内生产总值（亿元）	人均国内生产总值（元）	GDP 增长率（%）
2011	483392.8	487940.2	36277	9.6
2012	537329.0	538580.0	39771	7.9
2013	588141.2	592963.2	43497	7.8
2014	644380.2	643563.1	46912	7.4
2015	685571.2	688858.2	49922	7.0
2016	742694.1	746395.1	53783	6.8
2017	830945.7	832035.9	59592	6.9
2018	915243.5	919281.1	65534	6.7
2019	983751.2	986515.2	70078	6.0
2020	1005451.3	1013567.0	721828	2.2

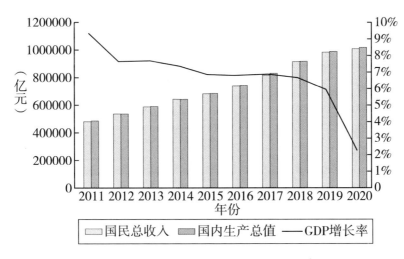

图 3-1　2011—2020 年国民经济发展情况

产业结构不断优化调整，持续带动物流业升级发展。以 2020 年为统计年份，我国三大产业增加值都保持上涨的态势。其中，我国第一产业增加值占国内生产总值的 7.7%，为 7.8 万亿元；第二产业增加值占国内生产总值的 37.8%，为 38.4 万亿元；第三产业增加值占国内生产总值的 54.5%，为 55.2 万亿元。第三产业增速最猛，是拉动我国经济发展的有力马车。第三产业中的交通运输、仓储和邮政业增加值达到了 4.1 万亿元，物流产业结构持续优化升级。物流业需求结构加快分化，也为物流业与其他产业融合发展提出了新的要求。

民生消费成为国内经济的重要抓手。以 2020 年为统计年份，我国社会消费品零售总额 39.2 万亿元，比上年下降 3.9%（见图 3-2），这在很大程度上是受新型冠状病毒感染疫情的影响。其中与民生相关的物流领域保持旺盛需求。受新型冠状病毒感染疫情的影响，网上消费增长明显，全年实物商品网上零售额比上一年增长了 14.8%，为 9.8 万亿元。网上消费带动电商物流、快递物流等细分市场继续保持较快增速。

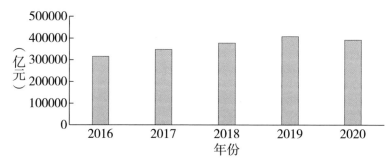

图 3-2　2016—2020 年我国社会消费品零售总额

外贸稳定，对外投资加大。我国 2016—2020 年进出口总额呈递增趋势，2020 年增速较前几年放缓，这与国际贸易壁垒和全球疫情密切相关。2020 年货物进出口总额为 32.2 万亿元，其中货物出口同比增长 4.0%，为 17.9 万亿元；货物进口同比下降 0.7%，为 14.2 万亿元，进出口顺差为 3.7 万亿元，我国较强的出口能力在国际市场获得了更高的市场份额。外贸发展带动了我国物流企业走出去和全球化布局。2016—2020 年我国货物进出口总额如图 3-3 所示。

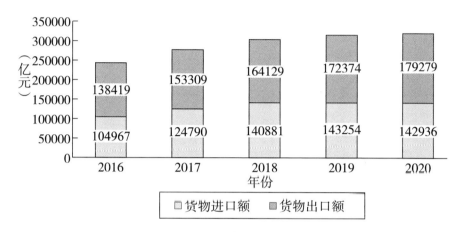

图 3-3　2016—2020 年我国货物进出口总额

　　基础设施投资方面，以 2020 年为例，全年全社会固定资产投资 45.1 万亿元，比上年增长 2.6%，实现稳步回升。划分产业，第一、二、三产业的投资额分别为 0.9 万亿元、12.1 万亿元、31.3 万亿元。其中交通固定资产投资 34752 亿元，为物流业复工复产和健康发展提供了较好的硬件环境。2020 年固定投资增长速度（分行业）如表 3-6 所示。其中，交通运输、仓储和邮政业固定投资额较上年有所增加。

　　在复杂的经济运行环境中，应急物流人才开发存在机遇：第一，经济稳步增长为人才开发与培养提供了重要的资金支持；第二，经济结构不断调整，给物流业发展带来了新契机；第三，国家重视对突发公共事件的预防与治理，开发应急物流人才势在必行。

表 3-6   2020 年固定投资增长速度（分行业）

行业	比上年增长（%）	行业	比上年增长（%）
总计	2.6	金融业	-13.3
农、林、牧、渔业	19.1	房地产业	5.0
采矿业	-14.1	租赁和商务服务业	5.0
制造业	-2.2	科学研究和技术服务业	3.4
电力、热力、燃气及水生产和供应业	17.6	水利、环境和公共设施管理业	0.2
建筑业	9.2	居民服务、修理和其他服务业	-2.9
批发和零售业	-21.5	教育	12.3
交通运输、仓储和邮政业	1.4	卫生和社会工作	26.8
住宿和餐饮业	-5.5	文化、体育和娱乐业	1.0
信息传输、软件和信息技术服务业	18.7	公共管理、社会保障和社会组织	-6.4

（二）应急物流行业的经济环境

（1）各省应急管理财政拨款情况

选取 2020 年全国各省、自治区、直辖市应急管理局（厅）部门决算统计数据，分析应急公共事业的经费情况，从表 3-7 中可以看出，大部分地区应急物流管理平均财政经费超过 1 亿元，北京市最高，辽宁省最低；地区差异较明显，数据方差较大。此外，收集到的数据显示，只有少部分地区的应急管理收入有结余，大部分情况是收支平衡。各地区应急物流建设离不开当地应急管理局（厅）的统筹与指导，其财政收入很大程度上决定了管理能力与对从业人员的开发培训效果。

表 3-7　2020 年全国各省、自治区、直辖市应急管理局（厅）财政收入情况

地区	财政收入（万元）
北京	54164.05
天津	17421.50
河北	30286.19
山西	10683.20
内蒙古	9366.19
辽宁	5555.10
吉林	13586.07
黑龙江	9853.90
上海	12688.49
江苏	48213.72
浙江	17865.59
安徽	16060.61
福建	10939.97
江西	13480.41
山东	35870.83
河南	16706.72
湖北	22319.71
湖南	37864.63
广东	47012.54
广西	16514.98
海南	11192.70
重庆	20693.63
四川	27764.21
贵州	14323.98
云南	10683.07

地区	财政收入（万元）
西藏	11240.48
陕西	11108.21
甘肃	25974.34
青海	15088.62
宁夏	8495.13
新疆	9281.53

注：此表不包括我国香港、澳门和台湾地区数据。

（2）物流行业运行指标分析

一是物流行业稳中向好发展，推动经济进步。表 3-8 为 2011—2020 年我国物流行业运行数据，数据显示这 10 年，我国社会物流总额持续增长，在 2020 年达到了 300.1 万亿元。但增长率却由 2011 年的 26.3%逐渐减缓至 2020 年的 0.7%，这与我国转变发展策略密切相关。整体来看，2020 年物流运行经受住了疫情的大考，物流行业运行稳中有向好的趋势，为疫情下国民经济发展做出了特殊贡献。

表 3-8　　　　2011—2020 年我国物流行业运行数据

年份	社会物流总额（万亿元）	社会物流总额增长率（%）	社会物流总费用（万亿元）	社会物流总费用增长率（%）	社会物流总费用与 GDP 的比率（%）
2011	158.4	26.3	8.4	18.3	17.4
2012	177.3	11.9	9.4	11.9	17.6
2013	197.8	11.6	10.2	8.5	17.3
2014	213.5	7.9	10.6	3.9	16.7

续表

年份	社会物流总额（万亿元）	社会物流总额增长率（%）	社会物流总费用（万亿元）	社会物流总费用增长率（%）	社会物流总费用与GDP的比率（%）
2015	219.2	2.7	10.8	1.9	16.0
2016	229.7	4.8	11.1	2.8	14.9
2017	252.8	10.1	12.1	9.0	14.5
2018	283.1	12.0	13.3	9.9	14.5
2019	298.0	5.3	14.6	9.8	14.8
2020	300.1	0.7	14.9	2.1	14.7

市场经济在淘汰一批小而散的物流企业的同时，形成了一批优质的大型龙头物流企业。进入知识经济时代，科技的快速进步赋予物流企业新动能，在整合原有企业的基础上，催生出网络化发展趋势。物流企业作为行业活力源泉，其服务能力不断提升，为供应链的打通、产业链的协调和价值链的创造提供了大力支持，促进了"三链合一"快速发展。

二是物流业带动就业，有较强的就业引力。2014—2020年物流行业从业人数如表3-9所示，装卸搬运和仓储业、航空运输业的从业人员数量有增加的趋势，吸引了许多劳动者；活力不足的行业有水上运输业、管道运输业和邮政业，丧失了人才竞争力。从结构上看，运输物流仍是吸纳就业的主体，随着服务业的发展，网上购物、虚拟经济等成为大众依赖的服务，电商快递、多式联运等新型行业也就因此成为新增就业的主要动力。其中，"十三五"时期，快递物流行业新增就业人数超过100万人，以年均增长10%的增速位居业内首位。根据上一章对物流人才的供给分析，未来我国物流行业从业人员数会随着物流类专业毕业生规模的扩大而增多，快递物流行业仍是就业度最高的行业，在冷链运输、"区块链+物流"等领域会吸纳更多优质的人才。

表 3-9　　　　　　　　2014—2020 年物流行业从业人数　　　　　　单位：万人

年份	铁路运输业	道路运输业	水上运输业	航空运输业	管道运输业	多式联运和运输代理业	装卸搬运和仓储业	邮政业
2014	190.2500	388.1462	49.1124	50.7789	3.7632	43.6132	32.8367	102.9294
2015	187.4448	387.9657	46.6509	55.3358	3.8536	43.1191	32.5721	97.4473
2016	187.4131	385.5896	46.0259	59.5301	3.6444	43.2424	30.9876	93.0745
2017	184.8032	384.6122	44.1227	62.4318	3.6965	42.8096	30.3235	91.0924
2018	183.3800	364.2970	35.7698	64.5957	3.3883	31.3777	43.2771	92.9159
2019	191.5824	364.7405	31.9477	62.3543	2.6514	31.9437	46.8481	83.4260
2020	188.6517	359.6333	29.4025	60.2532	2.4830	32.0601	49.6132	90.1029

三是产业革新促使物流发展质量提升。首先，我国是制造业大国，制造业对物流的拉动最为明显。国内制造业出现了明显的反弹，尤其是医药制造对工业物流的需求增大，随着科技水平的发展，不同于传统制造业对物流的需求，高新技术制造业需要的是新动能物流，随着高新技术制造业主导地位的保持，对物流提出了新要求，压力化为动力促进物流业发展。其次，疫苗输送和机器产品出口的显著提升带动国际物流服务稳中向好发展，此外，国外的制造业受此次疫情的冲击比较严重，一些国家从制造业出口转变为进口。得益于完备的制造业体系和突发公共事件的治理能力，我国以较快的速度恢复了出

口，国际物流需求大幅提升。民生物流是和人们日常生活最近的物流，新型冠状病毒感染疫情防控期间人们减少了线下购物，养成了线上买菜、点餐、买药的消费习惯。这种新型消费模式使物流业更加蓬勃地发展起来。

总体上，我国物流发展呈现出极强的韧性，物流运行各项指标平稳，物流总规模稳定增长；市场竞争下催生新的产业需求，行业在细分和整合中实现资源优化配置，优质的物流服务体系正在加速建立，为各个行业的发展起到了良好的促进作用。

三、社会文化环境视角

（一）社会意识形态

我国对物流的认识最早起源于西周时期，人们意识到了防患未然、储备粮食的重要性，这是对仓储作用的重要认知。丝绸之路、郑和下西洋是我国古代物流走向国际化的开端。封建社会的"官商文化"使商品流通活动都是由政府主导的，物流发展环境十分压抑，人们观念守旧，很难接受新鲜的外来事物，清朝末年的闭关锁国更是严重阻碍了我国物流业的发展。直到20世纪90年代，物流的概念才传入我国，结合我国对外开放政策，物流作为新兴行业逐渐发展，越来越多的学者对物流进行多方面研究。21世纪我国物流高速发展，渗入国民生活的各个角落，人们对物流越发依赖。

传统意识观念与应急物流人才市场供需失衡、人才质量缺乏保证存在关联。直到今天，我国对于物流管理专业仍然存在一些偏见，认为物流管理专业是一个十分辛苦并且集中于"人力""苦力"的专业。并且认为这样的专业只适合男生，这就解释了为什么我国现阶段物流管理专业大多是男生，这种对于物流管理专业狭隘的认识导致我国物流管理专业人才市场供不应求。而且由于我国物流专业发展的时间较短，物流教育相关配套的教学设备还不完善，也使我国物流管理专业发展缓慢。人们对于物流管理专业的这种认知使我国物流专业的人才大多集中于高职和大学，这就造成物流管理专业指挥型人才的缺乏。

（二）用工方式与消费观念

随着国民总收入的增加，人均可支配收入越来越多，社会消费结构正在发生翻天覆地的变化。人们的消费观更加开放，消费方式多元化提供给人们更多的选择。线上购物方式盛行，人们不再局限于线下购物。新型冠状病毒感染疫情防控期间，各省市纷纷启动一级应急响应，人们出行受阻，线下的实体店消费被极大压制，新的消费方式与习惯被激发。此时，大部分非必需品的线下销售停滞，反而是快递柜、自取站点业务繁忙。从这一角度看，疫情加强了线上消费的习惯，而疫情结束后会带来物流业的更进一步发展。例如，社区封闭式管理政策使社区配送、生鲜冷链等到家服务类业务迎来新的发展机遇。

在用工方式上，疫情背景下，"用工荒"成为摆在实体经济服务业面前的一座大山，于是，出现了"共享员工"这一新兴的雇佣模式，使一线劳动者的劳动力资源重新得到有效的配置，从而减轻了企业停业的压力，使我国灵活就业市场进一步发展。我国 2013—2020 年灵活用工市场规模如图 3-4 所示。疫情防控期间，盒马鲜生订单量激增，短期内人手不足，于是盒马鲜生开始邀请因疫情歇业企业的员工临时就业，倡议一出，云海肴第一个出来响应，盒马鲜生联合餐饮业，开启了"共享员工"用工新局面。在这之后，沃尔玛、苏宁、联想等企业也推出了"共享员工"等计划，"共享员工"向多行业延伸，大大缓解了疫情防控期间的人力供需矛盾。但问题也出现了，外来的员工并不一定能适应"新的工作"，这种方法想要更好地实行，人力资源管理必须完善规范，比如培训、薪酬和责任等方面的规范。物流企业内部人员也经历了临时调配，这能否成为未来趋势，为今后的人力资源工作建立相应的规范，还有待观察。

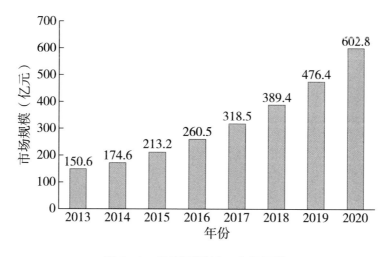

图 3-4　我国灵活用工市场规模

（三）军民融合的应急物流

从近年来发生的一些突发公共事件的应急保障情况看，军队已经从物流信息传输、应急物资采购与配送等各个环节，广泛参与非军事应急物流保障活动。因此，无论是军事应急物流还是非军事应急物流，军民融合都是新的发展态势。军民融合的应急物流体系给应急物流人才开发带来机遇和挑战。人民解放军是处理突发事件的主力，在救援抢险与物资运输中贡献了坚实力量。我国对军人的培训十分重视，涉及多方面综合素质。然而，军民融合另一端的物流企业与社会组织对应急物流人才的开发遇到了诸多挑战。首先，物流企业平时不重视员工应急保障能力的开发，没有应急物流人才储备，在物资运送时缺少指挥协调能力与专业应急能力。其次，社区工作者常常是物流"最后一公里"的落实者，对他们进行应急物流培训时面临着培训不受重视、培训经费不足等问题。最后，当突发公共事件发生时，我们常看到有很多非营利组织和人民群众怀着满腔热血，运送应急物资，但由于缺乏专业的知识、技能与经验，给应急物流体系的运作带来了混乱。例如，疫情传播初期，"红十字会"作为物资经传组织，接收了社会各界规模庞大的资助物资，但由于缺乏专业技能，临时志愿者专业程度不高，导致物资囤积，流转不畅，耽搁了应急物资运往疫区的时间。对这一主体的开发与培养依赖于主体的学习意愿，同时又面临时间、场地等各方面挑战。

（四）企业积极承担社会责任

以新型冠状病毒感染疫情为例，在疫情早期，为了阻断疫情随人流迅速传播，很多地方都实施交通管控，还有一些偏远地区道路不通畅，给应急物资的输送提出了巨大挑战。各大物流公司驰援湖北武汉，在做好疫情下复工复产的准备后，纷纷加入防疫物资和生活物资运输队伍。苏宁物流等物流企业更是保持正常运行，投身抗疫工作，部分物流企业复工数据如表3-10所示。受疫情影响，各产业停摆，这些物流企业便将自己所有的资源都贡献出来，无论是货机航班、园区、港口、仓库还是运输工具都投入应急使用，一些物流企业员工组成应急车队为疫区运输防疫物资和粮食，还有一些满载建筑材料的货车朝疫区驶去，目的是支援临时医院的建设。货拉拉公司发挥平台优势，在武汉开通了救灾物资的"绿色通道"，为救灾物资的运送提供了无偿服务。出租车公司组建了爱心车队，从全国各地招募志愿者，提供紧急调度支持工作。物流企业作为应急物流系统主体之一，在突发公共卫生事件发生后积极承担社会责任，彰显行业担当。

表 3-10　　　　　　　　部分物流企业复工数据

物流企业	复工时间
苏宁物流	一直正常运营
宇培国际控股	一直正常运营
宇鑫物流集团 3PL 公司	一直正常运营
品勤供应链	2020 年 1 月 28 日
货拉拉	2020 年 2 月 3 日
中储智运	2020 年 2 月 3 日
广东南方物流集团	2020 年 2 月 3 日
天地华宇	2020 年 2 月 6 日起有序复工
中化能源科技	2020 年 2 月 7 日
中通快递	2020 年 2 月 10 日
韵达快递	2020 年 2 月 10 日
德邦快递	2020 年 2 月 10 日
天天快递	2020 年 2 月 10 日
万玮物流	2020 年 2 月 10 日
宝湾物流	2020 年 2 月 10 日
长久物流	2020 年 2 月 10 日

物流企业	复工时间
风神物流	2020 年 2 月 10 日
传化智联	2020 年 2 月 10 日
中铁现代物流	2020 年 2 月 10 日
山东盖世国际物流集团	2020 年 2 月 10 日
重庆长安民生物流	2020 年 2 月 10 日
跨越速运	2020 年 2 月 10 日阶段性复工
安能物流	2020 年 2 月 10 日起有序复工
满帮集团	2020 年 2 月 17 日
路歌物流	2020 年 2 月 17 日

四、技术环境视角

(一) 科学技术助力应急物流事业

以 2020 年为例，我国科技创新和专利发明再上台阶，带动产业链供应链升级发展。"天问一号"成功发射等标志着我国航天事业取得巨大突破；我国建立了第一批国家重点实验室，提高了对知识产权的保护力度，加快了科技成果的转化和利用。2020 年，全年研究与试验发展（R&D）经费支出 24426 亿元，与国内生产总值之比为 2.4%；现代通信网络市场快速发展，为物流信息化、数字化、智能化发展提供了基础支撑。2020 年年末，全国移动电话普及率为 113.9 部/百人。互联网宽带接入用户 48355 万户，比 2019 年年末增加了 3427 万户，2016—2020 年我国互联网宽带接入用户数如图 3-5 所示。2020 年年末，互联网的普及率达到了 70.4%。移动互联网的普及加速了物流行业新技术、新模式、新业态的发展，农村地区互联网普及为农村消费电商及相关物流发展提供了基础保障。

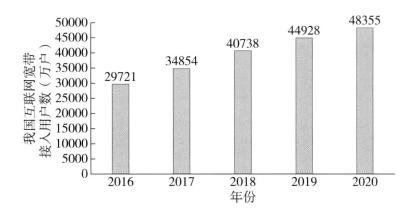

图 3-5　2016—2020 年我国互联网宽带接入用户数

物流行业的技术环境给应急物流人才开发提供了巨大机遇。当前，物流行业的技术环境情况可从以下几个方面总结。

（1）行业融合发展下的技术创新

从医药物流企业角度看，网络咨询、在线问诊得到了广泛应用。专业化的第三方医药物流加入物流体系，影响药品物流中的采购环节和配送环节，颠覆现有的医药模式。新型冠状病毒感染疫情防控期间，在药品、口罩、面罩、防护服等医用防疫物资的调配与采购中，各大医药电商平台发挥着重要作用，开启了新终端的网购模式。在生鲜电商物流方面，疫情下居民足不出户，通过网络渠道买菜，配送到家，这种消费习惯让"云买菜"成了大部分城市居民的首选。京东到家、美团买菜、盒马鲜生、叮咚买菜等拥有自己的电商物流配送体系，2020 年春节期间这些平台的订单量与"新用户"注册量激增。据有关统计，新型冠状病毒感染疫情防控期间多点和叮咚买菜的新用户增幅分别为 298.29% 和 291.42%。人们的日常消费模式从线下转为线上，电商物流进一步走进家家户户的生活。第三方物流企业开启智慧物流供应链建设，实现资金流、信息流、物流的无缝衔接，尽可能地消除不对称因素带来的影响，提高物流企业运行效率，加强智慧物流升级。各行业开启云办公时代，线上商务成了主要手段，除了运用线上方式进行外部商务（如视频会议、线上发布会、宣讲会、线上交易与签约合作），还以线上方式进行内部管理，以人力资源部门为例，通过视频面试筛选人才，利用网络资源进行员工培训、实施线上考核等。

（2）物流新业态新模式快速发展

物流业囊括了多种业态，在本次抗击疫情战中，运输防疫药物与疫苗的医药物流和冷链物流、保障居民日常生活的生鲜物流、社区"最后一公里"的配送物流、运输建筑材料的工业物流，以及运输医药废弃物的废弃物物流等都频频现身，发挥应急作用。"绿色物流""智慧物流"彰显了效率与可持续性。此外，还出现了"无人配送""无接触配送"的物流模式。这些都离不开高新技术的支持。今后，相关部门将科技创新作为促进物流新业态快速发展的抓手，推广物流技术与技术设备，将互联网、人工智能、5G、区块链等技术运用在物流领域，形成"互联网+物流"新业态，促进物流产业结构合理化升级，顺应国际化趋势，促进物流自动化、智能化、智慧化。

（3）智慧物流作用初显

许多物流企业依托大数据、人工智能、区块链技术等获得更多信息，找准需求甚至以供给创新需求，实现提质增效。应急物流体系必须依托智慧物流的发展，发挥智慧物流在运输应急物资过程中的效率优势和保障能力。在新型冠状病毒感染疫情防控期间，对医药和生活物资需求的激增使应急物流面临巨大压力，物流业响应国家应急号召，物流企业纷纷报名驰援武汉，解决运力不足的问题。冲在一线的大型物流企业如顺丰、京东等充分发挥其智慧物流的优势，提供技术和设备支持（如分拣机器人、无人工厂等），极大提升了应急物流体系的运转效率，保证了疫情下医用物资和生活物资的供给。同时，通过使用"无人机运输""智能快递柜配送"，减少了人员接触，阻断了病毒的传播。"智慧物流"的实施不仅要求基层人员熟练掌握新技术，也要求高层管理人员对技术有足够的认知与洞察力。

（4）"互联网+"应急物流管理系统

没有技术加持前，传统物流业存在着信息不对称、资源配置不合理的问题，造成人力物力成本偏高，运行压力较大。随着科技与物流的深度融合，"互联网+"技术能够有效地提高应急管理的资源利用率并节约成本。随着 5G 技术的发展，基于 5G 网络的运输工具调度、交通资源优化和无人驾驶汽车控制网络的构建将大力推动应急物流的无人化技术应用，如无人驾驶直升机等新兴方式将应用于震后救灾中，为救援人员无法到达的受灾地区提供应急服务，也将为应急物资运输和配送等环节提供更多安全保障。"互联网+"应急物流的发展新模式是破解传统应急救援效率低、应急物流信息化水平低和应急物资调度成本高等问题的关键手段，依托移动物联网、大数据技术，实现应急救援各环节信息共享，而区块链技术的引入将使应急救援过程的物资流转信息可追溯，确保信息的可靠性和准确性，将紧急情况的预测准确率最大化。将互联网引入应急物流管理体系，可以解决突发公共事件当前的问题，通过微博、公众号、新闻网站等公众平台，让人民群众了解情况，打击谣言，消除不必要的恐慌，配合救援工作。通过"腾讯公益""水滴筹"等平台搭建为灾区捐款捐物的通道。运用智能化技术调动各环节，助力物流网络高效运作。在仓储上，发挥智能仓储的优势，智能、自动分拣货物，并进行消毒，加快运转速度的同时防止疫情传播。在运输上，许多城市由于交通管制，道路不通，利用空运的方式进行物资运输，实现"点对点"的货物交付。在配送终端利用先进的消杀设备和智能化的储存设备实现无接触配送。在整个应急物流体系中运用区块链这个"公共账本"实现供求精准对接、全程各环节可追溯的目标。

（二）应急物流信息系统尚未建立

我国应急物流专业的技术人才缺口较大，与其他发达国家相比较而言，我国的应急物流引入较晚，目前国内对于应急物流人才培养的途径和手段较为单一，在部分高校开设了物流专业，但是对于物流重点学科的建设，我们的脚步还跟不上发达国家，所以也造成了我们培养出来的应急物流管理人才较少，且水平还不够高。在突发公共事件发生时，我们需要的应急物流人才不是一般的物流人才，而是既懂物流知识和应急管理知识，又有危机管理经验和物流管理经验的复合型人才。这也就造成我们对应急物流人才的要求非常高，从而面临的人才缺口也大。除此之外，我国尚未建立整体的应急物流信息系统，这导致参与主体间信息共享不足，供需对接有误差，物资追踪与定位效果不佳，增加了人才整合与开发的难度，限制了应急物流人才队伍的建立。

第三节　微观视角下我国应急物流
人才开发的机遇与挑战

应急物流人才的培养与开发主要体现在专业院校和企业内部两个层面。下面从微观视角出发，分别分析物流企业开发应急物流人才的机遇与挑战、高校开发应急物流人才的机遇与挑战。

、物流企业开发应急物流人才的机遇与挑战

（一）新型冠状病毒感染疫情下物流业面临的挑战

物流业承担应急物流的主要工作与责任，行业发展对应急物流人才开发起着至关重要的作用。新型冠状病毒感染疫情，被列为国际突发公共卫生事件。在疫情影响下，复工延迟、隔离管制等措施对物流和运输行业造成了前所未有的冲击，各类物流企业面临着不同程度的经营与发展压力。

第一，交通运输中断。疫情防控期间，为了配合防疫需求，国内各地均实施了不同等级、不同程度的道路封闭措施。这导致全国的陆路、水路运输网络受到影响，多条运输主干道封闭，导致交通运输中断。随着疫情逐渐被控制，国内交通状况逐步恢复，但是由于不同地区疫情发展程度不同，难以同时恢复到疫情之前的水平。特别是武汉封城、湖北限制出入措施的实施，使长江航运，以及东部与中部的陆路运输受到较大的影响，对物流运输业务的开展产生不利影响。

第二，员工需求无法满足。物流业的业务模式导致运输人员需要频繁地跨区流动。另外，由于物流运输的就业门槛不高，物流业吸收的外来务工人员较多。疫情发生以后，各地建立卡口，减少人员跨境流动，又恰逢春节假期，外来务工人员大多返乡，使物流业人力资源需求与供给不匹配，出现运输人员缺口。

第三，国际供应链受到冲击。随着国际化的深入，国际供应链的重要性也逐渐凸显出来。在国际供应链环节中，各个国家和地区都有其独特的作用和地位，任何一环的缺失，都会导致商品、原料的跨国供应不畅，轻则生产成本上升，重则供应链断裂，造成订单违约，甚至危及企业的生存。在新型冠状病毒感染疫情发展的过程中，中国和世界其他主要经济体均受到不同程度的冲击，对国际供应链从原料供给到产成品销售各环节都产生了很大的影响。

第四，面临财务压力。由于上游企业停工和回款期长等原因，许多物流企业可能面对严峻的财务压力。疫情防控期间复工的企业还承受着特殊情况下各项开支增多的压力，如防控物资的发放、人员轮班及状态管理等方面都需要进行资金的投入。即使疫情已基本得到控制，但物流业的业务量还没有恢复到正常水平，在人力资源成本无法承受的情况下，一些企业甚至需要裁员来"断尾求生"。

（二）新型冠状病毒感染疫情下物流业人才开发的机遇

新型冠状病毒感染疫情面前，物流业表现出强大的韧性，具体体现在以下几个方面。

（1）民生物流行业有了新的发展。以内需拉动的民生物流在新型冠状病毒感染疫情中已成为一项新的经济增长点，有力地促进了国内市场的发展。社区电商物流、无接触配送等新型物流模式出现，满足了消费的即时性与多元化。疫情影响下，电商快递、生鲜物流等民生物流行业保持较快增长。2020年全年单位与居民物品物流总额同比增长13.2%，超过社会物流总额增速约10个百分点。疫情席卷全球，国际供应链遭到严重威胁，中国以较快的恢复速度保持较高的出口量，以2020年12月为统计量，我国货物进出口总额为3.2万亿元。工业品物流需求持续增加，对社会物流的需求依然很大。工业物流总量比2019年同期增长2.8%，中高端制造业的需求逐渐恢复，为实体经济的持续健康发展提供了有力支持。

（2）新途径保障国际物流。受贸易壁垒恶性竞争和新型冠状病毒感染疫情影响，国际供应链"断链"风险增加。疫情暴发前期，为了减少人员流动，国际航班停飞，国际航空货运短板凸显，影响防疫物资的运输。党中央、国务院当机立断，"保产业链供应链稳定"被纳入"六保"工作，交通运输部等部门共同组建国际物流工作专班，保证国际物流大通道畅通。2020年，国际航线货运航班已经达到30000多架次，中欧航班开行12000多趟。航空货运枢纽、中欧班列集结中心、海外仓获得政府支持，快递物流企业加大航空货运枢纽规划建设，5地获批铁路集结中心并开建，有力支撑了产业链供应链的安全稳定。

（3）物流行业展现新格局。由于新型冠状病毒感染疫情的冲击，一些中小微物流公司陷入经营困境，甚至停工倒闭。大型骨干物流企业积极应对挑战，提高了市场集中度。相关统计指出，中国物流企业50强（2020年）物流业务收入占物流业总收入的10.5%，达到了1.1万亿元，中国物流企业50强入选门槛比2019年提高了4.5亿元。

第一批网上物流平台企业及物流企业评审工作已开始。一批优质的冷链物流企业处于孕育中。物流行业细分程度加强，特殊情况下催生出更多新兴运输方式，如无人配送、社区物流等。传统的物流公司逐渐由物流供应商转型为综合型供应商，其核心能力得到了明显提升。

（4）数字化转型，物流智慧化。在新型冠状病毒感染疫情的影响下，包括物流业在内的各行各业都加快了数字化转型。2020年，实物商品网上零售额占社会消费品零售总额的比重第一次超过了25%。传统物流业务向线上转移，推动了传统物流模式向线上和线下一体化转变，实现了区块链追溯、在线化和可视化。国内物流巨头企业纷纷进行智能化改造，物流机器人、无人机、无人仓、无人配送、无人驾驶卡车、无人码头等无人化物流模式走在世界前列。物流网络正在加快构建人、车、货、场的物流互联网。网络货运平均每天运单量为13万单，车货匹配向承运经营转变。运力服务、装备租赁、能源管理、融资服务等互联网平台服务中小物流企业，助推中小物流企业数字化转型。

（5）物流基础设施建设按下加速键。传统物流基础设施和物流新基建投入保持高位运行。2020年全年完成交通固定资产投资34752亿元。全年投产铁路营业里程4585千米，新改（扩）建高速公路1.3万千米，新设置智能快递箱超40万组。针对新型冠状病毒感染疫情防控暴露的物流短板，首批17个国家骨干冷链物流基地建设名单发布，农产品仓储保鲜冷链物流设施得到支持，国家冷链物流网络开始搭建。开展第三批物流园区示范工作，铁路专用线得到政策支持。国家物流枢纽再添新成员，2020年国家物流枢纽建设名单发布，22个物流枢纽入选。国家物流枢纽联盟组建运行，45家枢纽运营主体单位加入。智慧物流基础设施建设发力，智慧物流园区、智慧港口、智能仓储基地、数字仓库等开始建设，加快了"通道+枢纽+网络"的物流基础建设网络体系的布局。

（6）物流标准化工作有新突破。自 2003 年 9 月全国物流标准化技术委员会成立以来，截至 2022 年年底，已制定发布国家标准 77 项、行业标准 57 项、团体标准 23 项，国际标准推进实现实质性突破。教育培训工作有了新提升：全国已有 698 个本科物流专业点和近 2000 个中、高职物流专业点，5 年培养物流毕业生近 80 万人。全国已有 60 万人参加了物流、采购等职业能力等级培训与认证，高素质物流人才队伍成长速度加快。物流统计信息工作有了新成绩：自 2004 年 10 月物流统计制度建立以来，已形成中国及全球制造业采购经理指数（PMI）、社会物流统计、物流业景气指数、公路运价指数、仓储指数、电商指数、快递指数等系列指数。

二、高校开发应急物流人才的挑战

（一）应急物流人才开发面对的教育问题

第一，应急物流教育受重视程度不够。很多高职院校均开设了物流相关的专业，可见国家对培养物流人才的重视。但是突发公共事件一直以来被认为是小概率事件，很多机构单位并没有意识到应急物流人才培养的重要性，正是因为这一意识的淡薄使很多院校对应急物流教育有所忽视。其实，主要是因为突发公共事件下应急物流教育一直不是物流教育的核心，学校针对应急物流人才的培养也处于无序发展中。再加上学校的学习一直都是以理论为主，实践教学的缺乏让学生无法透彻了解应急物流，影响物流人才的培养质量。历次救灾过程反映出我国对应急物流人才开发的重视程度不够，科研经费支持力度也不够。

第二，缺乏明确的培养目标和人才培养计划。目前我国对应急物流人才开发及培养的重视程度较低，对专业性应急物流管理人才的培训工作关注度不高，也没有完善的应急物流人才培养及保障方案，这导致我国十分缺乏专业性的应急物流管理人才队伍，并且我国现有的应急物流人才不能及时跟进新的需求以适应新的突发挑战。尤其是在新型冠状病毒感染疫情过后，我国应急物流人才市场面临着严重的供不应求的现状，我国现阶段的物流人才培养大多是以市场的需求和我国物流行业发展现状为依据的。这一实际情况使我国的人才培养具有很强的现实性，缺乏长远性。我国一些专业院校在设置物流管理课程时人才培养的目标不明确，培养的方向也存在局限性。

第三，我国物流专业课程设置存在缺陷，理论和实践失衡。我国现阶段物流管理专业的课程设置大多以传授理论知识为主，重视学生对于相关理论的学习，缺少对学生实践的指导，学生从理论的学习到实践的应用中间缺少过渡，导致毕业后难以胜任工作岗位的要求。究其原因是相关专业院校在课程设置和人才培养方面与企业用工需求之间存在偏差，学校重理论轻实践的思想不利于物流人才更好地投入我国物流管理发展中去。

第四，应急物流人才缺乏专业的师资团队，相关专业发展缓慢。我国高校的物流管理专业大多建立于 21 世纪初，物流专业无论是在理论上还是实践上都还不成熟。一些物流专业的老师大多是"半路出家"，并非科班出身，对于物流管理专业的认识程度还不够深入，不能够系统地掌握和推进物流专业的发展。且物流管理专业的老师大多停留在理论研究阶段，缺乏实践经验，很难对实际物流的发展有更加立体的掌握。但是一个专业的发展与师资团队息息相关，跨专业、纯理论的老师会削弱物流管理的专业性。

（二）应急物流人才开发的难点

一是应急物流管理是一门交叉学科，融合了物流与供应链、应急管理，以及理学、工学等相关学科的知识，应急物流涉及的内容较多，如应急物流保障机制建立、交通运输管理、信息系统建设、大数据应用、法律法规制定以及应急物资的筹集、调度与管理等。应急物流人员除了要具备物流知识、物流经验，还须掌握一定的应急管理知识和地质灾害知识。因此，应急物流的人才培养不是基于某个专业，而是基于相关专业的集结。但目前为止职业教育中的应急物流人才培养几乎没有现成的经验可以借鉴，因此如何将关联专业的优势资源整合起来为应急物流人才培养服务是一个难题。

二是在应急物流管理方面，目前没有现成的教学体系。仅教材方面，国内目前相关教材非常少，针对职业教育的几乎没有。如果开展相关人才培养，只能由学校组织自编教材，或者是引进国外相关专业的教材，具体采用哪种形式还需要结合学校自身的情况分类讨论。

三是应急物流管理方面的研究在我国起步较晚。高校教师特别是职业院校教师从事这项研究的很少。因此开展人才培养之前必须完善教师队伍。学校不仅需要建设自己的师资队伍，还应该积极与国家应急救灾部门、军队以及物流企业、行业协会等共同培养人才，"产学研"融合实现人才精准培养与开发。

四是应急物流管理人才培养的难题就是实训教学和顶岗实习较难开展。应急物流的特殊性导致其发生频率比较低，生成环境又比较复杂，完全依靠真实环境进行实训教学并不现实，必须进行一些场景模拟。模拟应急场景的工作量庞大、投入成本高，还需相应的政策和财政支持。

三、应急物流人才成长发展面临的挑战

（一）应急人力资源组织管理体系混乱

由于突发公共事件难以预测，影响大、种类多，因此应急人力资源管理组织机构设置的前提条件就是要对突发公共事件进行预防、迅速反应。这也就要求应急人力资源管理组织要通过专业的分工提高应对突发公共事件的效率和质量，各个部门之间要进行有效的沟通合作。当事件发生时，各个部门与应急组织之间协调进度慢，特别是出现跨部门、跨地区之间的应急人力资源调动时，困难就更多，不能在有限的时间实现人力资源配置最大化。而且由于我国目前还没有形成高效的应急人力资源组织机构和运行机制，在人员调配上灵活性不足，人才固化造成人力资源的浪费。

在应急物流指挥上也存在一定的缺陷。应急物流工作常牵涉军方力量，但由于缺乏统一指挥机构，号令权威性不足，没有建立和军地联合的指挥体系，导致应急物流衔接不畅，出现多头指挥的情形，再加上没有明确各主体的责任，影响了应急物流的效率和效果。

从应急物流指挥这个角度分析应急物流存在以下问题。一是缺少应急物流信息系统，在信息发布和传递过程中存在偏差，信息的报告

也不够及时，没有办法对紧急状况进行全面细致的了解，物资供应、装备配备、运输状况等方面的信息不对称，影响应急物流决策的及时性和准确性。二是多头管理，外行领导内行现象屡见不鲜。突发公共事件由于其突发性和复杂性，在危机处理过程中，政府部门会配置专业背景不同的人员，这就在源头上造成了应急人力资源的复杂性，加上缺乏有效的机制来制衡，所以在突发公共事件发生时，出现多头领导、内外行倒置领导等问题的可能性很大。

（二）难以对应急人力资源需求进行分析

应急人力资源和其他应急资源一样，是应急管理工作顺利开展的保障。因此应急人力资源管理的重点工作就是对应急人力资源的需求进行分析，这是能有效提高应急人力资源保障能力的基础。一方面，由于目前我国应急人力资源的素质存在差异，应急物流体系由多方参与，有些志愿者协会雇用临时物流人员，其专业性不强。同时对应急人力资源的认识不充分，没有掌握科学的应急人力资源管理方法，影响应急人力资源需求分析的进行。另一方面，危机发生时由于缺乏科学有效的评估，危机处置人员的配备容易造成两种误区。第一种是应急人员数量的配备或多或少，多了会造成人力资源的浪费，少了又不能有效地处理突发公共事件；第二种是如果不能对突发公共事件的灾害类别和性质进行科学评估，则会造成各专业层次的应急人员配备不均衡，从而影响处置突发事件的专业性和时效性。

（三）工作岗位和应急管理人员不匹配

在我们现今的人才招聘体系中，由于缺乏相对专业的人才测评手段和科学的分析，人力资源管理部门对于应急人员的工作职责和岗位要求不够了解，不能够很快地对招聘人员的知识、技术能力以及其他方面进行整体细致把握，从而在工作岗位和个人能力的匹配上会出现问题，不能让这些专业人员发挥出其专业能力和水平。此外，在招聘结束后，人力资源管理部门并没有以动态的眼光看待人力资源，只看到了员工的使用价值，没有充分发掘其内在潜力，忽视对员工的培训与开发工作，在一定程度上阻碍了应急管理的发展和进步，也不能在一些应急事件中起到应有的作用和效果。

（四）缺乏专门的应急人力资源培训机构，应急管理专业知识结构不合理

现阶段高校、科研院所和行政机构是我国应急人力资源开发的主要机构。但是这些机构主要依托财政拨款办学，缺乏市场竞争，培训的内容没有结合实际，形式老套，内容僵化，应急培训达不到预期的效果。这些组织中的应急培训师通常是具备专业知识的专家学者，其中一些有相关的应急经历，但是专业知识与实际经验的结合存在一定问题，导致理论与实际脱离，师资水平有待提高。依靠固定的教师群体应对不断发展的应急培训，难免会力不从心。各级政府虽然都按照应急预案的要求开展应急培训，但是没有统一机构的指导和管理，对于培训后的应急演练也没有足够的重视，难以把理论知识应用到实际当中。我国对应急物流的教育开展得比较晚，尚未形成应急物流专业，也没有统一的课程教学方案，不同院校在构建应急管理课程体系时，往往根据该院校性质、办学特色等情况而设定。总体来看，我国的应急管理人才培养教育规模很小，专业师资严重缺乏，缺乏专业的

应急人力资源培训机构。

应急管理专业知识结构不合理，专业知识单一化。由于突发公共事件具有社会性和群体性的特点，其处理方式与一般的紧急状况有所不同，突发公共事件的处理对应急人力资源也提出了更高的要求。在一个完整的应急救援队伍中，不仅包括卫生医疗相关人员，还需要配备一定数量的社会学、新闻学、管理学、心理学、法学等相关学科的专业人才协助救援，或者是对医疗卫生人员进行心理学、社会学培训，使他们的人际交往能力和口头表达能力有所提高，但是纵观我们现今的应急人才队伍，这类人才还是非常稀缺的。

（五）人力资源短缺和原有资源浪费现象并存

应急物流人才的待遇普遍偏低导致吸引力与保留率偏低，管理的失误使应急物流人才不能被高效利用。对比国外一些发达国家，我国整体的人才管理与保障水平存在差距，应急管理人才的薪资水平相对不高，经济效益较低，这使整个应急行业对人才的吸引力不够，造成应急行业引进人才的不足，不仅留不住原来岗位上较为优秀的管理者，还引进不了一些具有潜力的高素质应急管理人才，长此以往，好的资源不仅不断流失还不能及时补充。此外，在应急管理部门中，部分管理者的觉悟也不是很高，在对人力资源的配置上没有做到人尽其用，没有充分发挥出工作人员的能力水平，导致一些应急人力资源被闲置，逐渐造成人力资源的巨大浪费，人力资源的短缺和浪费现象制约了整个应急人力资源的管理效果，使应急人力资源的管理效率低下。

（六）对应急管理人才缺乏有效的评估和激励机制

当突发公共事件发生后，我们还需要对整个应急管理过程进行评估和反思，只有这样，政府部门才能在不断地总结中提高应急管理能力，以便以后遇到类似情况时，可以及时充分地做好应急预案。另外，对在危机处理过程中表现突出的相关人员给予奖励，而对表现懈怠的人员进行一定的警醒和教育，赏罚分明才更有利于提高绝大部分应急管理人员的积极性。但是问题就是我们在事后评价方面做得还不够，也没有专门的机构来执行这项工作，有的只是一些简单的操作，缺乏有效的评估和奖惩机制就难免会在危机处理过程中和事后出现责任不清、互相推诿等现象。

第四章　应急物流人才供应链
管理模型构建

第一节　应急物流人才供应链
相关概念界定

一、人才供应链概念

人才供应链是指通过系统考虑企业的人才供应与需求，整合人才管埋各节点的相关机构，进行协同人才预测、规划及补给管理与柔性管理，实现人才供应链一体化运作的过程，它的最终目标是实现人才队伍建设的动态优化。

二、人才供应链 TSC-6T 管理

人才供应链 TSC-6T 管理模型系统阐释了本地化的人才供应链理论与创造卓越绩效的实操方法，是基于企业战略与动态人才管理，以胜任素质模型、任职资格体系为核心，系统分析人才标准、人才盘点、人才规划、人才培养、人才供给、人才效能等高效人才供应链建设的主要内容，建设支撑企业战略、提升组织能力与员工发展的"人才蓄水池"和人才管理的动能机制，最大化人才供给 JIT（Just In Time，及时制），通过相应的方法、流程与系统搭建，全面提升企业人力资源管理能力和组织能力。人才供应链 TSC-6T 管理模型的建设原则有五项。

原则一：关注企业战略、组织价值与员工发展，建设外环。

人才管理要从"HR 人才管理模块"外延，首先，要依据企业的战略和目标，考虑怎样将人才和企业战略以及绩效挂钩，怎样管理人力资源能为企业创造价值。其次，基于未来做战略性的人才布局，建立起动态的人才供应和管理机制。最后，在关注企业组织核心价值的同时，也要关注员工的个人发展，并将两者高度统一，从而提升组织能力。

原则二：以胜任素质模型与任职资格体系为核心，建设人才供应链 TSC-6T 的内核。

内核越强大，支撑就越有力。基于胜任素质模型和任职资格体系，构建以能力为核心的人才管理动态循环，开辟职业发展通道，设计职业发展里程碑，确定职业发展起跑线，明确职业发展规划，实施职业发展激励，形成"基于能力+任职资格标准开发"体系及动态人才库的有效循环。

原则三：以 JIT 供应链管理思想为基础。

人才供应链 JIT 核心思想主要包括：第一，通过内培与外聘相结合的方式管理人才需求风险，并且平衡这两种做法。第二，适应人才需求的不确定性，缩短人才需求预测的时间跨度，实行动态管理。第三，提高员工培养的投资回报。第四，平衡企业与员工的利益关系，保护投资成果。

原则四：强化数据驱动的人才管理。

通过人才能力库进行"人力资源内部与外部采购"，以确保快速高效地满足人才需求；部署支持企业战略与经营策略的 HR（人力资源）流程以支持公司的核心业务流程；通过提供人力数据标准实现高效的人才管理，实现数据库管理与流程优化和简化，调整人力资源管理人员的角色和职责，真正实现基于 IPMA 素质模型的 HR 管理角色转变，使 HR 成为战略伙伴、变革的推动者、职能专家和员工的领跑者。

原则五：实现内环的动态循环。

如何构建组织能力，如何整合关键人才和团队的协作模式进而产生高绩效，使人才效能、团队效能和组织效能发挥加乘而非相抵的效果，是人才供应链建设中组织能力建设的方向。要真正理解如何更好地管理和评估员工的绩效和能力，从战略制定到执行过程中使人力资本增值，构建组织能力，显示出企业的人力资源管理水平和境界。真正有效的绩效、能力管理和评估，可以激励员工自觉"跳起来"以达到更高的标准，使人才和组织同时获益。企业业务部门和 HR 应不断努力提高组织效能机制，而不是仅仅停留在建立一个完善的绩效评估体系上，提升人才效能，构建组织能力，支撑企业战略发展。

高效人才供应链建设需要全方位考虑企业战略与目标、组织与价值、雇佣观与企业文化等要素，将员工的职业发展与企业发展相结合，同时借助人力资源决策数据的驱动，使组织的人力资本投资与员工个人价值均取得最大的回报。

三、人才供应链管理

人才供应链一体化运作包含战略规划、渠道建设、招募选拔、人才适职、劳动回报、梯队建设六个模块。这六个模块既相互关联又相对独立，实现了整个人才供应链的螺旋循环管理，其中前期的战略规划管理和后续执行过程中的柔性管理是人才供应链一体化运作的工作重心。人才供应链管理体系结合了人才需求网络与人才供应网络，并对整个人才供应链进行一体化管理。为保证整个管理体系能够动态稳定实施，企业需要系统构建、试点运作、整体推进、持续完善，除此之外还应做好理念、文化、机制与信息技术四个维度的相关管理工作，如图 4-1 所示。

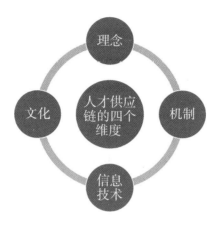

图 4-1　人才供应链的四个维度

（一）管理理念植入

人才供应链管理理念包括系统理念、协同理念和柔性理念。系统理念是指企业从全局角度考虑人才供应与需求，进行相关人才管理工作；协同理念是指企业整合人才供应链上各个机构，通过相互协作来完成整个跨时间和空间的人才管理工作；柔性理念是指企业根据外部环境变化、企业战略调整做出快速反应。

（二）企业文化

企业文化营造了整个人才供应链管理体系的管理环境与落地基础，实施人才供应链管理体系应充分融合企业文化，只有这样才能最终实现企业的可持续发展。企业文化的渗透体现在人才供应链管理体系资源分配标准的设置、企业管理环境的创造、企业接班团队的建设等方面。

（三）运营机制搭建

人才供应链管理体系实施需要制定激励机制、合作机制以及风险机制。

（四）信息技术支撑

信息技术是实施人才供应链管理体系的操作基础。人才供应链管理体系的动态稳定发展建立在各个节点机构高质量的信息传递与共享上，为此，企业需要引入信息技术，这不但可以节省时间和提高各个节点信息交换的准确性，而且可以减少在复杂、重复工作中的人为错误及由失误导致的时间浪费和成本损失。

四、人才供应链的相关研究

2008 年，沃顿管理学院教授彼得·卡普利（Peter Cappelli）首先提出将供应链管理模式应用于人力资源管理，建立一个基于企业需求的人才管理模型，在保证成本的前提下，让雇员的能力与职位迅速匹配，实现类似供应链管理，与及时制（JIT）生产方式类似的需求——供应框架。2008 年，彼得·卡普利教授在哈佛商业评论上发表 *Talent on Demand：Managing Talent in an Age of Uncertainty*，这是学术界第一次探索性地提出人才供应链管理的公开出版物。彼得·卡普利教授提出新的人才管理模式需要着重解决如何应对外部商业环境不确定性的问题。他也第一次提出符合供应链思想的人才管理新思路和新模式。例如，更多地采用外部招聘的方式应对外界商业环境对人才的突发性需求；更多地采用行动学习计划等方式提升人才培养的有效性；在人才需求预测方面，从过去预测人才需求转向模拟人才需求，具体来说，就是基于一系列的软件模拟，针对企业的业务发展状况和数据计算出可能的人才需求。他还认为，针对外部环境的变化，企业内部的人才管理要关注灵活性和柔性的问题，以确保能够满足业务发展的要求。

何欣以供应链类比人才供应链，供应链是由客户需求开始，贯通产品设计和原材料供应、生产、批发、零售等过程，把产品输送给终端用户的各项业务活动。如果将这种思想应用到人才战略角度，就是将人既看作"生产主体"，又视为"交付对象"，如此便形成了人才供应链。打造人才供应链的目的，就是快速找到合适的人才，以组建有持久战斗力的团队。郑烨认为较之供应链管理，人才供应链就是在合理的时间内，根据提前做好的"成本—收益"分析对人才进行需求规划、配置、培养、激励、开发等一系列活动，目的是使人才的数量、规模和素质等满足工作的需要。

国内对人才供应链方面的研究日趋完善，其中卓有成效的是中山大学管理学院许锋教授在《人才供应链管理模式》一文中综合阐述了人才供应链模型的构建。许锋在 2011 年联合《世界经理人》杂志社发起中国企业人才供应链管理状况调研，根据行业利润率、综合排名、收入规模等重要指标，挑选出 29 家企业对其进行实地调研，并收集了大量一手、二手资料，采用扎根理论的方式总结提炼动态人才管理模型，即人才供应链管理模型的特点及操作要点。许锋运用扎根理论归纳总结人才供应链管理模型的方法和流程如图4-2所示。

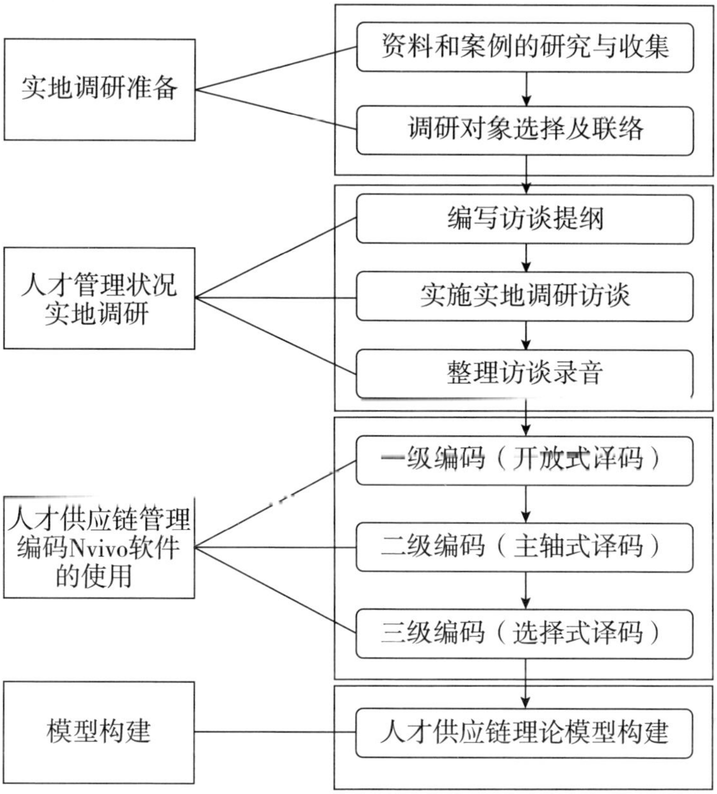

图4-2　许锋运用扎根理论归纳总结人才供应链管理模型的方法和流程

通过三个级别的编码/译码过程，经过精益求精的浏览和阅读，将与人才供应链管理相关的语句和段落选取出来，再进行逐级命名，逐步归纳和整理，最后总结为四个核心维度，完成人才供应链管理模式的扎根理论研究。最终确定了人才供应链管理的理论框架，本研究认为，人才供应链管理模式由四个核心支柱组成，如图4-3所示。

2019年，许锋在出版的图书《人才供应链：实现高绩效均衡的人才管理模式》中在四大支柱的基础上将其分解为十项修炼，详细讲解人才供应链的十项修炼如何打造。

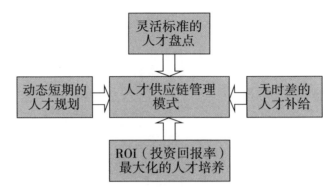

图 4-3　人才供应链管理模式的核心支柱

第一个支柱是动态短期的人才规划，是指公司面对复杂多变的业务变化，预测未来提高企业竞争力所需的人才数量、结构、能力要求，并养成短期审视的管理习惯。

第二个支柱是灵活标准的人才盘点。人才盘点类似于供应链管理的库存盘点，它是一种针对供需关系对现状进行的清点，及时掌握现状和需求之间的匹配程度，帮助决策者做出相应的决策和调整。

第三个支柱是 ROI（投资回报率）最大化的人才培养，是一种体系化的培养机制，可以帮助人才提升能力，并最终对绩效产生正向的推动，它关注人才培养的投资回报。

第四个支柱是无时差的人才补给，是指一旦产生人才需求，组织有能力快速地供给合适数量的有相关技能的人才，并不断提升人才供给的效率，无限缩短供给时间。

人才供应链的十项修炼具体如下。

修炼 1：三图一表是人才供应链管理的基础，三图一表是指战略地图、人才地图、学习地图和团队技能矩阵表。修炼 2：岗位人才画像是人才供应链的核心。修炼 3：人才冗余的风险指数级高于人才不足的风险。修炼 4：利用人才盘点重构组织能力。修炼 5：打造高潜人才梯队。修炼 6：测训一体化的人才培养方式。修炼 7：预测性的方式培养通用能力，JIT 的方式培养专业技能。修炼 8：选比育更重要。修炼 9：得校园招聘者得天下。修炼 10：没有今天的无时差，只有未来的无时差。

第二节　突发公共卫生事件对物流人才供应链的影响

要分析突发公共卫生事件对应急物流人才供应链的影响，首先要分析突发公共卫生事件下物流行业所面临的内外部环境，主要分析突发公共卫生事件对物流供应链各环节的影响。

一、突发公共卫生事件对需求端的影响

（一）终端消费需求萎缩

终端消费者，指的是最终消耗社会生产的实物商品和服务的个人及组织。这些个人及组织是社会物质资料生产的最终需求方，是供应链的最终驱动力量，供应链其他环节运作的最终目的是保障终端消费者的需求得到满足，以此向消费者传递价值并获得回报。

受突发公共卫生事件影响，国家出台了一系列调控措施，包括限制人员外出、延长假期、居家隔离等。一方面导致个人工作时间缩短，家庭收入水平下降；另一方面限制了消费场景和商品种类。在这

两个方面的共同影响下，消费者的消费欲望、消费能力同时下降，总体上导致消费市场规模大幅萎缩。新型冠状病毒感染疫情发生前后社会消费品零售总额分月同比增长率如表 4-1 所示，社会消费品零售总额分月同比增长速度如图 4-4 所示。

表 4-1　　　新型冠状病毒感染疫情发生前后社会消费品
零售总额分月同比增长率

时间	社会消费品零售总额		餐饮收入		商品零售	
	绝对量（亿元）	同比增长（%）	绝对量（亿元）	同比增长（%）	绝对量（亿元）	同比增长（%）
2019 年 7 月	33073	7.6	3658	9.4	29415	7.4
2019 年 8 月	33896	7.5	3857	9.7	30039	7.2
2019 年 9 月	34495	7.8	3770	9.4	30725	7.6
2019 年 10 月	38104	7.2	4367	9.0	33737	7.0
2019 年 11 月	38094	8.0	4964	9.7	33130	7.8
2019 年 12 月	38777	8.0	4825	9.1	33952	7.9
2020 年 1—2 月	52130	-20.5	4194	-43.1	47936	-17.6
2020 年 3 月	26450	-15.8	1832	-46.8	24618	-12.0
2020 年 4 月	28178	-7.5	2307	-31.1	25871	-4.6

事实上，终端消费需求萎缩也充分体现在了宏观经济数据上。表 4-1 与图 4-4 反映了 2019 年 7 月至 2020 年 4 月社会消费品零售总额及其同比增长率。社会消费品零售总额是对商品零售与餐饮收入的反映。从表中数据可以看出，疫情发生以前，我国的商品零售和餐饮收入增长平稳，保持 7% 以上的同比增长速度。而受疫情的冲击，商品零售和餐饮收入出现明显的下降，2020 年 1—2 月规模较上期同比缩小了20.5%。具体来看，商品零售方面，受生活必需品和防疫物资需求增加

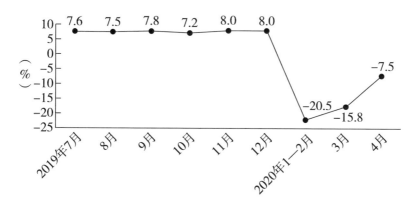

图4-4　社会消费品零售总额分月同比增长率

的影响，消费总量下降幅度小于餐饮业，线上消费有所增长，但增长幅度有限。总之，供应链下游面向零售商的大单需求下降，面向消费者的零星需求增加，对物流企业来说，其末端业务员需求没有出现大幅下降。

（二）下游企业原材料需求变化

下游企业是指处于供应链下游，需要向上游企业进行原材料的采购并加工为最终产品的企业。由于终端消费市场需求的萎缩，加之防疫的需要，非医疗物资生产企业的产能无法充分发挥，产量下降，导致原材料需求减少。而对于医疗物资生产企业，由于防疫物资缺口大，这类企业的生产负荷明显增加，基本处于长期满负荷运行，对医疗物资原材料，如聚丙烯塑料、无纺布、次氯酸的需求大幅增加。总之，宏观上，企业的生产结构发生改变，所需的原材料也出现结构性调整。对于物流企业来说，特定行业的服务需求增加，需要物流企业重点关注。

（三）医疗系统需求激增

一般情况下，医疗服务机构的医疗物资需求较为平稳，不易出现季节性及临时需求变化。但由于突发公共卫生事件的影响，医疗系统很容易出现资源挤兑的现象，医疗防护物资，如口罩、防护服、消毒液、呼吸机等的需求激增，导致物流企业原有的运输计划被打破，针对医疗服务机构的运输能力出现缺口，需要增加运力满足医疗防疫物资的运输需求。

二、突发公共卫生事件对供给端的影响

（一）生产难以中断，行业的库存压力上升

现实中，生产难以中断的行业主要包括农业和部分多步骤生产行业。农业生产主要受季节和气候的影响，其投入和产出时间受人为干预的影响较小。一些多步骤生产行业，如化工业、制药业，其生产过程存在连续且不可分割、半成品储存难度大、生产准备过程时间长、成本高等问题，导致无法完全停产。而受到需求端需求萎缩、供应链牛鞭效应的共同影响，这些企业库存压力明显增大，急需开辟新的需求市场以解决库存过高的问题。

（二）应急物流物资储存匮乏

新型冠状病毒感染疫情发生之初，武汉协和医院和武汉同济医院都曾由于缺乏抗疫物资，通过网络向社会寻求帮助。造成这种情况的原因之一是当前我国中央应急物资储备种类不均衡，帐篷、棉衣和其他抗震救灾物资占储备物资的绝大部分，而 N95 口罩等防疫物资却很匮乏。相关部门也应更加关注重大传染性公共卫生事件，以防出现部分物资"应储未储"的现象。

（三）医疗物资生产原材料供应增加

突发公共卫生事件背景下，为了回应下游生产商对医疗物资生产原材料的需求，上游生产商也同时扩大了产能、提高了生产负荷，增加相关原材料的产量。而一些原材料属于危险品，对其运输需要符合相关的法律法规，取得相应的执照。因此，若要增加运力，只能对现有的运力进行调整，将其他运力调配到医疗物资生产行业中。这就要求物流企业及时调整运输计划，重新分配运力以满足需求变化。

（四）其他行业供给量下降

对于能够停产或易于转产的企业来说，为应对下游需求水平下降，上游的原材料生产企业大多选择降低产能利用率，减小生产规模，或者转产医疗防疫物资。因此，对于物流企业来说，原有的客户需求资料可能完全失效，需要重新与客户沟通，了解其当前的运输需要，重新构建供应链平衡；同时，又要重新分配运力，以满足其他方对运力的需求。

三、突发公共卫生事件对物流业的影响

（一）交通运输中断

根据交通运输部的统计，截至 2020 年 5 月 13 日 24 时，武汉水域保障载运重点物资船舶 1191 艘次，保障运输电煤 236.9 万余吨、燃油 64.7 万余吨、粮食 24.1 万余吨。全国通过铁路、公路、水路、民航等多种交通方式，将防疫、生活用品运送到湖北，运送电、煤、燃油等301.65万吨。在疫情暴发的早期，车辆要经过重重关卡，将紧急救援物资运送到指定地点，运送时间长，给防疫带来了一定难度。

突发公共卫生事件背景下，为了满足防疫需求，国内各地均实施了不同等级、不同程度的道路封闭措施。这导致全国的陆路、水路运输网络受到影响，多条运输主干道封闭，交通运输中断。随着疫情逐渐得到控制，国内交通状况逐渐恢复，但是由于不同地区疫情状况不同，难以同时恢复到疫情以前的水平。而如果重要的交通枢纽所在地出现大规模疫情，造成当地政府出台行政命令控制交通，使交通运输干线中断、原有的不同运输方式之间的切换受阻，将对物流行业宏观的系统柔性造成重大影响，不仅会影响大片地区企业的正常生产，还会造成防疫物资运输困难，重点物资出现短缺，对物流运输业务的开展、地区防疫工作进展和宏观经济运行产生不利影响。

（二）员工需求无法满足

物流业的业务模式，导致运输人员需要频繁地跨区流动。此外，由于物流运输的就业门槛不高，物流业吸收的外来务工人员较多。突发公共卫生事件发生以后，各地建立卡口，减少人员跨区域流动，又恰逢春节假期，外来务工人员大多返乡暂未返岗，导致物流业人力资源需求与供给不匹配，出现运输人员缺口；同时跨境运输业务难以很好地开展，对物流业的运力和盈利能力造成影响。

（三）国际供应链受到冲击

随着国际化的深入，国际供应链的重要性也逐渐凸显出来。在国际供应链环节中，各个国家和地区都有其独特的作用和地位，任何一环的缺失，都会导致商品、原材料的跨国供应不畅，轻则生产成本上升，重则供应链断裂，造成订单违约，甚至危及企业的生存。在突发公共卫生事件发展的过程中，中国和世界其他主要经济体均受到了不同程度的冲击，对国际供应链从原材料供给到产成品销售都产生了巨大的影响。

四、突发公共卫生事件下应急物流存在的问题

（一）应急物流法律体系不完善

从国际上看，各国的法律在处理突发公共事件中起到了举足轻重的作用，有关的法律可以保障特殊时期、特殊地点、特殊人群的秩序与公平，规范人民的权利与义务，同时也为紧急后勤人员的调配提供了基础。目前，我国有关应急物流的法律法规主要有《突发公共卫生事件应急条例》《中华人民共和国传染病防治法》《国家突发公共事件总体应急预案》《中华人民共和国突发事件应对法》《自然灾害救助条例》《中央级救灾储备物资管理办法》。我国必须尽快建立健全应急物流法律制度，确保应急后勤人员的供应链管理有法可依，建立一套科学、完备的应急管理制度。

（二）突发公共卫生事件下物资储存不合理

目前，我国的外汇储备仍然主要由国家储备组成，对社会和市场的外汇储备没有给予足够的重视。在重大突发公共卫生事件中，应急储备资金投入不足，储备的防疫物资短缺，物资无法立即更新。从国家到地方，没有统一的应急储备物资标准，无法统一协调、动员和规

划。大多数储备仓库是实物储备，没有将资本与实物储备结合起来。所有这些问题都表明需要建立合理的应急物流储备中心。

（三）突发公共卫生事件下应急物流智慧协调较为混乱

新型冠状病毒感染疫情既是对我国医疗体系的挑战，也是对应急系统的警示。在突发公共卫生事件发生时，在应急物流中心、应急配送中心、第三方应急物流公司等专业应急物流企业中，人力资源供应链管理是应急物流体系的一个重要内容。在紧急情况下，专业的应急物流企业很少，很多志愿者都不知道如何分类、记录、储存和分发。同时，由于缺乏规范化的作业程序，造成应急物资的利用率较低和物资的浪费。

突发公共卫生事件发生后，通常是临时部门协调和指挥，国家各级政府的工作人员也是非专业的，没有专门、专责、常设的应急物流人员，应急物流的运作也依赖各级政府的管理系统。工作人员的管理和分配存在明显缺陷，工作人员管理不善，救济物资无法按时交付。我国迫切需要建立一个应急物流人员管理平台。

（四）应急物流相关人才缺乏

应急物流具有专业知识多、覆盖面广的特点。然而，目前我国能了解和掌握突发公共卫生事件发展状况的人员较少，专业的应急物流人员也十分匮乏。

在新型冠状病毒感染疫情中，我们看到，京东物流集团和顺丰控股股份有限公司这些大型物流公司都在通过自身的优势深入供应链物流，打造一条从供给到物流交付的全链条解决方案，最大限度地保障应急物资运输及居民生活。但是在疫情的影响下，相对于点到点的运输，供应链物流涉及物资产能、库存、调拨、分配，更加考验技术、基础设施和统筹能力，这对于中小物流企业来说，是一个巨大的挑战，在这个非常时期，物流不仅关系着物资是否通畅，还充当了社会生产和居民生活的物质工程设施。缺乏受过专业训练的人，物资运送、人员调度等进程不能及时跟进，导致效率低下，应急物资浪费严重，抗疫人员能力不能正常发挥，影响抗疫救灾进程。因此，应急物流人才供应链管理日益重要，其直接影响应急物流企业人才战略、人才规划、人才培育和保留等方面。但是，作为应急物流人才管理的新兴技术，由于缺乏足够的知识和基本原理，应急物流人才供应链管理无法为企业提供切实可行的操作方案，而应急物流企业也缺少物流人才供应链管理的相关知识与经验。为此，如何从整体上分析应急物流人才供应链管理在企业人才管理中的作用，进而形成应急物流人才供应链管理的实施性建议，为应急物流企业人才供应链管理的实践操作提供指导，具有极大的现实意义。

第三节　应急物流人才供应链管理模型构建

一、模型构建方法选取

在突发公共卫生事件下，有诸多因素影响着应急物流人才供应链，而且影响效用区别较大。为了减少各个因素间的依赖关系，本文采用主成分分析法对应急物流人才供应链管理进行模型构建。首先选取对应急物流人才供应链管理影响的一级指标、二级指标，然后通过《中国统计年鉴》、《中国物流年鉴》、各地方物流局、各地方统计局进行数据收集、整理与分析，接着通过 SPSS（社会科学统计软件包）等数据处理软件，根据主成分分析原理，对整理出来的数据进行数据处理与分析，最后根据数据分析结果，构建应急物流人才供应链管理模型。

主成分分析作为基础的数学分析方法，其实际应用十分广泛，比如在人口统计学、数量地理学、分子动力学模拟、数学建模、数理分析等方面均有应用，是一种常用的多变量分析方法。在用统计分析方法研究多变量的课题时，若变量个数太多会增加课题的复杂性。人们自然希望变量个数较少而得到的信息较多。在很多时候，变量之间是有一定相关关系的，当两个变量之间有一定相关关系时，可以解释为这两个变量反映此课题的信息有一定的重叠。主成分分析是将原先提出的所有变量中重复的变量（关系紧密的变量）删去，选择尽可能少的新变量，使这些新变量是两两不相关的，而且这些新变量在反映课题的信息方面尽可能保持原有的信息。设法将原来的变量重新组合成一组新的互相不交叉的综合变量，同时根据实际需要从中取出几个综合变量，尽可能多地反映原来变量的信息的统计方法称为主成分分析或主分量分析，也是数学上用来降维的一种方法。

二、主成分分析模型指标选取

应急物流人才自身需要一定的专业能力与专业素养，例如，具有扎实的物流专业知识和应急处理知识、较强的心理素质，以及以公益为主的价值导向。应急物流人才供应链管理模型的影响因素主要反映社会客体对人才主体的影响，故本研究对诸因素的研究应集中在社会客体上，其本身所具备的素质并不计入指标。应急物流人才供应链指标体系如表 4-2 所示。因此，本研究从社会角度构建一般性的应急物流人才供应链管理模型。

表 4-2 　　　　　　　　　应急物流人才供应链指标体系

经济环境 X_1	新增应急物流企业数量 X_7
	物流业从业人员数量 X_8
物流业环境 X_2	社会物流总额 X_9
	社会物流总费用与 GDP 的比率 X_{10}
专业基础设施和实体基础设施 X_3	国家级物流园区数量 X_{11}
	国家物流枢纽数量 X_{12}
	货物周转量 X_{13}
	公路、铁路里程 X_{14}
应急物流人才支持 X_4	地区高校数量 X_{15}
政府支持 X_5	应急管理局（厅）财政收入 X_{16}
应急需求供给能力 X_6	社会消费品零售总额 X_{17}
	卫生机构数量 X_{18}

（一）经济环境

（1）新增应急物流企业数量

突发公共卫生事件的发生对应急物流提出了很高的要求，希望最大限度地提高效率、减少损失，减轻突发公共卫生事件给社会带来的影响和损失。应急物流急需有效的管理和发展，所以应急物流公司也随着这一趋势而发展，特别是在突发公共卫生事件暴发以来，应急物流企业的数量也急剧增长。

如图4-5所示，虽然在2011—2018年新增的应急物流企业数量整体呈上升趋势，但在这8年中，应急物流企业每年的新增数量仅从2076家增加到6238家，增长率为200.48%，平均年增长率为28.64%。随着突发公共卫生事件的暴发，2019年和2020年，应急物流企业呈现爆发式增长，2019年新增应急物流企业达到14536家，年增长率达到133.02%，2020年新增物流企业达到20916家，年增长率为43.89%，2021年新增物流企业为23401家，年增长率为11.88%。表4-3为应急物流人才供应链主成分分析模型所选取的自变量 X_7：2019年15个地区新增应急物流企业数量。

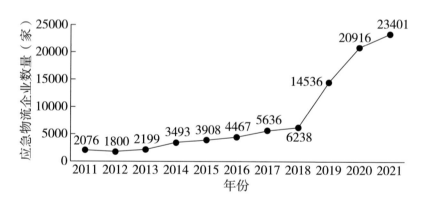

图4-5　2011—2021年全国每年新增应急物流企业数量

表4-3　　　2019年15个地区新增应急物流企业数量

地区	2019年新增应急物流企业数量（家）
河北	211
山西	66
内蒙古	43

地区	2019 年新增应急物流企业数量（家）
黑龙江	107
江苏	888
浙江	666
安徽	443
河南	4943
湖南	247
海南	238
重庆	133
四川	167
甘肃	51
青海	103
宁夏	21

（2）物流业从业人员数量

物流业从业人员指企业中直接或间接从事物流活动的人员。我国物流行业主要包括铁路运输业、公路运输业、水上运输业、航空运输业、管道运输业、装卸搬运和仓储业、邮政业、城市公共交通业、多式联运和运输代理业等。直接从事物流活动的人员包括在企业中从事运输、配送、装卸搬运、仓储保管等物流活动并取得劳动报酬的从业人员，反映了物流业的人力资源状况，也是应急物流人才的主要来源。表 4-4 为 2002—2020 年全国分行业物流业从业人员数量，可以看出，2002—2014 年我国物流业从业人员数量呈上涨趋势，2014—2022 年逐步回落，稳定在 815 万人左右。表 4-5 显示应急物流人才供应链主成分分析模型指标所选取变量 X_8：2019 年 15 个地区物流业从业人员数量。从表中可以看出，江苏和河南的物流业从业人员数量在选取的 15 个地区中位居前列，均达到了 40 万人；海南、青海和宁夏的物流业从业人员总数在选取的 15 个地区中最少，均在 10 万人以下。

表 4-4　　　2002—2020 年全国分行业物流业从业人员数量　　　单位：万人

年份	铁路运输业	公路运输业	水上运输业	航空运输业	管道运输业	装卸搬运和仓储业	邮政业	城市公共交通业	多式联运和运输代理业	总数
2002	175.8421	101.5618	28.1451	12.0515	5.0902	1.8667				324.5592
2003	172.7735	162.4952	57.0463	17.882	2.1439	27.7122	44.1626	88.8518		573.0675
2004	169.8667	159.5449	52.512	20.5023	1.8653	27.779	44.7091	88.2213		565.0006
2005	166.5588	154.9025	49.8182	20.9868	1.79	25.2303	45.4434	89.6132		554.3432
2006	165.272	151.2393	47.8841	22.1193	1.7537	28.2037	46.8798	91.9627		555.3146
2007	174.1029	149.5349	45.6608	23.1127	1.7661	26.1236	47.7638	92.575		560.6398
2008	173.2909	152.8087	43.5417	25.2953	1.9773	25.0135	43.5959	94.7342		560.2575
2009	185.0147	160.9972	44.9479	25.2779	2.1842	26.9764	55.2687	108.7973		609.4643
2010	175.6385	161.6625	44.493	27.2023	2.7341	28.598	53.3887	111.9633		605.6804
2011	176.1542	168.9831	46.0513	33.526	3.2458	31.1846	61.8264	116.9084		637.8798
2012	179.3267	227.8125	44.705	37.61	3.9762		67.8609			617.5195
2013	179.6382	380.6122	48.3428	49.4397	3.7704		107.6595			846.2153
2014	190.25	388.1462	49.1124	50.7789	3.7632		102.9294			861.43
2015	187.4448	387.9657	46.6509	55.3358	3.8536		97.4473			854.3893
2016	187.4131	385.5896	46.0259	59.5301	3.6444		93.0745			849.5076
2017	184.8032	384.6122	44.1227	62.4318	3.6965		91.0924			843.8919
2018	183.38	364.297	35.7698	64.5957	3.3883	43.2771	92.9159		31.3777	819.0015
2019	191.5824	364.7405	31.9477	62.3543	2.6514	46.8481	83.426		31.9437	815.4941
2020	188.6517	359.6333	29.4025	60.2532	2.483	49.6132	90.1029		32.0601	812.1999

表 4-5　　　2019 年 15 个地区物流业从业人员数量　　　单位：人

地区	铁路运输业	公路运输业	水上运输业	航空运输业	管道运输业	多式联运和运输代理业	装卸搬运和仓储业	邮政业	总人数
河北	88090	117971	18039	5716	113	2052	13128	29594	274703
山西	102588	75783	30	5051	259	2168	8708	15977	210564
内蒙古	108116	57632	2	7407	185	659	8574	16459	199034
黑龙江	137316	60614	648	10855	579	264	20141	27211	257628
江苏	63962	233644	51663	16798	7545	20493	45658	43619	483382
浙江	3996	202173	28954	10806	77	12907	19957	33437	312307
安徽	47294	132343	8420	3995	27	5984	15828	23137	237028
河南	110841	229495	2097	9368	526	4033	26579	28978	411917
湖南	77840	129511	3233	6718	394	1999	12864	26929	259488
海南	6485	19442	6083	24943	28	1907	3547	10463	72898
重庆	27194	123672	12140	15112	72	2873	6126	27789	214978
四川	70829	166837	716	35845	140	3777	12734	29021	319899
甘肃	64837	44324	183	3826	256	645	3780	13729	131580
青海	23341	19558	9	2473		430	892	5243	51946
宁夏	19741	11089	186	2800		156	1092	3323	38387

（二）物流业环境

（1）社会物流总额

在 2010 年颁布的《社会物流统计核算和报表制度》中，明确地定义了社会物流总额，即第一次进入国内需求领域，产生从供应地向接受地实体流动的物品的价值总额，社会物流总额包括六个方面的内容：进入需求领域的农产品物流总额、工业品物流总额、进口货物物流总额、外省市调入物品物流总额、再生资源物流总额、单位与居民物品物流总额。李晴在分析社会物流总费用和社会物流总额的定性关系时，指出社会物流总额基本上决定了社会物流产业活动的规模，因此，社会物流总额增长或减少的变化，在一定程度上反映了社会物流需求的同方向变化，它反映的是社会物流服务需求变化的动态过程，涵盖了半成品与成品的流通过程，其中也伴随着价值变化过程。袁璟璟在对货运保险影响物流业发展的实证研究中，既参照了学术界普遍认可的观点，也考虑了数据收集整理的可行性和准确性，选取了社会物流总额作为衡量我国物流业发展规模的指标。通过文献阅读与总结，本研究将社会物流总额作为应急物流人才供应链的影响指标，表4-6 为应急物流人才供应链主成分分析模型所选取的变量 X_9：2019年 15 个地区的社会物流总额。其中江苏的社会物流总额达到了319000 亿元，而在选取的 15 个地区中社会物流总额最低的青海仅有6268.6 亿元。

表 4-6 　　　　　2019 年 15 个地区的社会物流总额

地区	社会物流总额（亿元）
河北	74900
山西	32483.1
内蒙古	38995.95
黑龙江	34565
江苏	319000
浙江	179200
安徽	67725.3
河南	147812.9

地区	社会物流总额（亿元）
湖南	118213.6
海南	7885.32
重庆	28390
四川	68524.5
甘肃	15614.48
青海	6268.6
宁夏	6540.27

（2）社会物流总费用与 GDP 的比率

社会物流总费用与 GDP 的比率来源于美国供应链管理专业协会定期发布的《美国物流年报》。社会物流总费用与 GDP 的比率更多体现的是物流业的发展水平，这项数据的纵向比较可以反映物流业整体发展状况。2016 年我国社会物流总额达到 229.7 万亿元，按可比价格计算，同比增长 6.1%。虽然我国一直十分重视物流行业的发展，但与发达国家相比仍存在着较大的差距，社会物流总费用与 GDP 的比率是国际上衡量国家之间物流与供应链竞争力的主要标准，是反映一国经济结构与物流服务水平的综合指标。根据中物联统计，我国第三产业增加值与占 GDP 的比率每提高一个百分点，社会物流总费用与 GDP 的比率就会下降 0.5 个百分点。2017 年，我国第三产业占比达到 51.6%，还会继续增长，而且随着物流业的转型，社会物流总费用占比将出现明显下降。

国家统计局数据显示，从 2018 年到 2020 年上半年，我国的社会物流总费用与 GDP 的比率分别为 14.5%、14.8%，14.7%，但是发达国家（如美国、日本等）的该比值稳定在 8%~9%。这反映出目前我国经济运行中物流成本依然较高，尚有相当的优化空间。物流总费用占比较高的原因也是错综复杂的，产业结构水平、商品价格水平、产销地的距离、物流业从业人员的素质、物流信息化水平都会影响整体的比重。因此，我们在研究现代物流产业发展影响因素时，要根据发展现状预测发展趋势，制定合理的管理对策。这对降低社会物流总费用与 GDP 的比率和促进现代物流产业的健康高速发展具有现实意义，是现代物流产业能够成为促进我国国民经济发展的有力支点。

根据《物流业发展中长期规划（2014—2020 年）》的部署，到 2020 年我国要基本构建起一个布局合理、技术先进、便捷高效、绿色环保、安全有序的现代物流服务体系。在"十三五"期间，中国物流业要完成全面的转型和发展，必须把社会物流总费用与 GDP 的比率降到 13%。图 4-6 是 2010—2020 年我国社会物流总费用与 GDP 的比率，从 2012 年开始，社会物流总费用与 GDP 的比率逐年下降，表明了我国物流行业总体状况正在不断改善，并能得到更好的发展。表 4-7 是基于应急物流人才供应链主成分分析模型的主要变量 X_{10}，即 2019 年 15 个地区社会物流总费用与 GDP 的比率。江苏的社会物流总费用和 GDP 在所选取的 15 个地区中都排名第一，其社会物流总费用与 GDP 的比率为 13.8%，也是在前几位，说明江苏的物流业整体发展水平在选取的地区中比较高。一些社会物流总费用和 GDP 都比较低的地区，如青海、宁夏，其社会物流总费用与 GDP 的比率也是比较高的。

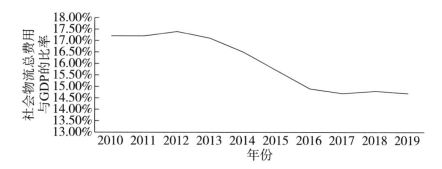

图 4-6　2010—2020 年我国社会物流总费用与 GDP 的比率

表 4-7　　2019 年 15 个地区社会物流总费用与 GDP 的比率

地区	社会物流总费用 （亿元）	地区 GDP（亿元）	社会物流总费用与 GDP 的比率（%）
河北	5575	35104.52	15.9
山西	3038.0	17026.68	17.8
内蒙古	2872.1	17212.53	16.7
黑龙江	2246	13612.68	16.5
江苏	13749.15	99631.52	13.8
浙江	8938	62351.74	14.3
安徽	5530	37113.98	14.9
河南	7391.1	54259.20	13.6
湖南	5982.7	39752.12	15.1
海南	794.37	5308.93	15.0
重庆	3463.9	23605.77	14.7
四川	7079.4	46615.82	15.2
甘肃	1528.4	8718.30	17.5
青海	519.0	2965.95	17.5
宁夏	655	3748.48	17.5

（三）专业基础设施和实体基础设施

（1）国家级物流园区数量

物流园区是我国物流行业发展的基础节点，也是经济社会运行的重要基础支撑。根据我国国民经济和社会发展"八五"计划至"十四五"规划，国家对物流园区的支持政策经历了从"改造和新建仓储设施"到"支持物流园区等物流功能集聚区有序发展"再到"统筹物流枢纽设施发展"的变化。"八五"计划（1991—1995年）至"十五"计划（2001—2005年）时期，国家层面重点关注物流仓储、物流配送的发展。从"十一五"规划开始，国家提出要大力发展现代物流业，"建设大型物流枢纽，支持物流园区等物流功能集聚区有序发展"。"十二五"至"十三五"期间，全国的物流园区建设进入高潮。到"十四五"时期，统筹完善国家物流枢纽建设成为重要任务，我国国民经济规划—物流园区政策的演变如图4-7所示。

2009年，国务院将"物流园区工程"纳入物流行业调整振兴九大工程之一，之后随着国家经济的腾飞，政府层面对物流园区的建设发展密切关注，特别是"十三五"时期出台了一系列政策意见，关键是完善园区规划布局、强化物流节点体系建设、推进重点产业的专业园区建设等方面，一系列政策意见为中国物流园区的发展提供了良好的政策环境。随着物流园区节点体系建设的不断完善，物流行业将成为支撑中国未来经济发展的关键。随着我国进入经济新常态时期，物流行业发展进入新的阶段，面临新的机遇，预期在未来几年，物流园区的发展政策将从促进园区智慧化转型、推进专业

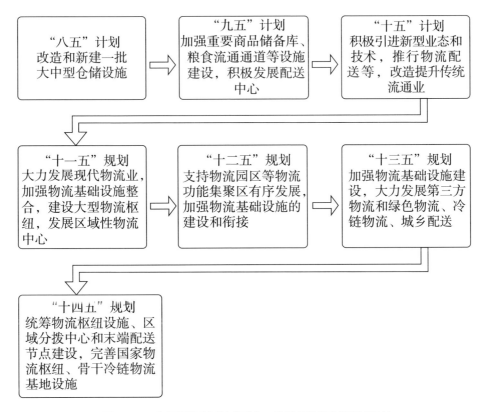

图 4-7 我国国民经济规划—物流园区政策的演变

性物流园区提升、加快平台化物流园区的建设、促进"一带一路"物流园区发展、推行绿色低碳的可持续发展物流园区五个方面，为物流相关企业带来利好，推动中国物流行业进入黄金发展时期。图4-8 为物流园区政策预期战略导向，表 4-8 为应急物流人才供应链主成分分析模型所选取的变量 X_{11}：2019 年 15 个地区的国家级物流园区数量。其中，2019 年江苏和河南国家级物流园区的数量分别为343 个和 324 个，在所选取的 15 个地区中最多，海南国家级物流园区的数量仅有 5 个。

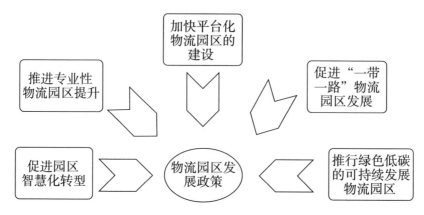

图4-8　物流园区政策预期战略导向

表4-8　　　　2019年15个地区的国家级物流园区数量

地区	国家级物流园区数量（个）
河北	281
山西	92
内蒙古	103
黑龙江	55
江苏	343
浙江	163
安徽	149
河南	324
湖南	137
海南	5
重庆	68
四川	55
甘肃	54
青海	17
宁夏	28

（2）国家物流枢纽数量

2018 年，国家发展改革委和交通运输部联合印发《国家物流枢纽布局和建设规划》，分时间阶段对我国的国家物流枢纽建设目标做出具体部署，具体提出到 2025 年布局建设 150 个左右国家物流枢纽，推动全社会物流总费用与 GDP 的比率下降至 12%左右；到 2035 年基本形成与现代化经济体系相适应的国家物流枢纽网络，全社会物流总费用与 GDP 的比率继续显著下降，物流运行效率和效益达到国际先进水平。2020—2035 年中国物流枢纽布局和建设发展目标如图 4-9 所示。

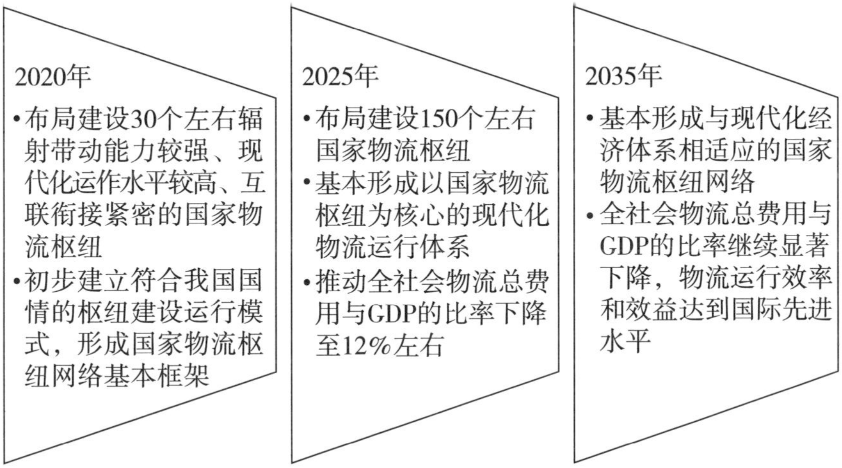

2020年	2025年	2035年
·布局建设30个左右辐射带动能力较强、现代化运作水平较高、互联衔接紧密的国家物流枢纽 ·初步建立符合我国国情的枢纽建设运行模式，形成国家物流枢纽网络基本框架	·布局建设150个左右国家物流枢纽 ·基本形成以国家物流枢纽为核心的现代化物流运行体系 ·推动全社会物流总费用与GDP的比率下降至12%左右	·基本形成与现代化经济体系相适应的国家物流枢纽网络 ·全社会物流总费用与GDP的比率继续显著下降，物流运行效率和效益达到国际先进水平

图 4-9　2020—2035 年中国物流枢纽布局和建设发展目标

结合"十纵十横"交通运输通道和国内物流大通道基本格局，国家发展改革委规划将选择 127 个具备一定基础条件的城市作为国家物流枢纽承载城市，规划建设 212 个国家物流枢纽，包括石家庄、保定等 41 个陆港型，天津、唐山等 30 个港口型，北京、天津等 23 个空港型，杭州、宁波等 47 个生产服务型，上海、南京等 55 个商贸服务型和黑河、丹东等 16 个陆上边境口岸型国家物流枢纽。国家物流枢纽建设规划主要内容如图 4-10 所示。

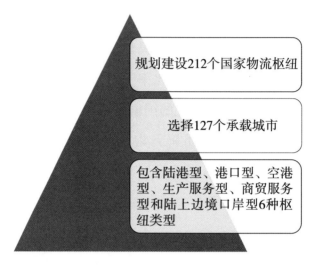

规划建设212个国家物流枢纽

选择127个承载城市

包含陆港型、港口型、空港型、生产服务型、商贸服务型和陆上边境口岸型6种枢纽类型

图 4-10　国家物流枢纽建设规划主要内容

国家物流枢纽是物流体系的核心基础设施，是辐射区域更广、集聚效应更强、服务功能更优、运行效率更高的综合性物流枢纽，在全国物流网络中发挥关键节点、重要平台和骨干枢纽的作用。在 2019 年各个地区的国家物流枢纽中，选取地区优势突出、物流产业基础和基础交通设施等条件较好的地区的国家物流枢纽数量用以研究。表 4-9 为应急物流人才供应链主成分分析模型所选取的变量 X_{12}：2019 年 15 个地区的国家物流枢纽数量。

表 4-9　2019 年 15 个地区的国家物流枢纽数量

地区	国家物流枢纽数量（个）
河北	1
山西	1
内蒙古	2

地区	国家物流枢纽数量（个）
黑龙江	0
江苏	2
浙江	2
安徽	1
河南	2
湖南	2
海南	0
重庆	2
四川	2
甘肃	1
青海	1
宁夏	0

（3）货物周转量

货物周转量是指一定时期内，运输部门实际运送的货物重量与其运输距离的乘积，以吨公里（海运企业用吨海里）为单位，是运输部门制订计划和经济考核的重要指标之一。

把各种运输工具用各种运输形式（铁路运输、公路运输、水路运输、航空运输、管道运输）完成的货运量或货物周转量相加，就得到货运总量和货物总周转量。

货物周转量指标不仅包括运输对象的数量，还包括运输距离的因素，因而能够全面反映运输生产成果。它也是编制和检查运输生产计划，计算运输效率、劳动生产率以及核算运输单位成本的主要基础资料。表 4-10 为应急物流人才供应链主成分分析模型所选取的变量

X_{13}：2019 年 15 个地区的货物周转量。其中，河北、浙江、安徽三个地区 2019 年的货物周转量都超过了 1 万亿吨公里，最少的是青海，仅有 398.43 亿吨公里。

表 4-10　　　　　2019 年 15 个地区的货物周转量

地区	货物周转量（亿吨公里）
河北	13563.38
山西	5466.48
内蒙古	4689.49
黑龙江	1615.08
江苏	9947.68
浙江	12391.92
安徽	10245.79
河南	8658.54
湖南	2593.28
海南	1648.03
重庆	3614.15
四川	2710.83
甘肃	2496.28
青海	398.43
宁夏	650.99

（4）公路、铁路里程

运输解决了救灾物资和灾区之间的空间距离，使救灾物资物有所用，是满足应急物流时间紧迫性的重要手段。自然灾害发生时，资源可能来自各地分散的资源点，这就需要强有力的运输保障，必须将救援物资转运到受灾地区才能发挥其作用，这就要求在运输管理上采用合理的运输方式，保障运输线路的畅通和救援物资的安全性、可达性。常见的运输方式有五种，即铁路运输、公路运输、航空运输、水路运输和管道运输。应急物流同样也需要这五种运输方式，只是对其时间性要求高，所以在应急物流运输过程中可能伴随多种运输方式的结合，共同完成救援物资的运输任务。

应急物资的配送是运输救援物资的终端环节，是直接面对灾区的运输活动，实现应急物资的顺利配送意味着应急物流活动的有效完成。相对于前面的运输活动，配送管理距离短、灵活性大、可调整性大而且需要对救援物资做简单的分拣和需求匹配，是解决自然灾害带来的交通破坏最直接、有效的方式，如果原有配送方式出现困难，可以灵活改变配送方式。表 4-11 为应急物流人才供应链主成分分析模型所选取的变量 X_{14}：2019 年 15 个地区的公路、铁路总里程。

表 4-11　　　2019 年 15 个地区的公路、铁路总里程　　　单位：万公里

地区	公路里程	铁路里程	公路、铁路总里程
河北	19.70	0.78	20.48
山西	14.43	0.59	15.02
内蒙古	20.61	1.30	21.91
黑龙江	16.87	0.68	17.55
江苏	15.99	0.36	16.35
浙江	12.18	0.28	12.46
安徽	21.83	0.48	22.31
河南	26.98	0.65	27.63
湖南	24.06	0.56	24.62

地区	公路里程	铁路里程	公路、铁路总里程
海南	3.81	0.10	3.91
重庆	17.43	0.24	17.67
四川	33.71	0.52	34.23
甘肃	15.14	0.48	15.62
青海	8.38	0.24	8.62
宁夏	3.66	0.16	3.82

（四）应急物流人才支持

高校、科研院所的应急物流人才为研究型应急物流人才。高校作为应急物流人才的培养机构，是应急物流人才成长的动力。对于应急物流人才培养市场来说，总供给大致可分为三个层次的人才，即本科人才、硕士研究生、博士研究生。根据 2018 年教育部公布的普通高等学校本科新增相关专业情况可知，与应急相关的专业属于理学、工学、法学、管理学等多个学科，说明应急是一个系统工程，需要各个学科领域的支撑。在现有的学科中，理学专业有 11 个，工学专业有 11 个，农学、管理学、法学专业各 1 个，根据国务院机构改革方案，与应急管理部组成机构的职责相适应的本科学位以理学和工学为主。与物流相关的专业涉及交通运输类、工商管理类以及机电设备类学科。表 4-12 为应急物流人才供应链主成分分析模型所选取的变量 X_{15}：2019 年 15 个地区的高校数量。江苏高校的数量在所选取的 15 个地区中最多，是青海高校数量的 13.92 倍。

表 4-12　　　　　　　2019 年 15 个地区的高校数量

地区	高校数量（个）
河北	122
山西	82
内蒙古	53
黑龙江	81
江苏	167
浙江	108
安徽	120
河南	141
湖南	125
海南	20
重庆	65
四川	126
甘肃	49
青海	12
宁夏	19

（五）政府支持

我国为防范和化解重特大安全风险，健全公共安全体系，应整合优化应急力量和资源，推动形成统一指挥、专常兼备、反应灵敏、上下联动、平战结合的中国特色应急管理体制，提高防灾减灾救灾能力，确保人民群众生命财产安全和社会稳定。将原国家安全生产监督管理总局的职责，国务院办公厅的应急管理职责，公安部的消防管理职责，民政部的救灾职责，原国土资源部的地质灾害防治、水利部的水旱灾害防治、原农业部的草原防火、国家林业局的森林防火相关职责，中国地震局的震灾应急救援职责以及国家防汛抗旱总指挥部、国家减灾委员会、国务院抗震救灾指挥部、国家森林草原防灭火指挥部的职责整合，组建应急管理部，作为国务院组成部门。表 4-13 为应急物流人才供应链主成分分析模型所选取的变量 X_{16}：15 个地区应急管理局（厅）财政收入情况。

表 4-13　　　　15 个地区应急管理局（厅）财政收入情况　　　单位：万元

地区	预算收入
河北	30286.19
山西	10683.20
内蒙古	9366.19
黑龙江	9853.90
江苏	48213.72
浙江	17865.59
安徽	16060.61
河南	16706.72
湖南	37864.63
海南	11192.70
重庆	20693.63
四川	27764.21
甘肃	25974.34
青海	15088.62
宁夏	8495.13

（六）应急需求供给能力

（1）社会消费品零售总额

社会消费品零售总额指各种经济类型的批发零售贸易业、餐饮业、制造业和其他行业对城乡居民、社会集团的消费品零售额以及农民对非农业居民零售额的总和。这个指标反映通过各种商品流通渠道向居民和社会集团供应生活消费品的情况，是研究人民生活、社会商品购买力、货币流通等问题的重要指标，生活消费品也是自然灾害面前最为重要的资源之一，是考量应急供给能力的指标。表4-14为应急物流人才供应链主成分分析模型所选取的变量 X_{17}：2019年15个地区的社会消费品零售总额。在所选取的15个地区中，社会消费品零售总额最高的为江苏，达到37672.5亿元，社会消费品零售总额最少的为青海，为948.5亿元。

表4-14　　　2019年15个地区的社会消费品零售总额　　　单位：亿元

地区	社会消费品零售总额
河北	12985.5
山西	7030.5
内蒙古	5051.1
黑龙江	5603.9
江苏	37672.5
浙江	27343.8
安徽	17862.1
河南	23476.1
湖南	16683.9

续表

地区	社会消费品零售总额
海南	1951.1
重庆	11631.7
四川	21343.0
甘肃	3700.3
青海	948.5
宁夏	1399.4

（2）卫生机构数量

卫生机构数量是各城市医院、卫生院、疾病控制中心和门诊等数量的总和。在突发公共卫生事件发生时，卫生机构是至关重要的一环，关系到救援效率和救援程度。在应急物流体系中，更需要医疗卫生行业与物流行业的相互配合、相互协调，尤其是在覆盖面广、涉及人群较多的突发公共卫生事件中，地方的卫生机构与物流行业的失调，会严重影响应急物流系统的统筹协调，导致人力、物力的浪费。表 4-15 为应急物流人才供应链主成分分析模型所选取的变量 X_{18}：2019 年 15 个地区的卫生机构数量。在所选取的 15 个地区的数据中，河北和四川有着超过 80000 个的卫生机构，而宁夏仅有 4397 个卫生机构。

表 4-15　　　　2019 年 15 个地区的卫生机构数量

地区	卫生机构数量（个）
河北	84651
山西	42162
内蒙古	24564
黑龙江	20375
江苏	34796

续表

地区	卫生机构数量（个）
浙江	34119
安徽	26435
河南	70734
湖南	57230
海南	5417
重庆	21057
四川	83756
甘肃	26697
青海	6513
宁夏	4397

三、模型数据分析

在主成分分析模型构建过程中，多元化的样本选取能提高模型分析的准确性，本文在回顾以往研究的基础上，根据所提出的指标和多元线性回归原理，初步建立指标与应急物流人才关系的概念模型，从而建立人才供应链模型，初始概念模型为

$$\theta_i = \gamma_{0j} + \sum_{i=7}^{18} \gamma_{ij} x_i + \varepsilon(j = 1,\ 2,\ 3)$$

本文对应急物流人才供应链选取的指标汇总，存在很大的共线性。比如，经济环境和物流业环境息息相关，物流业环境也与物流专业基础设施和实体基础设施有很大的关联性等。因此，采用降维的思想，将选取的应急物流人才供应链的多个指标转化为少数几个综合指标（主成分），每个主成分都是原始变量的线性组合。本文采用SPSS26统计分析软件，表4-16为前文所选取的15个地区的研究指标

表4-16

15个地区的研究指标变量

城市	X_7	X_8	X_9	X_{10}	X_{11}	X_{12}	X_{13}	X_{14}	X_{15}	X_{16}	X_{17}	X_{18}
河北	211	274703	74900	15.9	281	1	13563.38	20.48	122	30286.19	12985.5	84651
山西	66	210564	32483.1	17.8	92	1	5466.48	15.02	82	10683.2	7030.5	42162
内蒙古	43	199034	38995.95	16.7	103	2	4689.49	21.91	53	9366.19	5051.1	24564
黑龙江	107	257628	34565	16.5	55	0	1615.08	17.55	81	9853.9	5603.9	20375
江苏	888	483382	319000	13.8	343	2	9947.68	16.35	167	48213.72	37672.5	34796
浙江	666	312307	179200	14.3	163	2	12391.92	12.46	108	17865.59	27343.8	34119
安徽	443	237028	67725.3	14.9	149	1	10245.79	22.31	120	16060.61	17862.1	26435
河南	4943	411917	147812.9	13.6	324	2	8658.54	27.63	141	16706.72	23476.1	70734
湖南	247	259488	118213.6	15.1	137	2	2593.28	24.62	125	37864.63	16683.9	57230
海南	238	72898	7885.32	15.0	5	0	1648.03	3.91	20	11192.7	1951.1	5417
重庆	133	214978	28390	14.7	68	2	3614.15	17.67	65	20693.63	11631.7	21057
四川	167	319899	68524.5	15.2	55	2	2710.83	34.23	126	27764.21	21343.0	83756
甘肃	51	131580	15614.48	17.5	54	1	2496.28	15.62	49	25974.34	3700.3	26697
青海	103	51946	6268.6	17.5	17	1	398.43	8.62	12	15088.62	948.5	6513
宁夏	21	38387	6540.27	17.5	28	0	650.99	3.82	19	8495.13	1399.4	4397

变量。通过研究指标变量的相关系数矩阵，可以发现变量存在严重的多重共线问题，如图 4-11 所示。

	X_7	X_8	X_9	X_{10}	X_{11}	X_{12}	X_{13}	X_{14}	X_{15}	X_{16}	X_{17}	X_{18}
相关性 X_7	1.000	.521	.404	-.544	.617	.325	.331	.149	.435	.026	.049	.372
X_8	.521	1.000	.851	.713	.828	.646	.646	.001	.943	.351	.358	.640
X_9	.404	.851	1.000	-.697	.811	.572	.623	.040	.795	.486	.278	.345
X_{10}	-.544	-.713	-.697	1.000	-.608	-.525	-.520	.072	-.675	-.471	-.171	-.348
X_{11}	.617	.828	.811	-.608	1.000	.493	.808	-.153	.818	.368	.603	.572
X_{12}	.325	.646	.572	-.525	.493	1.000	.388	-0.45	.592	.108	.124	.508
X_{13}	.331	.646	.623	-.520	.808	.388	1.000	-.348	.689	.293	.681	.480
X_{14}	.149	.001	.040	.072	-.153	-.045	-.348	1.000	-.016	.035	-.370	-.048
X_{15}	.435	.943	.795	-.675	.818	.592	.689	-.016	1.000	.307	.458	.738
X_{16}	.026	.351	.486	-.471	.368	.108	.293	.035	.307	1.000	.409	.161
X_{17}	.049	.358	.278	-.171	.603	.124	.681	.370	.458	.409	1.000	.628
X_{18}	.372	.640	.345	-.348	.572	.508	.480	-.048	.738	.161	.628	1.000

图 4-11　变量的相关系数矩阵

为了检验所选取的模型是否适合做主成分分析，对 15 个地区的 12 个数据变量进行 KMO 和巴特利特检验，如图 4-12 所示，KMO 是 0.594，大于 0.5，显著性 $\leqslant 0.05$，说明支持主成分分析。

KMO取样适切性量数		.594
巴特利特球形度检验	近似卡方	130.724
	自由度	66
	显著性	.000

图 4-12　KMO 和巴特利特检验

按照特征值大于 1 的原则，通过 SPSS 主成分分析法的总方差解释，可以提取出 3 个公共因子，这 3 个公共因子可以反映出原变量 75.58% 的方差，如图 4-13 所示。

利用主成分分析法得出的数据计算指标权重，先计算线性组合中的系数，公式为

成分	初始特征值			提取载荷平方和		
	总计	方差百分比	累积百分比	总计	方差百分比	累积百分比
1	6.316	52.631	52.631	6.316	52.631	52.631
2	1.637	13.640	66.270	1.637	13.640	66.270
3	1.117	9.310	75.580	1.117	9.310	75.580
4	.890	7.419	83.000			
5	.759	6.326	89.326			
6	.513	4.276	93.601			
7	.329	2.744	96.346			
8	.241	2.004	98.350			
9	.097	.807	99.157			
10	.054	.452	99.609			
11	.036	.303	99.912			
12	.011	.088	100.000			

提取方法：主成分分析法。

图 4-13　SPSS 主成分分析法总方差解释

$$U_i^j = \frac{F_i^j}{\mu^j}$$

式中，U_i^j 为第 i 个指标的第 j 个成分对应的线性组合中的系数，F_i^j 为第 i 个指标的第 j 个成分对应的成分矩阵制，μ^j 为第 j 个成分特征值的平方根（$i=1, 2, 3, \cdots, 12; j=1, 2, 3$）。

计算结果如图 4-14 所示，主成分分析组件如图 4-15 所示，三个主成分线性组合为

$F_1 = 0.089X_7 + 0.148X_8 + 0.135X_9 - 0.121X_{10} + 0.147X_{11} + 0.103X_{12} + 0.127X_{13} - 0.019X_{14} + 0.147X_{15} + 0.071X_{16} + 0.090X_{17} + 0.111X_{18}$

$F_2 = 0.267X_7 + 0.113X_8 + 0.130X_9 - 0.162X_{10} - 0.046X_{11} + 0.157X_{12} - 0.228X_{13} + 0.437X_{14} + 0.042X_{15} - 0.078X_{16} - 0.443X_{17} - 0.100X_{18}$

$F_3 = 0.245X_7 + 0.028X_8 - 0.240X_9 + 0.198X_{10} + 0.024X_{11} + 0.233X_{12} + 0.030X_{13} - 0.159X_{14} + 0.079X_{15} - 0.729X_{16} - 0.021X_{17} + 0.343X_{18}$

	成分		
	1	2	3
X_7	.089	.267	.245
X_8	.148	.113	.028
X_9	.135	.130	−.240
X_{10}	−.121	−.162	−.198
X_{11}	.147	−.046	.024
X_{12}	.103	.157	.233
X_{13}	.127	−.228	.030
X_{14}	−.019	.437	−.159
X_{15}	−.147	.042	.079
X_{16}	−.071	−.078	−.729
X_{17}	.090	−.443	−.021
X_{18}	.111	−.100	.343

提取方法：主成分分析法。

图 4-14　SPSS 成分得分系数矩阵

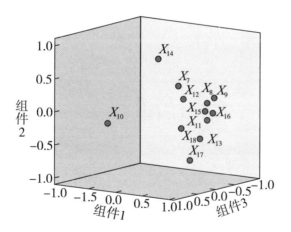

图 4-15　主成分分析组件

利用 SPSS26 处理后，结果显示：影响应急物流人才供应链的 12 个变量通过主成分分析法降维后，从 12 个变量中提取出 3 个主成分因子：F_1、F_2、F_3。SPSS 成分得分系数矩阵表明：X_7、X_8、X_9、X_{11}、X_{13}、X_{15}、X_{16}、X_{17} 在因子 F_1 上有较高载荷，X_{14} 在因子 F_2 上有较高载荷，X_{10}、X_{12}、X_{18} 在因子 F_3 上有较高载荷。

　　SPSS 数据处理分析表示在 F_1 上的 8 个高载荷变量分别为：X_7 新增应急物流企业数量、X_8 物流业从业人员数量、X_9 社会物流总额、X_{11} 国家级物流园区数量、X_{13} 货物周转量、X_{15} 高校数量、X_{16} 应急管理局（厅）财政收入、X_{17} 社会消费品零售总额。这些数据指标主要反映一个地区应急物流人才从教育孵化到就职就业的情况，就业人员所属的应急物流公司和物流园区的整条人才服务链，即应急物流人才循环链。在 F_2 上的 1 个高载荷为 X_{14} 公路、铁路里程，主要反映一个地区提供给物流的最基础的依托，即基础物流支撑能力。在 F_3 上的 3 个高载荷分别为 X_{10} 社会物流总费用与 GDP 的比率、X_{12} 国家物流枢纽数量、X_{18} 卫生机构数量。这 3 个数据指标反映出在突发公共卫生事件下，物流行业与卫生行业的协调。据此可以构建应急物流人才供应链管理模型，如图 4-16 所示。

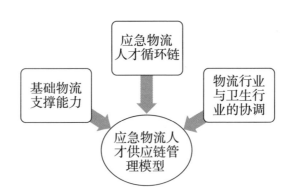

图 4-16　应急物流人才供应链管理模型

　　面对新型冠状病毒感染疫情的冲击，我国物流企业为保证国家安定、居民生活有序，进行了人力资源管理新模式的探索，为我国人力资源管理的创新发展提供了新的方向。国有物流企业军民融合的新模式在组织指挥上将打破行业、门类、体系界限，朝着合成化方向发展，从而实现融合上的顶层突破和变革。医药物流企业开启了新终端的网购模式，专业医药第三方物流业务发展迅速，这给医药物流企业的发展带来了颠覆性的影响。生鲜电商物流实现"云买菜""共享员工"的新模式，实现了人力资源的再分配，缓解了歇业企业员工的待业压力。第三方物流企业开启智慧物流供应链建设，开启"云办公"时代，颠覆以往面对面办公的商务模式。外资物流企业充分利用港口集疏运体系与铁路进港资源，加强统一调度与协作，合理调配运力，保持运输通道畅通。

疫情使我们充分认识到应急物流管理以及应急物流人才供应链管理的重要性。任何一个国家都必须给予高度的重视，这体现了一个国家的综合管理能力。每个国家在应对突发公共事件时都应做到有条不紊、预警准确及时、人员和物资快速响应，将财产损失降到最低。我国对本次疫情"快、准、狠"的处理，显示出我国应对突发公共卫生事件的能力和措施，但也反映出一些应急机制、应急物资储备机制不够完善的一面。本研究通过采用主成分分析法对应急物流人才供应链管理进行模型构建，对《中国统计年鉴》、《中国物流年鉴》、各地方物流局、各地方统计局的数据进行整理与分析，通过 SPSS26 软件，根据主成分分析法，对数据进行处理与分析，构建应急物流人才供应链管理模型。将我国 15 个地区的 12 个样本指标整合为 3 个指标：应急物流人才循环链、基础物流支撑能力、物流行业与卫生行业的协调。

本研究具有重要的现实意义，研究成果可以供各个地区乃至全国参考。在突发公共卫生事件下，首先，地方政府应该高度重视物流的基础设施建设，为人才的发展提供最基础的发展条件；其次，应该注重卫生行业和物流行业的协调发展，应急物流需要两个行业相互协调与配合，两个行业对应急物流人才的供给至关重要；最后，教育部门和企业要注重人才的无缝衔接，应急物流人才供应链的最终客户是社会，是社会的物质文化需要，其目标就是要最大化地满足社会的物质文化需要。

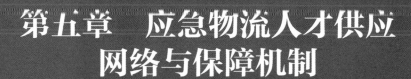

第五章　应急物流人才供应
网络与保障机制

第一节　应急物流人才供应
网络的构建及研究

一、应急物流人才供应网络的构建

（一）构建的理论基础

1. 供应网络相关理论基础

（1）供应商选择理论

供应链管理是指协调整个供应链（从下游的客户到上游的供应商）上各个节点的关系，通过控制供应链来实现更大的价值和相应用户的需求。供应商是整个供应链过程的源头，所以需要对供应商进行探讨。当节点和不适配的伙伴开展合作时，会给节点带来经济效益的损失，影响节点的正常生产经营，甚至可能导致节点失去宝贵的合作伙伴。因此，要选择合适的供应商。通过优势互补，降低发展成本，最大限度地提高供应链整体的运营效益。另外，企业还可从以下两个维度选择供应商：相同的企业战略思想和共同的价值观。供应商选择是企业供应链管理中一个非常重要的环节，先要借助市场环境及相关信息对供应商进行分析，依据有关的标准和指标采用定性与定量相结合的方法从多个范畴对供应商进行综合评价，然后根据评价的结果对其进行选择。还需要注意的是，供应商的选择在供应链管理的过程中是反复发生的，是一个不断挖掘潜在供应商并将其发展为实际合作伙伴的动态过程。互联网使企业可以突破地域的限制选择供应商，同时也意味着需要处理更多的信息，加大了选择的难度。在选择供应商时不要过多地追求数量，要少而精，因为过多的合作伙伴会消耗过多的资源，造成机会和成本的浪费。

（2）推式供应链与拉式供应链

供应链运作有两种形式：一种是推式，另一种是拉式。推式供应链是一种运作模式，该种运作模式生产从分销商流向供应链中最终客户的产品。在这种运作模式下，供应链上各点的企业整合程度较低，零售商和分销商处于相对被动的地位。为了应对需求的变化，他们通常采取增加安全库存的方法。因此，在推式供应链模式下，整个供应链对需求变化的反应较弱，无法快速满足客户需求。当用户对产品的需求下降或消失时，整个供应链中的库存不会被任何人消费，从而造成大量损失。为确保客户需求，尽量避免库存增长和"牛鞭效应"，也尽量避免生产系列产品和严重偏离客户需求。供应链的驱动力来自供应链的更高层次，即最终客户。这样，整个供应链的集成度相对较高。因为个性化服务是根据需求进行的，所以信息交换速度快，库存低，可以为客户带来更大的价值。因此，拉式供应链可以更准确地预测订单并缩短提前期，从而相应地减少零售商库存，提高客户需求的准确性，更有效地提高服务质量和客户满意度。对于高科技企业的人才链，供应链的运作模式不能完全影响人才供应链的效率。但有必要选择正确的供应链运作模式，改革不合理的供应链，以充分发挥应急物流人才供应链的有效特点，加快应急物流人才的流动，缓解当前人才供需矛盾。

（3）JIT 理论

JIT 生产最早是由日本的丰田公司提出的，后来美国麻省理工学院在此基础上进行总结。JIT 生产是一种订单式生产计划，它能够精确测定生产过程中各个工艺的产出效率，避免产生无效的作业和资源的浪费。在需要的时候，按照要求数量输出产品是 JIT 生产方式的核心思想，努力实现企业的零库存，或者使企业始终维持在最低库存，在保证正常生产运营的情况下，消除所有资源闲置或浪费，动态地追求完美。JIT 与供应链管理表面上看似没有什么联系，但细探他们中蕴含的理论就会发现准时生产制与供应链管理的联系非常紧密。若运用得当，准时生产制将成为供应链管理的利器。在供应链管理出现的早期，企业关注的是纵向一体化管理模式，即企业通过供应链中的每项要素，达到控制和支配作用，来获取期望的反应能力和效率。这种管理模式存在着种种弊端，慢慢地被跨越不同行业和涉及不同地域的横向战略替代。在 JIT 生产被大力推广前，福特公司创造的动员生产被行业内大部分企业广泛使用，也就是说人员、设备以及流水线等准备工作占用一半时间，还有一半的时间用于零件送达之后，所有资源整合在一起紧急生产加工产品。这种生产方式是不科学的，很容易造成库存的挤压和资源的浪费。JIT 生产的出现有效解决了这个问题，少量多种的生产优势体现出来，借助压低库存实现了优化生产，减少了资源的浪费，节约了企业的成本。

（4）系统动力学

20 世纪 50 年代，福瑞斯特（Forrester）教授创造了经济数学的一个重要分支：系统动力学。这是一种研究以及管理复杂反馈的方法，在库存研究、供应链研究、工业企业管理研究、可持续发展等层面获得了广泛的运用。20世纪80年代世界动力学、经济长波理论以及国家动力学相继提出，这也意味着系统动力学迈入了一个相对成熟的阶段。在我国，系统动力学也被广泛应用，学者王其藩发表了两部相关专著（《系统动力学》和《高级系统动力学》），为我国系统动力学的发展起到了很大的推动作用。

2. 人力资源管理相关理论基础

（1）人力资本理论

20世纪60年代，学者贝克尔、舒尔茨发表了人力资本的相关文章，初步构建起人力资本理论的框架，他们认为财富主要是由人力资本创造的，人力资本是所有生产资源中最重要的部分。与此同时，人力资本不是免费的，而是需要付出一定的投资成本，这部分投资成本体现在教育费用、医疗费用、择业费用以及培训费用等方面。经过投资后，人力资本才能为组织创造收益、提供价值。舒尔茨通过研究美国经济增长和教育投资之间的定量关系发现，世界上最好的投资是对人力资源进行投资。

（2）需求层次理论

美国学者马斯洛在《人类激励理论》一书中提出了需求层次理论，自我实现、尊重、爱与归属、安全、生理五个层次的需求从上向下依次排列。这五种需求的排列顺序是可以变化的，不是固定的，但通常是由低级需求向高级需求慢慢攀升。每个人在特定环境中都会有自己特定的需求，满足低层次的需求之后高层次的需求才会表现出来。人们总会想要实现最急迫的需求，当被满足之后，其他层次的需求才会产生作用。但是需要注意的是，当低层次的需求被满足之后，便无法对人们再起到激励的作用，只有更高层次的需求才能起到激励的作用。五个层次的需求大致可分成两类：生理、安全、爱与归属的需求属于较低层次，通过外部条件的给予便可以得到满足；尊重和自我实现属于较高层次的需求，只有内部的支撑才能让其发挥激励的作用。在特定的时期，人们可能会有多种需求，但总会有一种需求占据主导地位，起着关键作用。当更高层次的需求得到发展后，低层次的需求不再发挥作用，但是仍然存在。很多学者认为，一个国家的教育普及和文化发展与这个国家大部分国民的需求层次密切相关，还将直接影响国家的科技和经济发展。当一个国家高层次需求占主要地位时，国家越发达，反之在不发达的国家，低层次需求占据主导地位。

（3）人格结构理论

弗洛伊德认为人的心理包括"本我""自我""超我"三个角色，这三种角色相互关联、相互影响。"本我"是由遗传决定的，是一个人生来就有的本能，它是先天性的，在出生时就定型了，后天的环境无法影响"本我"。"自我"是在"本我"的基础上衍生出来的，后天的成长环境对其有重要的影响。通过后期经验的不断累积和知识的掌握，"自我"的强度也会不断攀升，对自身现状有更加清晰和全面的认识，为了弥补差距会不断提高自身水平。"超我"是在"自我"的基础上演化而来的，可以通过不断强化来达到这一层次，强化的方式通常有奖励和惩罚两种，奖励和惩罚共同作用，最终形成了人生的价值观。后天环境对人有着深刻的影响，后天接受的教育水平越高，其影响程度就越大，"超我"的强度也就越大，如果后天接受的教育水平不高，"超我"的强度就会很低。

通过弗洛伊德的人格结构理论我们可以得到以下结论：应急物流人才接受了高等教育，具有很强的自主意识，同时对成就和机会的需求比较迫切，拥有比普通职员更强烈的责任感和使命感。因此在制定应急物流人才的激励策略时，一方面要满足人才的外在需要，如相关的报酬，另一方面还要借助组织文化，使其与个体的人生追求相契合，两者同步实现，从而更好地为组织服务。

（4）知识管理理论

企业通常是用开放的模式集成、处理、运用相关知识，并借助知识来投资员工，以提高他们的综合素质水平，进而增加组织的竞争力。各国学者对知识管理从不同的维度展开了全面的探究，如沙利文（智力资本角度）、彼得（学习型组织角度）、德鲁克和斯威比（管理领域）等，他们都为知识管理理论的发展做出了巨大的贡献。知识管理理论一经推出，便受到了各国学者和企业管理人员的广泛欢迎，基于知识管理的个体激励主要涉及以下几个方面。

第一，创新失败宽容机制。

风险普遍存在于创新的过程中，不管是什么类型的创新，不论创新者如何做准备，创新都不会有100%的把握，因此如何更好地处理创新失败成为摆在企业面前的重要议题。在知识管理理论中，对创新失败秉持着一种包容的态度，但是这种包容并非永无止境的包容，而是会根据创新的内容、难度等因素来划定不成功的时间、次数、投入等，在一定范围内接受失败，如果超出了这个范围，就会受到组织的惩罚。如此一来，创新失败包容机制提高了员工创新的积极性，使员工敢于创新、勇于尝试，增强创新意识，进而带来更多的创新果实。除了划定包容的界限外，创新失败包容机制还帮助员工找到了创新失败的原因，汲取经验教训，并且将这部分信息及时共享给团队的其他成员，进而提高整个团队的创新水平。

第二，知识奖惩机制。

知识奖惩机制是在职工绩效中添加职工认可的收益，同时惩罚没有达到绩效指标的员工。知识奖惩机制的类型有很多，比较常见的有股权机制、署名机制、升职机制、薪水机制、淘汰机制等。

第三，日常管理机制。

基于知识管理理论的日常管理十分重视挖掘员工的智慧和潜能，对员工进行目标和人本管理，而不是粗略的过程管理，体现了对员工的尊重和重视。在目标和人本管理中，员工只需要完成设定的目标，而不受影响生产的各因素的束缚，讲究弹性的管理，发挥柔性的作用，努力创造一个宽松的日常工作环境。

（二）构建原则及策略

应急物流人才供应网络的构建原则主要有以下几项。

（1）多方共赢原则。应急物流人才供应网络的存在是为了在特定的时间，将特定的人才放到相应的职位上，实现人才供应方和人才需求方各个节点的利益最大化，实现多方共赢，进而保证应急物流人才供应网络的日常运营。

（2）用人单位参与原则。传统的人才供应十分重视用人单位的需要，因为最好的应急物流人才不是由教育部门单独"创造"的，而是由教育部门和用人单位以及其他相关单位结合实际需要而共同"创造"的。在应急物流人才的供应过程中，用人部门提出具体的标准和要求，并积极地参与人才的设计和"生产"过程。

（3）契合原则。由于应急物流人才的培养花费较高，需要大量的时间，且伴随着一定的不确定性，所以应急物流人才供应网络中的各个节点要相互契合，发挥自身优势，由此提高人才供应的效率。

（4）开放共享原则。应急物流人才供应网络与所处环境之间有着密切的联系，需要不断适应外部环境的变化，并及时做出调整。这个过程就要各个节点之间建立开放共享的伙伴关系，加强各个节点间的合作，提高应急物流人才供应网络在复杂多变环境中的适应能力。

（5）同步性原则。应急物流人才供应网络中的各个节点需要保持同步性，为了实现共同的目标（应急物流人才的供应）而步调一致，战略协同，尽可能降低人才不确定性对整个供应网络的影响。

在物流供应链中，存在着两种构建策略：一种是基于成本收益最大化的供应链构建策略，它是根据成本优化算法对节点进行选择，最终目标是优化成本；另一种是基于产品的供应链构建策略，它是以产品为中心，并依据不同的产品类型，构建出与产品特性一致的供应链。在应急物流人才供应网络中，应急物流人才是特殊的，是供应网络各节点间流动的"产品"。本文采取成本中心和产品中心相结合的策略构建应急物流人才供应网络。

（三）应急物流人才供应网络模型

根据应急物流人才供应网络的构建步骤，建立应急物流人才供应网络模型，如图 5-1 所示。

在应急物流人才供应网络中，受教育者从家庭出发，进入各级院校（中小学、高等院校等）进行学习，最后以应急物流人才的身份进入用人单位的人力资源部门，再由人力资源部门进行应急物流人才培养、配置、储备和退出。

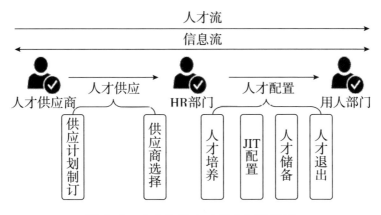

图 5-1 应急物流人才供应网络模型

二、应急物流人才供应网络的人才获取研究

（一）应急物流人才获取流程

应急物流人才用人单位的人力资源部门人才获取流程如图 5-2 所示。

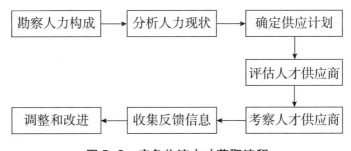

图 5-2 应急物流人才获取流程

（1）勘察应急物流人才用人单位的人力构成，为应急物流人才的需求估算奠定基础。

（2）分析应急物流人才用人单位中各个用人部门的人力资源现

状，提供应急物流人才供应的方向。

（3）划定应急物流人才的供给数值，从而确定供应计划，满足相关用人单位的用人需求。

（4）对人才供应商进行评估，选择合适的人才供应商，并与之建立商业合作关系。

（5）根据应急物流人才用人单位的现实状况，选择相关的评价指标，对合作的人才供应商进行考察。

（6）收集用人单位人才供应的反馈信息。

（7）对人才获取过程进行调整和改进。

结合上述过程，本部分从两个方面对人才的获取展开论述。首先，对应急物流人才用人单位的人才供给目标进行分析，涉及人力资本的现状、需求和供给目标等内容。其次，对应急物流人才供应商进行探究，包括人才供应商种类划分和综合评价。

（二）应急物流人才现状及需求分析

应急物流人才的供给是为了满足用人单位的需求，在特定的时间，为缺口岗位提供合适的应急物流人才。第一步就是要分析用人单位的人力结构现状，并以此为基础，对需求进行科学的预估。

（1）用人单位人力结构现状研究

通过对应急物流人才用人单位进行人力资源复盘，观察现阶段岗位上的人才是否"合适"，以数据的形式表现出来，为人力资源部门的人才计划提供事实依据，进而达到人才良性管理的目的。用人单位可以从人才结构分析、人才流动现状和人才产出状况三个方面对人力结构的现状进行研究。

分析用人单位的人才结构时，一般情况下可以把应急物流人才分为三类：研发人才、管理人才和操作人才。分别计算出上述三种类型人才的数量在用人单位中所占比重，同时将应急物流行业中的先进组织作为标准，与之进行比较，分析用人单位的人才结构应该怎样调整。除此之外，应急物流人才的年龄和学历构成也应该重视，真正了解用人单位所需应急物流人才的标准。分析用人单位的人员流动情况，借助应急物流人才流动率等相关定量数据，判断组织内部人才的稳定性，同时也折射出人才供应商的业务水平。分析应急物流人才的产出效率，结合用人单位的生产运营现状，与行业中的标杆组织比较，分析人才内部培养产出差距，如果差距较大，那么用人单位需要采取各种措施设法增加人才内部的培养输出。

（2）用人单位人才需求研究

用人单位需求分析是构建应急物流人才供应网络的基石，"按需供才"是供应网络的本质，因此只有了解人才需求方的实际需求，对用人部门进行精确科学的需求研究，才能对供应网络的上游发送需求信号，进而促进整个供应网络的流畅运行。在需求预测的过程中，供应网络把应急物流人才视作"产品"，将人才需求方视作"客户"，用人单位中的人力资源部门借助各种手段和途径解析各部门的人才需求现状，并根据预测结果制订最终的人才选配计划。

想要实现 JIT 人才供应，用人单位必须根据发展的战略规划和所处环境的要求，借助人力资源部门实时更新的人才计划，对用人单位进行科学的人才需求预估。动态且短时间的应急物流人才需求预估，可以帮助用人单位顺利克服人才供应网络的瓶颈，并且动态地反映在人才管理之中。动态的短时间内的预估，彻底颠覆了过去长期的无效人才预估，可以灵活应对复杂多变的行业环境，做出快速反应。用人单位可以采取内部提升和外部招聘相结合的供应方式，在出现岗位空缺时及时将人才输送到位，即本书所说的无时差人才供应。在对应急物流人才进行预估后，建立应急物流人才胜任模型，从而满足用人单位对人才的"定制化"需求。不同部门的不同岗位，所需员工的应急物流素养要求是不同的，因此应该结合岗位的具体情况划定任职标准，相关标准涉及人才批量、人才到岗时间、人才水平和后续支持服务等。此外，明确人才胜任模型还可以帮助用人单位的人力资源部门过滤掉不适合的候选人，提高人才获取的效率。

（三）人才供应商研究

1. 用人单位人才供应商渠道研究

应急物流人才用人单位结合自身战略规划和发展要求，尝试与外部的人才供应商建立联系，以便快速有效地获取应急物流人才。人才供应商的供给渠道可以分为两大类：直接人才供应商和间接人才供应商，如图5-3所示。

（1）直接人才供应商

直接人才供应商是将受教育者培养成应急物流人才，然后直接向用人单位输送人才的供应商，主要是指教育部门，包括高等院校、职业培训院校等。其中高等院校是最重要的直接人才供应商，是应急物流人才产出最重要的源头，必须充分利用高等院校的教育资源，同时还要结合政府和企业的相关资源，发挥三方的优势，现阶段的"校园春招""校园秋招""订单合作"就是教育部门和用人单位之间人才供应的体现。对于用人单位来说，最好的合作方式就是"订单"模

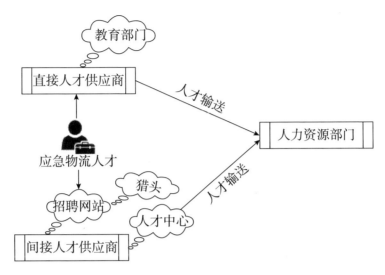

图5 3　人才供应商的供给渠道

式。这种策略和供应链管理的方式比较相近，根据岗位的具体要求与合适的直接人才供应商开展合作，使人才培养具有很强的目的性和针对性。同时又能在一定程度上降低招聘的风险，压缩招聘的相关成本。"订单"模式比较适合偏向技术型的应急物流人才，这恰恰也是当前应急物流行业内最炙手可热的人才。

（2）间接人才供应商

间接人才供应商是指通过各种途径将应急物流人才集聚起来，然后提供给用人单位的人才供应商，它并不参与应急物流人才的培养，而是将应急物流人才的信息整合起来并提供给所需组织，包括招聘网站、人才中心、猎头等。间接人才供应商中最有效、使用次数最多、发展最为迅速的是招聘网站，它具有使用快捷、成本较低的优势，用人单位在招聘网站上发布空缺岗位的相关信息，进而能够在短时间内找到与组织发展相契合的应急物流人才。人才中心是比较传统的间接人才供应商，每隔一段时间或者在特殊的节点就会举办招聘会，通常举办的主体是政府。借助招聘会，应聘者可以同用人单位进行直接沟通，被录用的概率通常是比较大的，与此同时也节约了用人单位的招聘成本，减少了招聘应急物流人才所花费的时间。猎头公司是重要的间接人才供应商，它提供的应急物流人才素质普遍较高，类型十分全面，具备过硬的技术和一定的管理能力。

2. 人才供应商的选择

应急物流人才用人单位在开展人才获取工作时，要对各个人才供应商进行评价。

（1）评估阶段。评估阶段是人才供应商选择过程中最关键的一个阶段，用人单位需要结合自身发展现状制定科学的人才供应商评估体系，参照供应链管理的相关内容确定人才供应商的评估指标。随着行业的快速发展，现阶段应急物流人才具有很强的流动性，用人单位仅依靠一家或两家人才供应商是无法获得竞争优势的，因此需要对多家人才供应商开展评估，选择合适的几家开展合作。本书选取以下指标对人才供应商进行评估。

第一，应急物流人才综合素质。人才综合素质涉及的范围比较广，可以分为合适程度、转正比例和优秀人才比例三个方面。衡量人才供应商的第一要素就是人才的质量，这与用人单位人才规划的实现有着密切联系。如果人才质量比较低，获取人才的初始成本也会很低，但是在人员使用过程中就会发现其他成本的增加。同样地，人才质量很高也不一定适合用人单位的发展，会造成用人单位的资源浪费。因此，需要找到和岗位相匹配的应急物流人才。

第二，成本。成本也是衡量人才供应商的重要指标，既包含用人单位获取应急物流人才所花费的成本，又包含应急物流人才进入用人单位后的培养成本、储备成本、流失成本等后续成本。不能一味地追求低成本，还是要保证应急物流人才的质量。

第三，服务水平。一个合格的人才供应商的服务不应该只包括人才供给，还要包括人才信息反馈和人才"售后"等一系列服务。

第四，合同履行能力。用人单位评估人才供应商时，要留意人才供应商的信誉、履行协议的能力以及在履行协议过程中的态度。

第五，财务状况。人才供应商的财务状况直接影响着合同的履行能力，一旦人才供应商出现了财务危机，内部人员的工作积极性就会下降，其各方面的服务水平都会大打折扣。因此在选择人才供应商的时候，要做好背景调查，挑选那些财务稳定的供应商。

第六，应急物流人才来源是否稳定。直接人才供应商参与人才的教育培养工作，因而有稳定的人才来源，风险系数相对较低。间接人才供应商因为不参与教育培养工作，而是将人才的信息集成起来，相对来说风险较高，人才来源不够稳定。

第七，人才供应商内部员工是否稳定。在寻求合适的人才供应商时，要留意其人力资源结构，包括学历、年龄、人员流动情况等。内部员工稳定的人才供应商，其服务水平有保障。

第八，人才供应商内部管理能力。对于用人单位来说，人才供应商的组织管理能力直接影响其业务能力，内部管理有序，人才"采购"效率和水平才能相应提高。此外，还可以根据管理水平初步估计人才供应商的发展潜力，进而考虑与其合作能否长远。

用人单位应根据自身的现状，从上述指标中选择几个有代表性的指标，运用层次分析法科学地评价应急物流人才供应商。层次分析法（AHP）是萨蒂于 20 世纪 70 年代提出的，是一种定性与定量相结合的、系统化、层次化的分析方法。假设 A 单位主要通过高校、猎头和招聘网站三个人才供应商获取人才，该单位比较重视人才供应商的服务水平及所提供人才的综合素质、成本、财务状况和来源稳定性。因此，我们选择以上五个指标作为层次分析模型的准则层 C，把几个人才供应商作为方案层 P，把 A 单位的应急物流人才需求作为目标层。方案层 P 和准则层 C 之间的连线表明某个人才供应商具备与之相连的准特征，如图 5-4 所示。

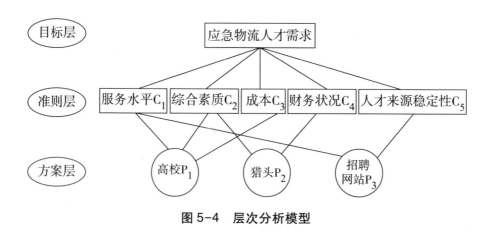

图 5-4　层次分析模型

构建成对比较阵，元素之间两两对比，对比采用相对尺度。本书中，采用最为普遍的是 1~9 比较尺度，如表 5-1 所示。

表 5-1　　　　　　　　　**成对比较阵 1~9 尺度**

赋值	含义
1	前者与后者相比，两者一样重要
3	前者与后者相比，前者稍微重要
5	前者与后者相比，前者明显重要
7	前者与后者相比，前者强烈重要
9	前者与后者相比，前者极其重要
倒数	两个要素相比，后者比前者重要

最终我们得到了成对比较阵：$\begin{pmatrix} 1 & \dfrac{1}{2} & 4 & 3 & 3 \\ 2 & 1 & 7 & 5 & 5 \\ \dfrac{1}{4} & \dfrac{1}{7} & 1 & \dfrac{1}{2} & \dfrac{1}{3} \\ \dfrac{1}{3} & \dfrac{1}{5} & 2 & 1 & 1 \\ \dfrac{1}{3} & \dfrac{1}{5} & 3 & 1 & 1 \end{pmatrix}$，之后对

矩阵进行行向量处理，得到：$\begin{pmatrix} 0.255 & 0.244 & 0.235 & 0.285 & 0.290 \\ 0.510 & 0.489 & 0.411 & 0.476 & 0.483 \\ 0.063 & 0.069 & 0.058 & 0.047 & 0.032 \\ 0.085 & 0.097 & 0.117 & 0.095 & 0.096 \\ 0.085 & 0.097 & 0.176 & 0.095 & 0.096 \end{pmatrix}$，

再对列向量进行平均，得到特征向量 $\begin{pmatrix} 0.262 \\ 0.474 \\ 0.054 \\ 0.098 \\ 0.110 \end{pmatrix}$，进一步计算出特征值 $\lambda =$

$\dfrac{1}{5}\left(\dfrac{1.343}{0.262}+\dfrac{2.424}{0.474}+\dfrac{0.273}{0.054}+\dfrac{0.500}{0.098}+\dfrac{0.554}{0.110}\right)=5.088$。最后我们对计算

结果进行一致性检验，一致性指标 $CI=\dfrac{\lambda-n}{n-1}=\dfrac{5.088-5}{5-1}=0.022$，当

$n=5$ 时，$RI=1.12$，所以一致性比率 $CR=\dfrac{CI}{RI}=\dfrac{0.022}{1.12}=0.02<0.1$。所

以，不一致情况在允许范围内，成对比较阵的不一致可以接受。用相

同的方法构造准则—方案成对比较阵，C_1、C_2 成对比较阵如表 5-2、表 5-3 所示。

表 5-2 C_1 成对比较阵

C_1	P_1	P_3	W
P_1	1	1/3	0.25
P_3	3	1	0.75

通过计算得到 $CR=0<0.1$，符合一致性检验。

表 5-3 C_2 成对比较阵

C_2	P_1	P_2	W
P_1	1	2	0.67
P_2	1/2	1	0.33

通过计算得到 $CR=0<0.1$，符合一致性检验。将上述计算结果进行整合，得到供应商综合情况，如表 5-4 所示。

表 5-4 供应商综合情况

P/C	C_1	C_2	C_3	C_4	C_5	层次 P 综合情况
	0.262	0.474	0.054	0.098	0.110	
P_1	0.25	0.67	1	0	0	0.44
P_2	0	0.33	0	1	0	0.26
P_3	0.75	0	0	0	1	0.30

从表 5-4 可以看出，对于该单位来说，应该和人才供应商 P_1 建立合作关系，并且投入 44% 的资源，与人才供应商 P_2 建立合作关系，投入 26% 的资源，与人才供应商 P_3 建立合作关系，投入 30% 的资源。

对人才供应商的评估有两个方面的优势：第一，用人单位以自身发展规划为依据评估人才供应商，对所需的应急物流人才供应商有更加清晰的认识；第二，人才供应商也能够根据用人单位的要求，及时改变自身的人才培养和人才供给规划，借助反馈信息提升自身业务水平。通过层次分析模型，实现了用人单位和应急物流人才供应商的双赢。

（2）协商阶段。完成了对供应商的评估后，可以尝试与供应商建立联系，双方进行友好协商，签订合作协议。

（3）合作阶段。用人单位与人才供应商开展合作，从人才供应商处获取应急物流人才。

（4）考察阶段。结合人才供应商在合同履行期间的表现，如果能够使用人单位感到满意就继续合作，如果不能使用人单位感到满意就终止合作。

三、应急物流人才供应网络的人才分配研究

应急物流人才供应网络的人才分配过程由人才培养、人才配置、人才储备和人才退出四个环节组成。人才分配和前文讲述的人才获取如同两个齿轮，两者紧密联系，保障应急物流人才在供应网络中的有序流动。人才分配流程如图5-5所示。

（1）分析岗位需要。在应急物流人才供应网络中，客户即用人部门，人力资源部门相当于代理商，人才配置的最终目的是满足岗位需要。可以从以下几个方面开展分析工作：第一，人才批量，即用人单位内部各部门的员工需求数量；第二，配置时间，不同部门的不同岗位对人才配置的时间要求是不同的，有的需要员工立即到岗，有的则不急于员工的入职；第三，人才要求，即对人才所掌握的知识技能及

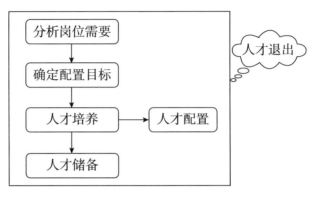

图 5-5　人才分配流程

相关工作经验的要求；第四，后期服务，涉及应急物流人才的培养、职业规划等方面。

（2）确定配置目标。应急物流人才用人单位的人才配置是组织内部的行为，没有中间商等过渡环节，内部人才配置的目标也比较明确，即用较低的成本和较快的速度实现人才和岗位的匹配。

（3）人才培养环节、人才配置环节、人才储备环节和人才退出环节是用人单位实现内部配置的具体手段，在后文会进行详细的介绍。

（一）人才培养环节

应急物流人才的培养是"生产"＋"加工"的动态过程，根据用人部门的岗位要求进行应急物流人才的培养。由于应急物流行业的迅速发展，用人单位原有人才的能力很难跟上环境发展的脚步，为了解决这一问题，用人单位要重视人才培养环节。

（1）确定培养目标。应急物流人才用人单位人力资源部门要明确培养目标，根据岗位要求对原有员工进行"加工"。可以借助"看板模式"的思想，建立"人才看板培养"模式，及时有效地传递空缺岗位的相关信息（人才数量、到岗时间等），从而制订详细的人才培养计划。

（2）划定培养对象。用人单位内部的培养对象有两类：刚刚入职的员工和内部潜力员工。对于刚刚入职的员工，应该着重培养其基础能力和通用技能，至于专业知识和技能，需要在员工到岗后进行 JIT 培养。同时，要积极创造机会让新员工在工作中学习，使其尽快熟悉工作。内部潜力员工通常从事了多年的研发工作，在应急物流专业领域具备比较深的资历，用人单位应该为这类员工制订个性化的培养方案，还可以增加管理能力的培养，使其转化成用人单位的管理人才。

（3）选择培养方式。在供应链管理中，为了提高对环境的应变能力，通常采用较短周期和较小批量的方式。同样地，应急物流人才的培养也可以借鉴这种思想，制订灵活的培养计划，减少培训时间，丰富培训形式，压缩培训数量，提高受训者的积极性，最终提高用人单位的人才投资回报率。建立比较完备的培养和风险评估管理机制，如岗位认证机制、晋升机制和培训挂钩，进一步提高培养的有效性。

（二）人才配置环节

在多变的行业环境中，用人单位内部人才配置的目的是在合适的时间把符合要求的应急物流人才安排到相应的岗位上，真正实现人岗匹配。人才的 JIT 配置主要包含以下几方面：第一，用人部门需要马上获得空缺岗位需要的人才，岗位的空缺时间要被压缩到最短，避免影响组织的正常运转；第二，用人单位内部所有的职工都要各司其职，不存在空闲的人才，用人单位不能为了实现人才的 JIT 配置而提高应急物流人才的存量，这会增加组织的运营成本；第三，要把和职位要求相契合的人才放到该岗位上，人才的能力要与岗位相匹配，如果人才能力过强，则造成人力资源的浪费，如果人才能力不足，又无法达到职位要求；第四，人才 JIT 配置中最重要的成本就是时间，用人单位要尽可能地避免时间的浪费；第五，人才 JIT 配置依赖于完善的人力资源计划。人才 JIT 配置是通过看板模式实现的，如图 5-6 所示。

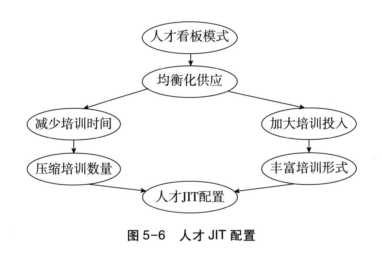

图 5-6　人才 JIT 配置

通过人才的看板模式实现人才供应的均衡，具体包括两个途径：一是减少培训时间，并且压缩培训数量，实现员工的"精兵化"；二是加大培训投入，丰富培训形式。

（三）人才储备环节

在供应链管理中，库存控制是一个重要的环节。企业要想缓解供需矛盾，就要储备一定数量的产品，但是如果库存过多，就会增加成本，导致资源的浪费，所以企业通常会把存货维持在合理的区间内，也就是所谓的"安全库存"。用人单位可以从人才供应商那里获得所需的应急物流人才，但是在复杂的行业环境中，人才需求量的预估不会那么精确，同时受到组织内部人员流动性的影响，岗位随时可能出现空缺，因此用人单位保持安全的人才库存也是十分必要的。

（1）人才管理中心

在用人单位内部建立人才管理中心，既方便管理组织内部的人才，又能够动态地掌握应急物流人才的详细信息。根据用人单位生产和发展的需要，对人才管理中心内的人才进行动态追踪，结合具体情况量身打造员工成长规划。在人才储备期间，对其进行组织文化、业务能力和综合水平的培训，努力提升其工作能力，尽量减少员工的流动性。

（2）租用人才

租用人才成为人才获取的一种新兴方式，可以满足组织一直追求的 JIT 人才供给。当组织内部出现岗位空缺时，向人才租用方发出请求，人才租用方迅速响应，用最少的时间把合适的应急物流人才配备到相应岗位。这种方式实际上就是在组织外部建立一个人才储备库，保证了组织的正常运转。

（四）人才退出环节

在应急物流人才供应网络中，人才退出也是一个重要的环节。应急物流人才用人单位紧跟时代发展的脚步，在竞争激烈和行业快速更新的背景下，原先组织中的人才可能很快就不能适应行业发展的现状。有人才的获取就有人才的退出，如此一来才能确保组织内部正常的人员流动，因此用人单位要建立科学完善的人才退出机制，把不符合组织发展的员工淘汰，为应急物流人才的加入提供空间。用人单位为了树立良好的形象，打造良好的企业文化，应该制定富有人文关怀的相关规章制度。基于人才供应网络和 JIT 人才配置的特点，确定以下人才退出流程。

（1）树立人才退出观念。在组织文化中打造人才退出范畴，并对其着重建设，使这种观念贯穿组织内部。用人单位人力资源部门要通过各种方式和渠道普及人才合理流动的客观性，让职工明白人才退出并非职工自身的问题，而是因为组织和职工之间存在着不匹配的问题，如此一来人才退出的思想就会慢慢得到大家的理解和支持，使整个人才供应网络有效运转。

（2）设定人才退出标准。用人单位设定公正的标准是人才退出机制规范化、制度化的根本。人才退出标准的确定不仅能够让职工进一步认清工作指标，在一定程度上对员工起到激励的作用，还能够使员工感受到公平，把人才退出机制的负面影响降到最低。

（3）制定自动退出机制。在供应链管理中，不符合要求的产品或服务一经发现便会自动淘汰。在人才供应网络中，人力资源部门也可以借助薪酬绩效制度、末位淘汰制度等手段引导职工自动退出。

（4）提供人才退出补偿。为了更好地树立组织形象，用人单位对退出的人才应进行资金补偿，一方面能够安抚职工，另一方面也能够保证人才退出工作的正常开展。

第二节　应急物流人才供应网络绩效评价及案例研究

一、应急物流人才供应网络绩效评价

（一）绩效评价的过程

通过对应急物流人才供应网络进行绩效评价，能够发现人才供应网络运行过程中存在的问题，并根据绩效评价的结果对其进行改进。应急物流人才供应网络绩效评价的过程如图 5-7 所示。

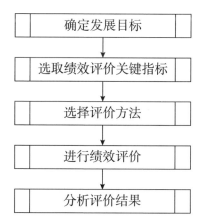

图 5-7　应急物流人才供应网络绩效评价的过程

首先要确定应急物流人才供应网络的发展目标，然后结合整体战略对各元素的资源分配状况选取绩效评价关键指标，将关键指标进行分类整理，选择相关的评价方法，对应急物流人才供应网络进行绩效评价，并结合绩效评价的结果对其进行分析。

（二）绩效评价指标体系的搭建

应急物流人才供应网络投入产出的评价指标是复杂多样的，为了更深层次地反映人才供应网络中各组成部分的运行状况，保证选取指标的科学性，在搭建绩效评价指标体系时需要秉持以下原则。

（1）全面性原则

选取的绩效评价指标一定要与人才供应网络密切相关，从不同维度反映人才培养、获取和配置等环节，尽量做到全面覆盖。此外，还要考虑指标之间评价范围的交叉性，如果存在交叉，会增加评价的难度，影响最终评价的有效性。

（2）科学性原则

绩效评价的各个指标之间相互影响、相互联系，并非完全独立的个体，要充分反映应急物流人才供应网络各个环节之间的关系，评价指标的选择要秉持科学性的原则，进而保证最终评价结果的科学性。

（3）可操作性原则

绩效评价体系中的各个指标必须是可获取、可操作的，切实做到方便收集、方便处理。本书把定性方法和定量方法结合起来，把定性的指标进行量化。此外，指标的数量不宜过多，数量过多不仅会增加指标获取的成本，加大处理难度，还会影响最终评估的效果。

（4）系统性原则

应急物流人才供应网络的各个评价指标之间具有一定的逻辑关系，是一个有机系统，需要遵循系统性的原则。

本书从人才培养、人才获取、人才配备、财务、供应网络发展五个维度选取指标对应急物流人才供应网络进行绩效评价，如表5-5所示。

表5-5　　　　　　　　　绩效评价指标体系

应急物流人才供应网络绩效评价指标	人才培养	受教育者状况	培养时间
			培养质量
			培养数量
		教育投入	软件水平
			硬件水平
	人才获取	用人单位满意度	时间满意度
			人才满意度
			后续服务满意度
	人才配备	人才培训	能力提升
			员工满意度
			组织满意度
		岗位填充	人岗匹配度
			填充时间
		人才储存	储存人才到岗时间
			储存人才数量
			储存人才质量
		人才流失	人才流失率
			主动离职人数
			被动离职人数
	财务	成本	人才培养成本
			人才获取成本
			人才配置成本
		资本收益率	人才投资回报率

续表

应急物流人才供应网络绩效评价指标	供应网络发展	信息共享	信息准确程度
			信息传递速度
		职业生涯规划	与用人单位一致性
			规划实现程度

①人才培养。人才培养包括受教育者状况和教育投入两个方面。受教育者状况通过培养时间、培养质量和培养数量体现，教育投入则表现为软件水平和硬件水平。

②人才获取。人才获取借助用人单位满意度反映，包括时间满意度、人才满意度和后续服务满意度。

③人才配备。人才配备通过人才培训、岗位填充、人才储存、人才流失四个方面体现。人才培训包括能力提升、员工满意度和组织满意度，岗位填充包括人岗匹配度和填充时间，人才储存包括储存人才到岗时间、储存人才数量和储存人才质量，人才流失包括人才流失率、主动离职人数和被动离职人数。

④财务。成本和资本收益率共同组成了财务指标，包括人才培养、获取、配置成本和人才投资回报率。

⑤供应网络发展。供应网络发展包括信息共享和职业生涯规划。信息共享包括信息准确程度和信息传递速度两个方面，职业生涯规划包括与用人单位一致性和规划实现程度。

（三）绩效评价方法的运用

通过分析应急物流人才供应网络绩效评价指标发现，这些指标分为定性指标和定量指标，大部分指标都有多层次、多目标的性质，边界并不明显,很难对其进行区分,结合这些指标的特点,本书基于模糊评价法对应急物流人才供应网络进行绩效评价。

（1）建立评价指标集

本书将应急物流人才供应网络绩效评价的指标划分为五个一级指标集:人才培养指标集 U_1、人才获取指标集 U_2、人才配备指标集 U_3、财务指标集 U_4、供应网络发展指标集 U_5,并根据确定的绩效评价指标体系得到应急物流人才供应网络绩效评价指标集,如表5-6所示。

表5-6　　　应急物流人才供应网络绩效评价指标集

应急物流人才供应网络绩效评价指标集	人才培养指标集 U_1	受教育者状况指标集 U_{11}	培养时间指标集 U_{111}
			培养质量指标集 U_{112}
			培养数量指标集 U_{113}
		教育投入指标集 U_{12}	软件水平指标集 U_{121}
			硬件水平指标集 U_{122}
	人才获取指标集 U_2	用人单位满意度指标集 U_{21}	时间满意度指标集 U_{211}
			人才满意度指标集 U_{212}
			后续服务满意度指标集 U_{213}
	人才配备指标集 U_3	人才培训指标集 U_{31}	能力提升指标集 U_{311}
			员工满意度指标集 U_{312}
			组织满意度指标集 U_{313}
		岗位填充指标集 U_{32}	人岗匹配度指标集 U_{321}
			填充时间指标集 U_{322}
		人才储存指标集 U_{33}	储存人才到岗时间指标集 U_{331}
			储存人才数量指标集 U_{332}
			储存人才质量指标集 U_{333}

续表

		人才流失率指标集 U_{341}
人才配备 指标集 U_3	人才流失指标集 U_{34}	主动离职人数指标集 U_{342}
		被动离职人数指标集 U_{343}
财务指标集 U_4	成本指标集 U_{41}	人才培养成本指标集 U_{411}
		人才获取成本指标集 U_{412}
		人才配置成本指标集 U_{413}
	资本收益率指标集 U_{42}	人才投资回报率指标集 U_{421}
供应网络发展 指标集 U_5	信息共享指标集 U_{51}	信息准确程度指标集 U_{511}
		信息传递速度指标集 U_{512}
	职业生涯规划 指标集 U_{52}	与用人单位一致性指标集 U_{521}
		规划实现程度指标集 U_{522}

（应急物流人才供应网络绩效评价指标集 为首列纵向合并单元格）

应急物流人才供应网络绩效评价指标体系由一级指标集、二级指标集和三级指标集组成，一级指标集合：$U = \{U_1, U_2, U_3, U_4, U_5\}$；二级指标集合：$U_1 = \{U_{11}, U_{12}\}$，$U_2 = \{U_{21}\}$，$U_3 = \{U_{31}, U_{32}, U_{33}, U_{34}\}$，$U_4 = \{U_{41}, U_{42}\}$，$U_5 = \{U_{51}, U_{52}\}$。同理，三级指标集合：$U_{11} = \{U_{111}, U_{112}, U_{113}\}$，$U_{12} = \{U_{121}, U_{122}\}\cdots U_{52} = \{U_{521}, U_{522}\}$。

（2）建立权重系数矩阵

对应急物流人才供应网络绩效评价各级指标进行分析，确定各个指标的权重，得到权重集合。一级权重集合：$W = \{W_1, W_2, W_3, W_4, W_5\}$（$0 < W_i < 1$，$i = 1, 2, 3, 4, 5$）。二级权重集合：$W_1 = \{W_{11}, W_{12}\}$，$W_2 = \{W_{21}\}$，$W_3 = \{W_{31}, W_{32}, W_{33}, W_{34}\}$，$W_4 = \{W_{41}, W_{42}\}$，$W_5 = \{W_{51}, W_{52}\}$。三级权重集合：$W_{11} = \{W_{111}, W_{112}, W_{113}\}$，$W_{12} = \{W_{121}, W_{122}\}\cdots W_{52} = \{W_{521}, W_{522}\}$。

（3）确定评价集

对应急物流人才供应网络的目标进行分析，确定五个方面作为绩效评价集合，并对其进行赋值，即很好、较好、一般、较差、很差分别对应的分值是5、4、3、2、1，进一步设定隶属区间：很差 [0.0, 0.2）、较差 [0.2, 0.4）、一般 [0.4, 0.6）、较好 [0.6, 0.8）、很好 [0.8, 1.0]。

（4）确定评价指标隶属度

确定高新技术企业人才供应链管理模糊综合绩效评价指标的隶属度，并得出隶属度矩阵。根据评判指标和评价标准的要求进行模糊评价，然后对各级评价指标分别给出评价集的隶属度，得到隶属度向量 r_i，并组成各级评价指标的 R_1、R_2、R_3…

（5）模糊综合绩效评价结果

评价指标集 U_k 的评价隶属度矩阵，与权重系数向量相乘做模糊变换，则得到模糊评价矩阵。根据最大隶属度原则或其他评价方法，可计算出高新技术企业人才供应链管理模糊综合绩效评价指标最终结果所对应的级别。对各级评价指标隶属度矩阵进行模糊演算，并进行归一化处理，得到由 $R = (r_1 r_2 r_3)^T$ 构成的一级评价指标的隶属度矩阵。

二、应急物流人才供应网络绩效评价的案例研究

（一）案例背景

A 公司成立于 2008 年，总部位于山东省胶州市，是该地区著名的物流公司，其应急物流业务水平更是位于全国前列。2012 年，A 公司

与 H 院校开展应急物流人才供应合作。H 院校作为人才培养基地，能够为 A 公司提供所需人才，通过人才供应网络的反馈系统，可以让 H 院校根据用人部门的需求进行改进，从而使人才满足社会和市场的需求。这种合作模式极大推动了 A 公司现有优势的发挥、创新能力的提升和跨越式的发展。H 院校、A 公司 HR 部门和 A 公司用人部门便构成了一个简单的应急物流人才供应网络。下面本书将利用指标体系，结合模糊综合绩效评价法对 A 公司人才供应网络进行绩效评价。

（二）绩效评价

权值因子判断法可以确定权重的分配，这种方法可以将定性评价定量化，它比层次分析法更易操作。本书采用由多个专家构造比较判断矩阵，再给出综合评价结果的方法。首先，选出 50 位高新技术企业人才管理专家组成专家小组，对人才供应网络管理绩效进行评估，并制作应急物流人才供应网络绩效评价指标因子判断表。其次，根据专家打分，填写权值因子判断表，即将行因子和列因子进行比较，根据它们的相对重要程度进行打分，采用 5 分制，相比非常不重要的指标为 1 分，相比不太重要的指标为 2 分，同样重要的指标为 3 分，相比更重要的指标为 4 分，相比非常重要的指标为 5 分。最后，根据专家的打分，进行汇总。

（1）一级指标权重的确定

应急物流人才供应网络模糊综合绩效评价的一级指标由人才培养、人才获取、人才配备、财务、供应网络发展五个指标构成。本研究认为五个一级指标具有相同的重要性，因此可以确定一级评价指标权重集为：

$W= \{W_1, W_2, W_3, W_4, W_5\} = \{0.2, 0.2, 0.2, 0.2, 0.2\}$。

（2）二级指标权重的确定

对模拟的权值因子判断表进行统计汇总，可以计算出二级评价指标的权重，如表5-7、表5-8、表5-9、表5-10所示。

表5-7　　　　　　　　人才培养二级评价指标权重

	受教育者状况	教育投入	评分总计	权重
受教育者状况	60	80	140	58.33%
教育投入	40	60	100	41.67%

表5-8　　　　　　　　人才配备二级评价指标权重

	人才培训	岗位填充	人才储存	人才流失	评分总计	权重
人才培训	60	40	60	80	240	25.00%
岗位填充	80	60	80	100	320	33.33%
人才储存	60	40	60	80	240	25.00%
人才流失	40	20	40	60	160	16.67%

表5-9　　　　　　　　财务二级评价指标权重

	成本	资本收益率	评分总计	权重
成本	60	40	100	41.67%
资本收益率	80	60	140	58.33%

表5-10　　　　　　　供应网络发展二级评价指标权重

	信息共享	职业生涯规划	评分总计	权重
信息共享	60	80	140	63.64%
职业生涯规划	20	60	80	36.36%

将上述结果汇总，得到应急物流人才供应网络模糊综合绩效评价二级评价指标权重集合：

$W_1 = \{W_{11}, W_{12}\} = \{0.58, 0.42\}$。

$W_2 = \{W_{21}\} = \{1\}$。

$W_3 = \{W_{31}, W_{32}, W_{33}, W_{34}\} = \{0.25, 0.33, 0.25, 0.17\}$。

$W_4 = \{W_{41}, W_{42}\} = \{0.42, 0.58\}$。

$W_5 = \{W_{51}, W_{52}\} = \{0.64, 0.36\}$。

（3）三级指标权重的确定

对模拟的权值因子判断表进行汇总，可以计算出三级评价指标的权重，见表5-11至表5-20。

表5-11　　　受教育者状况三级评价指标权重

	培养时间	培养质量	培养数量	评分总计	权重
培养时间	60	40	80	180	33.33%
培养质量	80	60	100	240	44.44%
培养数量	40	20	60	120	22.22%

表5-12　　　教育投入三级评价指标权重

	软件水平	硬件水平	评分总计	权重
软件水平	60	80	140	58.33%
硬件水平	40	60	100	41.67%

表5-13　　　用人单位满意度三级评价指标权重

	时间满意度	人才满意度	后续服务满意度	评分总计	权重
时间满意度	60	40	80	180	33.33%

	时间满意度	人才满意度	后续服务满意度	评分总计	权重
人才满意度	80	60	100	240	44.44%
后续服务满意度	40	20	60	120	22.22%

表5-14 人才培训三级评价指标权重

	能力提升	员工满意度	组织满意度	评分总计	权重
能力提升	60	80	60	200	40.00%
员工满意度	20	60	20	100	20.00%
组织满意度	60	80	60	200	40.00%

表5-15 岗位填充三级评价指标权重

	人岗匹配度	填充时间	评分总计	权重
人岗匹配度	60	80	140	63.64%
填充时间	20	60	80	36.36%

表5-16 人才储存三级评价指标权重

	储存人才到岗时间	储存人才数量	储存人才质量	评分总计	权重
储存人才到岗时间	60	60	20	140	25.93%
储存人才数量	60	60	20	140	25.93%
储存人才质量	100	100	60	260	48.14%

表5-17 人才流失三级评价指标权重

	人才流失率	主动离职人数	被动离职人数	评分总计	权重
人才流失率	60	80	80	220	40.74%

	人才流失率	主动离职人数	被动离职人数	评分总计	权重
主动离职人数	40	60	60	160	29.63%
被动离职人数	40	60	60	160	29.63%

表5-18　　　　　成本三级评价指标权重

	人才培养成本	人才获取成本	人才配置成本	评分总计	权重
人才培养成本	60	20	100	180	33.33%
人才获取成本	100	60	100	260	48.15%
人才配置成本	20	20	60	100	18.52%

表5-19　　　　　信息共享三级评价指标权重

	信息准确程度	信息传递速度	评分总计	权重
信息准确程度	60	80	140	58.33%
信息传递速度	40	60	100	41.67%

表5-20　　　　　职业生涯规划三级评价指标权重

	与用人单位一致性	规划实现程度	评分总计	权重
与用人单位一致性	60	60	120	50.00%
规划实现程度	60	60	120	50.00%

根据计算出的结果，三级评价指标权重集为

$$W_{11} = \{W_{111}, W_{112}, W_{113}\} = \{0.33, 0.44, 0.23\}$$

$$W_{12} = \{W_{121}, W_{122}\} = \{0.58, 0.42\}$$

$$W_{21} = \{W_{211}, W_{212}, W_{213}\} = \{0.33, 0.44, 0.23\}$$

$$W_{31} = \{W_{311}, W_{312}, W_{313}\} = \{0.4, 0.2, 0.4\}$$

$$W_{32} = \{W_{321}, W_{322}\} = \{0.64, 0.36\}$$

$$W_{33} = \{W_{331}, W_{332}, W_{333}\} = \{0.26, 0.26, 0.48\}$$

$$W_{34} = \{W_{341}, W_{342}, W_{343}\} = \{0.4, 0.3, 0.3\}$$

$$W_{41} = \{W_{411}, W_{412}, W_{413}\} = \{0.33, 0.48, 0.19\}$$

$$W_{42} = \{W_{421}\} = \{1\}$$

$$W_{51} = \{W_{511}, W_{512}\} = \{0.58, 0.42\}$$

$$W_{52} = \{W_{521}, W_{522}\} = \{0.5, 0.5\}$$

（4）确定评价指标隶属度

将非常不重要、不重要、一般、重要、非常重要五个评语针对指标的不同调整为很差、较差、一般、较好、很好，或者符合指标评价的相关评语，并对每个选项分别赋予1、2、3、4、5五个不同的分值。模拟的隶属度因子情况如表5-21所示。

表5-21　　　　　隶属度因子情况

指标名称		5分		4分		3分		2分		1分	
		人数	百分比	人数	百分比	人数	百分比	人数	百分比	人数	百分比
受教育者状况	培养质量	14	28%	12	24%	14	28%	7	14%	3	6%
	培养时间	10	20%	12	24%	17	34%	4	8%	7	14%
	培养数量	17	34%	12	24%	10	20%	8	16%	3	6%
教育投入	软件水平	20	40%	15	30%	12	24%	2	4%	1	2%
	硬件水平	16	32%	14	28%	10	20%	8	16%	2	4%

续表

指标名称		5分		4分		3分		2分		1分	
		人数	百分比	人数	百分比	人数	百分比	人数	百分比	人数	百分比
用人单位满意度	时间满意度	14	28%	12	24%	10	20%	8	16%	6	12%
	人才满意度	23	46%	10	20%	10	20%	5	10%	2	4%
	后续服务满意度	10	20%	15	30%	10	20%	10	20%	5	10%
人才培训	能力提升	17	34%	15	30%	10	20%	7	14%	1	2%
	员工满意度	11	22%	13	26%	16	32%	7	14%	3	6%
	组织满意度	8	16%	20	40%	7	14%	8	16%	7	14%
岗位填充	人岗匹配度	27	54%	15	30%	5	10%	2	4%	1	2%
	填充时间	9	18%	23	46%	10	20%	5	10%	3	6%
人才储存	储存人才到岗时间	13	26%	14	28%	6	12%	10	20%	7	14%
	储存人才数量	7	14%	18	36%	12	24%	7	14%	6	12%
	储存人才质量	16	32%	17	34%	11	22%	5	10%	1	2%
人才流失	人才流失率	19	38%	11	22%	8	16%	6	12%	6	12%
	主动离职人数	14	28%	13	26%	11	22%	7	14%	5	10%
	被动离职人数	6	12%	8	16%	20	40%	10	20%	6	12%

指标名称		5分		4分		3分		2分		1分	
		人数	百分比	人数	百分比	人数	百分比	人数	百分比	人数	百分比
成本	人才培养成本	17	34%	12	24%	15	30%	3	6%	3	6%
	人才获取成本	15	30%	11	22%	13	26%	5	10%	6	12%
	人才配置成本	6	12%	14	28%	13	26%	9	18%	8	16%
资本收益率	人才投资回报率	21	42%	19	38%	7	14%	2	4%	1	2%
信息共享	信息准确程度	26	52%	11	22%	6	12%	4	8%	3	6%
	信息传递速度	17	34%	15	30%	7	14%	6	12%	5	10%
职业生涯规划	与用人单位一致性	13	26%	12	24%	12	24%	6	12%	7	14%
	规划实现程度	7	14%	23	46%	11	22%	4	8%	5	10%

将表 5-21 的结果归一化得出百分比，计算得出每个绩效评价指标相对于评价集合的隶属度向量，应急物流人才供应网络模糊绩效综合评价的三级指标隶属度矩阵如下。

$$\boldsymbol{R}_{11} = \begin{bmatrix} 0.28 & 0.24 & 0.28 & 0.14 & 0.06 \\ 0.2 & 0.24 & 0.34 & 0.08 & 0.14 \\ 0.34 & 0.24 & 0.2 & 0.16 & 0.06 \end{bmatrix}$$

$$\boldsymbol{R}_{12} = \begin{bmatrix} 0.4 & 0.3 & 0.24 & 0.04 & 0.02 \\ 0.32 & 0.28 & 0.2 & 0.16 & 0.04 \end{bmatrix}$$

$$\boldsymbol{R}_{21} = \begin{bmatrix} 0.28 & 0.24 & 0.2 & 0.16 & 0.12 \\ 0.46 & 0.2 & 0.2 & 0.1 & 0.04 \\ 0.2 & 0.3 & 0.2 & 0.2 & 0.1 \end{bmatrix}$$

$$\boldsymbol{R}_{31} = \begin{bmatrix} 0.34 & 0.3 & 0.2 & 0.14 & 0.02 \\ 0.22 & 0.26 & 0.32 & 0.14 & 0.06 \\ 0.16 & 0.4 & 0.14 & 0.16 & 0.14 \end{bmatrix}$$

$$\boldsymbol{R}_{32} = \begin{bmatrix} 0.54 & 0.3 & 0.1 & 0.04 & 0.02 \\ 0.18 & 0.46 & 0.2 & 0.1 & 0.06 \end{bmatrix}$$

$$\boldsymbol{R}_{33} = \begin{bmatrix} 0.26 & 0.28 & 0.12 & 0.2 & 0.14 \\ 0.14 & 0.36 & 0.24 & 0.14 & 0.12 \\ 0.32 & 0.34 & 0.22 & 0.10 & 0.02 \end{bmatrix}$$

$$\boldsymbol{R}_{34} = \begin{bmatrix} 0.38 & 0.22 & 0.16 & 0.12 & 0.12 \\ 0.28 & 0.26 & 0.22 & 0.14 & 0.10 \\ 0.12 & 0.16 & 0.4 & 0.2 & 0.12 \end{bmatrix}$$

$$\boldsymbol{R}_{41} = \begin{bmatrix} 0.34 & 0.24 & 0.3 & 0.06 & 0.06 \\ 0.3 & 0.22 & 0.26 & 0.1 & 0.12 \\ 0.12 & 0.28 & 0.26 & 0.18 & 0.16 \end{bmatrix}$$

$$\boldsymbol{R}_{42} = \begin{bmatrix} 0.42 & 0.38 & 0.14 & 0.04 & 0.02 \end{bmatrix}$$

$$\boldsymbol{R}_{51} = \begin{bmatrix} 0.52 & 0.22 & 0.12 & 0.08 & 0.06 \\ 0.34 & 0.3 & 0.14 & 0.12 & 0.1 \end{bmatrix}$$

$$\boldsymbol{R}_{52} = \begin{bmatrix} 0.26 & 0.24 & 0.24 & 0.12 & 0.14 \\ 0.14 & 0.46 & 0.22 & 0.08 & 0.1 \end{bmatrix}$$

对三级评价指标隶属度矩阵及其权重进行模糊运算就可以得到二级评价指标隶属度向量：

$$r_{11} = W_{11} \times R_{11} = \begin{bmatrix} 0.2586 & 0.24 & 0.288 & 0.1182 & 0.0952 \end{bmatrix}$$

$$r_{12} = W_{12} \times R_{12} = \begin{bmatrix} 0.3664 & 0.2916 & 0.2232 & 0.0904 & 0.0284 \end{bmatrix}$$

$$r_{21} = W_{21} \times R_{21} = \begin{bmatrix} 0.3408 & 0.2362 & 0.2 & 0.1428 & 0.0802 \end{bmatrix}$$

$$r_{31} = W_{31} \times R_{31} = \begin{bmatrix} 0.244 & 0.332 & 0.2 & 0.148 & 0.076 \end{bmatrix}$$

$$r_{32} = W_{32} \times R_{32} = \begin{bmatrix} 0.4104 & 0.3576 & 0.136 & 0.0616 & 0.0344 \end{bmatrix}$$

$$r_{33} = W_{33} \times R_{33} = \begin{bmatrix} 0.2576 & 0.3296 & 0.1992 & 0.1364 & 0.0772 \end{bmatrix}$$

$$r_{34} = W_{34} \times R_{34} = \begin{bmatrix} 0.272 & 0.214 & 0.25 & 0.15 & 0.114 \end{bmatrix}$$

$$r_{41} = W_{41} \times R_{41} = \begin{bmatrix} 0.279 & 0.238 & 0.2732 & 0.102 & 0.1078 \end{bmatrix}$$

$$r_{42} = W_{42} \times R_{42} = \begin{bmatrix} 0.42 & 0.38 & 0.14 & 0.04 & 0.02 \end{bmatrix}$$

$$r_{51} = W_{51} \times R_{51} = \begin{bmatrix} 0.4444 & 0.2536 & 0.1284 & 0.0968 & 0.0768 \end{bmatrix}$$

$$r_{52} = W_{52} \times R_{52} = \begin{bmatrix} 0.2 & 0.35 & 0.23 & 0.1 & 0.12 \end{bmatrix}$$

由此可以得到应急物流人才供应网络模糊绩效综合评价二级指标隶属度矩阵：

$$R_1 = \begin{bmatrix} r_{11} \\ r_{12} \end{bmatrix}$$

$$R_2 = \begin{bmatrix} r_{21} \end{bmatrix}$$

$$R_3 = \begin{bmatrix} r_{31} \\ r_{32} \\ r_{33} \\ r_{34} \end{bmatrix}$$

$$R_4 = \begin{bmatrix} r_{41} \\ r_{42} \end{bmatrix}$$

$$R_5 = \begin{bmatrix} r_{51} \\ r_{52} \end{bmatrix}$$

对二级指标隶属度矩阵及其权重进行模糊运算，并对其计算结果保留两位小数，得到一级指标隶属度向量：

$$\boldsymbol{r}_1 = \boldsymbol{W}_1 \times \boldsymbol{R}_1 = \begin{bmatrix} 0.30 & 0.26 & 0.26 & 0.11 & 0.07 \end{bmatrix}$$

$$\boldsymbol{r}_2 = \boldsymbol{W}_2 \times \boldsymbol{R}_2 = \begin{bmatrix} 0.34 & 0.24 & 0.20 & 0.14 & 0.08 \end{bmatrix}$$

$$\boldsymbol{r}_3 = \boldsymbol{W}_3 \times \boldsymbol{R}_3 = \begin{bmatrix} 0.31 & 0.32 & 0.19 & 0.12 & 0.07 \end{bmatrix}$$

$$\boldsymbol{r}_4 = \boldsymbol{W}_4 \times \boldsymbol{R}_4 = \begin{bmatrix} 0.36 & 0.32 & 0.20 & 0.07 & 0.06 \end{bmatrix}$$

$$\boldsymbol{r}_5 = \boldsymbol{W}_5 \times \boldsymbol{R}_5 = \begin{bmatrix} 0.36 & 0.29 & 0.16 & 0.10 & 0.09 \end{bmatrix}$$

由此可以得到一级指标隶属度矩阵：

$$\boldsymbol{R} = \begin{bmatrix} \boldsymbol{r}_1 \\ \boldsymbol{r}_2 \\ \boldsymbol{r}_3 \\ \boldsymbol{r}_4 \\ \boldsymbol{r}_5 \end{bmatrix}$$

（三）结果分析

对一级指标及其权重进行模糊运算，得到绩效评价结果：

$$\boldsymbol{B} = \boldsymbol{W} \times \boldsymbol{R} = \begin{bmatrix} 0.334 & 0.286 & 0.202 & 0.108 & 0.074 \end{bmatrix}$$

依据之前的设定，员工对指标的评价用很好、较好、一般、较差、很差来描述，并且分别赋予5、4、3、2、1五个分值，隶属度区间设定为五个区间：很差 $[0.0, 0.2)$、较差 $[0.2, 0.4)$、一般 $[0.4, 0.6)$、较好 $[0.6, 0.8)$、很好 $[0.8, 1.0]$。对评价结果 $\boldsymbol{B}$ 进行加权综合运算得到：

$$L = (0.334 \times 5 + 0.286 \times 4 + 0.202 \times 3 + 0.108 \times 2 + 0.074 \times 1) / 5 = 0.742$$

将计算的绩效评价结果与隶属度区间对比得出，A 公司应急物流人才供应网络绩效模糊综合评价得分为 0.742，在区间［0.6，0.8）内，人才供应网络绩效评价结果为较好，即 A 公司的应急物流人才供应网络运行情况较好。

下面分析应急物流人才供应网络一级指标、二级指标的绩效结果。

$L_1 =$ （0.30×5+0.26×4+0.26×3+0.11×2+0.07×1）/5=0.722

$L_2 =$ （0.34×5+0.24×4+0.20×3+0.14×2+0.08×1）/5=0.724

$L_3 =$ （0.31×5+0.32×4+0.19×3+0.12×2+0.07×1）/5=0.742

$L_4 =$ （0.36×5+0.32×4+0.20×3+0.07×2+0.06×1）/5=0.776

$L_5 =$ （0.36×5+0.29×4+0.16×3+0.10×2+0.09×1）/5=0.746

由上述模糊综合评价结果可知，各一级指标的绩效评价数值都在区间［0.6，0.8）内，绩效评价结果为较好，其中最好的是财务，人才配备和供应网络发展次之，人才培养和人才获取相比稍微落后。

$L_{11} =$ （0.26×5+0.24×4+0.29×3+0.12×2+0.10×1）/5=0.694

$L_{12} =$ （0.37×5+0.29×4+0.22×3+0.09×2+0.03×1）/5=0.776

$L_{21} =$ （0.34×5+0.24×4+0.2×3+0.14×2+0.08×1）/5=0.724

$L_{31} =$ （0.24×5+0.33×4+0.2×3+0.15×2+0.08×1）/5=0.7

$L_{32} =$ （0.41×5+0.36×4+0.14×3+0.06×2+0.03×1）/5=0.812

$L_{33} =$ （0.26×5+0.33×4+0.20×3+0.14×2+0.08×1）/5=0.716

$L_{34} =$ （0.27×5+0.21×4+0.25×3+0.15×2+0.11×1）/5=0.67

$L_{41} =$ （0.28×5+0.24×4+0.27×3+0.10×2+0.11×1）/5=0.696

$L_{42} =$ （0.42×5+0.38×4+0.14×3+0.04×2+0.02×1）/5=0.828

$L_{51} =$ （0.44×5+0.25×4+0.13×3+0.10×2+0.08×1）/5=0.774

$$L_{52} = （0.2×5+0.35×4+0.23×3+0.1×2+0.12×1）/5 = 0.682$$

根据计算结果，我们可以得出：大部分二级指标的绩效评价得分在 [0.6, 0.8)，绩效评价结果较好。其中岗位填充、资本收益率的绩效评价结果为 0.812、0.828，在区间 [0.8, 1.0]，绩效评价结果为很好，说明该人才供应网络中岗位填充和资本收益率两个环节做得很出色；对教育投入、用人单位满意度、人才培训、人才储存、信息共享环节也相对重视，绩效评价结果在 0.7 及以上。但是相比之下，受教育者状况、人才流失、成本、职业生涯规划环节的评分较低，均低于 0.7，说明还需要应急物流人才供应网络整体进行资源倾斜，做进一步改进。

第三节　应急物流人才供应网络保障机制

一、应急物流人才引进机制

我国应急物流人才引进机制的发展还处于起步阶段，并没有成型的体系，各地方政府和企事业单位自行制定引进机制，形成了"各自为战"的局面。

应急物流人才的引进机制暴露了许多问题，主要有以下几点。

（1）政策法规体系不完善

我国在应急物流领域还没有一个指导性的政策或法规体系，一些发达国家初步建立了应急物流人才引进政策法律体系，并且明确规定了引进工作的原则、机制、管理等方面的内容。法律法规的缺位将导致我国政府及用人单位在进行应急物流人才引进时无法可依，也导致所引进人才的某些切实利益难以落实，从而间接降低了政府对应急物流高层次人才的吸引力。

（2）引进力度地域差异明显

东部地区对应急物流人才的拟引进规模、引进标准和引进待遇方面均比中西部地区高，引才力度也更大。这主要是因为区域间的经济发展水平不同，引进人才的经费支持相差较大，不同地区在创新环境及产业发展方面也有较大区别。从地方政府现行的人才引进计划看，东部地区的政策规定更有利于吸引应急物流高层次人才，引进人才的素质水平也相应更高。从长远看，人才引进的"滚雪球"效应将进一步拉大东部地区与中西部地区人才资源储备的差距，各地之间经济发展水平的差距也将随着人才资源储备的差异而进一步拉大。

（3）引进目标盲目攀高

有的组织一味地强调人才引进数量和层次，片面重视高学历、高职称及论文发表数量等硬性指标，忽视其综合素质、发展潜力，对于真正的用人需求并不清楚，导致许多高学历人才在被引进后成了装点门面的"花瓶"，根本派不上用场。无独有偶，一些高校为了申报学位点，在没有明确的岗位及岗位职责的情况下就开始进行人才引进，严重违背了我国开展人才引进战略的初衷，还有些地方高校在引进人才时缺乏计划和考核标准，单纯追求发表论文的数量，而不是全面考察其教学能力和技巧，出现了引进人才的科研成果产量不高、不能胜任工作的现象。由此可见，一部分国内组织将人才引进视为目的而非手段，导致人才引进过程伴随着盲目性。深究造成这些现象的根本原因，主要还是用人单位没有树立起"以用为本"的人才引进理念，造成这些现象的直接原因则是在人才引进前未进行人才需求规划，人才引进目标不明确。

针对出现的问题，现提出引进机制的提升对策，具体如下。

（1）完善人才引进政策法规

应急物流人才引进基本法应当以科学的人才观念和人才强国战略为指导，在科学判断未来应急物流人才竞争局势的基础上，为我国未来人才政策发展提出创新的空间或超前的框架目标，为引进应急物流人才工作提供一个长期的指导思想、基本原则和完整的政策体系架构。重点加快对相关政策法规等的充实、修订，并在就业、社会保险、税收、资助、知识产权保护、住房购置、子女就学、个人所得税等方面给予专项配套性政策。

（2）引进机制建设向欠发达地区倾斜

由于经济因素、环境因素及收入水平始终是影响应急物流人才引进的重要因素，因此我国东部地区在人才引进时较中西部地区具有更大吸引力，进而导致引进人才区域分布明显不均。从现实情况看，东部地区本身就已人才济济，而中西部地区的人才资源还很匮乏，特别需要一些高层次人才加入区域建设中。在这种情况下，就需要从国家层面采取行动以缩小各地区间在人才引进时的天然差异。一方面，加大对中西部地区的经费支持力度，适当减少对东部地区的补贴奖励；另一方面，将资源向中西部地区倾斜，建议出台面向中西部地区的特殊人才计划，扩大中西部地区人才引进的规模。

（3）制定人才引进需求规划

为了找到满足组织发展需求的关键人才，避免盲目将应急物流人才的引进数量作为目标而造成经费浪费，将有限的资源投入最需要的地方，用人单位需要在人才引进前制定科学的人才引进需求规划，对于"为什么引进人才""引进多少人才""引进什么样的人才"都需要进行规划。在需求规划制定的过程中，注意既要适度超前又要满足当前的用人需要。

人力资源规划是人力资源管理七大模块之一，也是进行应急物流人才引进的重要环节。根据现代人力资源管理理论，人力资源规划的制定需要结合组织发展战略、劳动力市场供求状况及组织内部情况，因此在制定应急物流人才需求规划时，可从以下三个方面进行：第一，结合组织发展战略制定切实可行的长期人才需求规划；第二，从组织不同发展阶段的具体任务、学科建设要求出发，制定中期人才需求规划；第三，针对人才市场、国内劳动力市场的供求状况，以及组织内部应急物流人才的现状、应急物流人才引进工作的现状，在引进经费预算允许的前提下，预测出所需高层次人才的数量及对其知识、技能、能力方面的素质要求，制定明确的、可操作的短期人才需求规划。

二、应急物流人才培养机制

应急物流人才的培养模式逐步向协同教育靠拢，这是未来的发展趋势，构建起政府、企业和高校三方协同的应急物流人才培养模式。美国学者亨利和罗伊特最早提出了三螺旋理论，该理论认为政府、高校和企业三者是相互影响的，基于市场的需要，三者联合起来，将三种优势凝聚在一起，形成三螺旋关系。三螺旋理论和传统的政产学研是不同的，它最终是为了在高校、政府和企业之间建立共识，开展宏观战略上的合作，建立长期有效的合作机制，其动力运行路径包括横向资源整合和纵向分化演进，如图5-8所示。

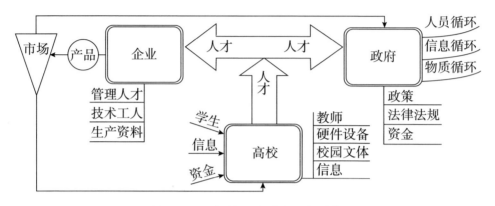

图 5-8　三螺旋理论动力运行路径

资源的横向整合意味着创新元素在高校、企业和政府之间流动，而人员、信息和产品的流动是三重螺旋的主要能源。资源循环包括内部资源的循环和集成，以及外部资源的循环和集成，也称为"微观循环""宏观循环"或"内部循环""外部循环"。在高校内部循环系统中，输入的是学生、信息和资金，文化和教育的产品是人才和科研成果；企业内部循环系统采用新技术、新材料和高素质员工，将公司的产品和服务推向市场；在政府的内部循环中，输入的是人员、信息和物质，输出的是政策、法律法规和资金等。三方界面越密切，协同作用越大，质量和效率越好。培养应急物流人才是高校、政府和企业共同价值观的驱动力，也是三方联系的纽带。为了实现共同的价值目标，三方扩大了彼此的接口，功能上不会产生重叠。在垂直层面上，三个螺旋系统的发展趋势不同。两种介质的相互作用和影响产生稳定状态，但第三种介质的出现破坏了这种稳定性，并提供了系统运行的反馈，从而促进了系统在时间维度上的分化和演化，产生了强大的稳定性。在三重系统中，资源的横向整合和循环与垂直差异和进化同步，这使三重系统在教育的质和量上不断变化，增长变得复杂，将联合教育系统推向新的阶段。

基于三螺旋理论的应急物流人才培养机制具有以下特征。

（1）目标一致性

有学者认为，组织的合作能力和意愿是预测其成功的最佳标准。政府、高校和企业是三种不同类型的组织，它们对应急物流人才能力的发展有不同的影响。应急物流专业人员的能力建设是政府、高校和企业之间战略协调的一个共同要素。合作教育组织基于多学科的共同利益，以"发展应急物流人才"为共同目标，将不同的教育学科结合起来，进行长期合作。

（2）主观互动性

协调机制消除了政府、学术界和企业之间的壁垒，实现了政府政策链、学术专业链和企业技术链的融合，提高了相关资源利用率，体现了多边一体化的精髓：合作、进步和协作。这三方之间出现了新的关系：以互利共生繁荣的网络结构取代了等级控制，以明确界定的结构取代了等级控制，以接受和合作取代了等级和隔离，以协作和互助取代了指挥和控制，以积极参与取代了强制接受，认同、信任和包容成为共同行动的基础。应急物流人员培训已成为三方共同的行动理念和价值追求。

（3）空间连续性

就时间的连续性而言，应急物流人才培养是一个数量和质量上的变化过程，必须长期持续下去。如果不能把这项工作坚持下去，就无法达到最佳目标。从空间连续性的角度看，应急物流人员的培训不应局限于高校，而应通过体验和情景学习从校园转向社会。协调机制是一个动态的协调过程。政府、高校和企业之间的关系是空间性的。三管齐下的协调体系呈现"失调—协调—失调—新的协调"的先锋趋势，最终提高了应急物流人员的能力。

在三螺旋理论的指导下，培养应急物流人才可从以下几个方面着手。

（1）改善三方组织和管理

三螺旋理论的重点不是谁是主要机构，而是政府、高校和企业之间的协同作用。它强调，总体目标是在研究与商业化之间保持最佳联系，三方参与者同样重要。只要一侧有"短板"，整个螺旋就不能稳定运行。为了建立培训应急物流专家的联合机制，有必要建立具有重复功能的双边或三边联合组织，如联合教育中心、学生应急物流园区、各级联合教育联盟，成立合作教育中心委员会、合作委员会或学术委员会，由政府、高校和企业的相关员工担任中心主任，教师、管理知识丰富的人员担任中心成员并履行相应职责。委员会将协调应急物流人员培训中最重要的规划和审批问题，提高决策的科学性、民主性和法律水平，减少选择独立方的偶然性和盲目性，缩短传递信息必需的时间。委员会由新闻部、财政部、高校、人力资源部和其他机构组成。同时，要完善联合教育体系，明确组织工作任务，为协调各方行动、信息和资源提供组织系统保障，这也是三螺旋理论的精髓。体制协同是"体制联系、体制脱节和新联系"的演变。如果系统交付不能有效地满足系统需求，则会出现不一致的系统状态。作为宏观经济控制的主体，政府应适当注意制定和监督各种商业机制的实施，积极调整创新和创业政策，协调协同作用，不断优化合作教育的政治环境（税收、金融、市场等政策）。高校和企业的联合教育系统应该建立在公共政策、制度创新和适应现实的基础上。

（2）调动和利用一切资源

培训应急物流人才需要政策支持、人力资源、信息和财政资源。这些资源由不同的主体控制，影响着人才培养。在人才发展的过程中，大规模的应急物流培训是三方的重要联络点。建立资源协调机制，促进不同资源深度整合，提高资源配置和采购优化能力，提高服务、管理和保障协调能力，为应急物流培训创造有利环境。高校要发挥关键作用，有效组织和连接联合教育系统的不同节点，整合各种有用资源，充分利用不同学科的资源优势。

（3）激励和惩罚

对于没有激励和惩罚机制的组织来说，可持续健康发展是不可能的。伙伴组织的正常运作和发展还需要建立长期动态激励和惩罚机制，从而培训应急物流专业人员。共同教育的力量包括外部力量和内部力量。外部力量来自不断变化的市场挑战和宏观经济环境。内部力量确保所有合作伙伴都能从应急后勤培训中受益。这种利益也分为内部边缘利益和非物质利益（所有合作伙伴的发展需求和精神满足）。参与应急物流培训的利益相关者实际上是一个利益相关者社区。只有建立一个社区，他们才能实现类似的价值观、共同目标、一致的行动和良好的结果。高校、政府和企业所在教育领域合作的社区中，各方有不同的立场、不同的权力。客观上，合作社培训机制应在最高设计水平上寻求各方利益的最佳平衡，建立合同制度，根据各方的贡献和风险水平公平地分配利益。缩小双方在成果评估和分工方面的差距，最终将带来互利。惩罚机制是激励机制的有效补充，与激励机制相比，惩罚机制可称为"压力机制"。如果动机是积极的，那么惩罚机制是消极的。我们必须建立强有力的惩罚和激励制度，明确相关人员的责任，进行激励和惩罚。

（4）改进评估和评价制度

评估和评价机制是应急后勤培训合作机制的一个重要组成部分，有助于缔约方的联合培训。评估本组织的贡献和不足可以作为调整宏观教育合作政策、措施以及改进本组织职能的基础。目前，学术界尚未就共同评估教育绩效的绩效指标框架达成共识。缺乏评估、奖励和确保教育有效性的机制，不利于对应急物流专业人员进行可持续培训。因此，必须建立一个科学、有效和可行的测量系统，可以在共同的教育环境、投入、成果、业务流程和教育效率方面建立一套评价指标体系。联合教育环境的评估内容包括联合教育企业的国家税收优惠、财政支持政策、相关法律法规、联合教育联盟的数量、社会服务的数量和服务潜力。学校教育的投资包括人力资源、设备、场地等。投资评估指标包括学校应急物流教师的数量和结构、政府资源和企业资金在应急物流活动中的比例、学生应急物流活动的面积、企业孵化器的数量和水平等。衡量联合教育成果的指标包括学生证书数量、水平和通过竞赛获得的奖项数量。评估联合教育活动的指标包括遵守合作的规则和条例、共享信息资源和协调差异。混合教育绩效指标包括学生对应急物流知识的掌握程度。

（5）建立和形成组织文化

应急物流培训合作社是一个混合的双边或三边组织，由政府、高校和企业组成，其成员来自不同的学科、部门和行业，不可避免地具有自己的文化特征。因此，发展组织文化尤为重要：发挥组织文化作用，搭建组织成员沟通的桥梁，统一组织成员的思想，发挥凝聚和协调差异的作用，避免组织成员出现"中庸之道"。合作学习的组织文化是教育价值观、道德、商业理念、管理实践和行为准则的结合，重点是"紧急情况下的联合物流培训"。它可以在全社会创造共享人才文化的良好氛围，激励和推动高校人才培养模式的改革和创新。高校、企业和政府增加了联合创新和联合教育活动的频率，提高了应对多种联合行动挑战的意识，但联合教育文化机制需要完善。目前高校混合教育的文化氛围不太强，混合组织和原始组织之间存在明显的差距和界限，教育交流有许多方面的问题，需要进一步发挥协商一致的功能，混合组织的成员不太认同该联合组织，有"临时工作"的心态，这个群体的一些成员是"独立的"。为了进一步改进组织合作文化的机制，我们可以从外部和内部着手。就外部环境而言，社会文化是影响外部环境的一个重要因素。集体主义对所有员工参与联合教育有积极的影响，但等级意识等因素会对创新和联合培养产生负面影响。高校要重视社会文化遗产，引领社会文化发展趋势。在内部，应鼓励本组织成员之间的协调、合作、平等和创新精神，组织体系应促进创新与合作，组织结构应该是扁平的，有效地促进集体智慧，打击集权主义和官僚主义。

二、应急物流人才流动机制

人才流动是人才供应网络的重要环节。

从流向看有两个特点：一是人才从我国西部地区流向中东部地区；二是人才从中小民营企业流向外资企业、大型国有企业和政府单位。由于外资企业和大型国有企业拥有更加雄厚的资金和先进的技术，管理制度更加完善，在员工培训和职业生涯发展上都有明显优势，因此，大多数高素质应急物流人才往往愿意去外资企业或大型国有企业工作。

从时间跨度看：一方面，一般优秀组织的人才流动率会控制在15%左右，这样有利于进行知识交流，提高人才队伍的价值；另一方面，员工的流失与其自身的学历和拥有的才能等也有很大关系。人才流动有合理与不合理之分。

从流动原因分析，可分为四个方面：第一，社会原因。我国人才竞争市场存在着一些不规范，组织间"挖人"现象普遍，甚至会出现员工"集体跳槽"的现象。另外，有些毕业生初次就业岗位并非其所中意的，离职现象比较普遍。第二，组织自身原因。中小企业普遍规模小、知名度低、稳定性差，不能吸引和留住人才。有些企业管理制度不健全，"任人唯亲"现象比较严重，没有让核心人才充分发挥价值，在人才招聘过程中过于看重学历，人才配置上也存在较大随意性，没有做到人岗匹配，未能发挥人才的积极性和自主性。此外，缺乏物质和精神上的有效激励，并且部分组织在薪酬方案设置方面也缺乏激励性。第三，工作时间长、工作压力大，经常出现加班情况，致使员工休息时间不足，严重影响员工身体健康。第四，落后的组织价值观和文化。优秀的组织文化是公司的名片和灵魂，良好的组织文化可以增强员工的认同感和归属感。

美国学者库克提出的库克曲线说明正常的人才流动是有必要的，正常的人员流动能够促进组织资源的合理规划，为组织注入新鲜血液，促进企业健康发展。过多的人员流失则会对组织产生负面效应，造成有形损失和无形损失。有形损失包括企业成本上升和影响企业运营。劳动力成本在企业发展中占比较大。人员离职后，公司需要针对这个岗位重新招聘员工。而招聘需要花费额外的成本，如招聘成本及对新员工的培训成本。重新招聘和培训新员工的成本为原工资的 2~3倍，这样会增加公司的成本，从而对组织的项目和长期规划产生负面影响。员工离职对公司正常经营的影响有很多。员工离职之前，会寻找新的工作单位，可能对现有的工作有所怠慢，造成工作效率低下。员工离职后到组织招到新员工之前的这段时间，岗位空缺影响组织相关工作的进度。组织即使招聘到合适的员工，也可能因为不熟悉工作环境不能及时顺利开展工作，从而影响组织经营。无形损失包括企业技术和机密泄露的风险、影响企业稳定性、破坏企业形象。员工离职对组织稳定性的影响主要表现在员工的一系列反应中。当一些员工离开组织时，如果组织的其他员工仍然与这些员工联系，因为一些情感或其他因素，在职员工也可能会倾向于离开，从而影响组织的稳定性。另外，离开组织的员工会影响其他员工的士气，这不利于组织发展的稳定性。人才的流失一方面会使剩下的员工对组织产生怀疑，另一方面，有一些离职员工会散布一些不利于组织的谣言，破坏组织的形象，使新的应聘者望而却步。

为了防止组织人才流动性过高，可从以下方面开展措施。

（1）适当的征聘和甄选制度

在征聘工作人员时，组织应考虑候选人在学习、业绩、沟通方面的能力，并优先考虑人才的业绩。同时，对应聘者没有过多限制，敢于提拔人才。此外，组织要确保所有员工都能充分实现自己的价值，确保员工对组织充满希望，使员工自觉维护组织利益，从而大大减少员工流动性。

（2）科学的效益评估体系

考绩结果为工作人员的奖惩以及调动和晋升提供了有效的基础。科学的考绩制度确保了考绩结果的公平和有效性，实现了激励工作人员的目标，有效地减少了工作人员的更替。例如，根据公司业务部门的不同，选择合适的业绩评价指标，为指标分配相对合理的权重，建立相应的业绩评价小组，采用适合公司的评价方法，评价后及时收集反馈意见。

（3）制定适当的激励措施

马斯洛的需求层次理论表明，工资可以在很大程度上满足员工对衣食住行的需求。然而，随着经济的发展，员工的需求变得多样化，单一的物质激励不再能有效激励员工。灵活的薪酬模式将大大提高员工的满意度，科学和合理的激励主要包括物质和精神激励。在物质激励方面，组织应在对市场进行全面研究的基础上，制定适当的薪酬标准，并制定符合组织和人力资源要求的薪酬结构，如"基本薪酬+岗位薪酬+绩效奖金"，确保薪酬制度的公平性，使其真正具有激励作用。在精神激励方面，组织必须通过改善工作条件、提高参与性、增加公众认可、给予员工信心和归属感来提高员工的满意度。

（4）支持职业发展和组织发展

公司必须为所有岗位的员工制定职业发展规划，告知他们职业趋势和需求，并根据业绩为员工提供适当的资格和文化培训，以实现个人和组织目标之间的完美匹配。同时，组织还应加强员工的个人人力资本，帮助员工实现个人目标，促进组织的快速发展。

（5）提高组织凝聚力

多年来，组织文化不断发展。良好的组织文化可以在一定程度上缓解人才外流，对组织产生积极的催化作用，并加强工作人员的凝聚力。特别是当员工完全接受组织文化，表现出主人翁意识，积极关注组织的发展时，员工的流动性可能会大大降低。此外，良好的组织文化将吸引更多人才加入公司，文化建设必须在组织建设中占据重要地位。

第六章　应急物流人才供应链管理信息集成系统与管理环境

第一节　应急物流人才供应链管理信息集成系统建设的现状与问题分析

一、应急物流人才供应链管理信息集成系统建设的宏观环境

　　应急物流人才供应链管理信息集成系统是一个十分复杂的物流系统，不仅是因为物流作业本身的复杂性，还在于国家之间的环境和具体发展阶段的不同，不同的经济和科技发展水平使应急物流人才供应链管理信息集成系统存在差异。这种复杂性的存在会对应急物流人才的开发产生一定的阻碍，导致应急物流人才培养标准与信息技术的掌握情况不一致，阻碍商品或服务的畅通流动，更加不利于应急物流人才的塑造和开发。我国物流业面临的国际经济环境依旧严峻，全球经济复苏依旧缓慢，国际市场需求疲软。互联网经济的快速发展以及"一带一路"倡议的稳步推进，为我国物流行业的发展注入了新的活力，开辟了新的发展空间，更为物流人才的培养提供了多种模式，为打造高素质的技能型物流人才及创新创业人才提供了现实的可能性和可操作性。因此，需要大力构建应急物流人才开发信息化系统，通过线上学习的创新教学方式为物流业从业人员提供专业知识和技能提升的专项辅导，达到培养不同能力要求的应急物流人才的目的，加快我国应急物流行业的发展。

（一）国际环境分析

全球政治和经济战略格局的调整变化以及自然和人为灾害，促使许多国家和地区更加关注和努力应对紧急状况。通过有效的应急管理，减少人员伤亡和财产损失，维护社会稳定和发展。其中，应急物流是一个非常重要的因素，应确保应急物流相关要素定期纳入应急管理的研究和建设。

（1）世界主要国家的应急物流状况

经过多年的研究，日本、美国、欧洲等国家和地区建立了运行良好的应急管理系统和比较全面的应急响应系统，并逐步实现标准化。这使包括应急物流在内的全面应急管理更加科学和标准化。

经过多年的努力，美国建立了应对各种自然灾害的综合应急系统，建立了"行政领导、中央协调、地方自主"的应急管理模式。如果发生地震、飓风、火山爆发、洪水和其他可能造成严重人员伤亡的自然灾害，美国政府将立即宣布联邦紧急状态并启动应急计划。美国联邦应急管理局将确保对所有民防和救援服务进行集中和专业的管理，并提供统一的响应。同时，在人口稠密的特大城市和人口稀少的地区，有各种救灾方案和办法。应当指出，美国的灾害应对计划依赖于公共安全管理系统。该系统通常与警察协作，系统中还包括一个专门的后勤单位，它主要负责救灾物资的库存管理，预测各级救灾物资的需求，规划救灾物资的分配渠道，建立救灾后勤中心。在自然灾害发生时，后勤单位会根据灾害需要接受和分配各种援助。根据美国的法律，紧急情况下的指挥权属于地方政府。只有在地方政府提出援助请求时，上级政府才利用适当的资源进行协助，而不赋予地方政府对这些资源的控制权。在国际救灾领域，联合国设立了海外救灾办公室，负责各种紧急事务。目前世界上有七个紧急营，这些营地位于机场和海港附近，储存着毯子、塑料薄膜、水箱、帐篷、手套、头盔、防尘面具等基本救济物品。

众所周知，由于日本特殊的地理位置和地质条件，其经常遭受地震、台风等自然灾害的袭击。在制订备灾和救灾计划以及进行备灾和救灾演习时，日本政府制定了一个应急管理模式：综合机构之间的协调与合作，中央议会做出反应，地方政府具体执行。日本的灾害管理系统由中央土地管理局灾害管理处、都道府县和市组成。各级政府的应急准备手册有明确的任务规定、强有力的人员配置结构、全面的工作内容和明确的工作流程。日本高度重视提高公众对防灾措施的认识。他们已经建立了一个全面的救灾系统，包括应急后勤。在自然灾害的后勤管理方面，日本的工作重点是制定救灾运输的替代办法，并预先规划陆海空运输路线。一旦发生灾难，可将辅助设备分配分为三个阶段。第一阶段，由政府行政部门供资，包括收集、储存和运输救援设备，以及24小时运营配送中心，军队有责任帮助控制通信和维持紧急援助的运输。第二阶段，物流公司提高配送效率，进行专业的配送和仓储管理。第三阶段，仍然是物流公司的责任（但根据受灾地区的需要，采取了更灵活的办法，即按订单交货）。事实上，日本的灾害管理充分利用了现代贸易中的物流发展服务。另外，救济物品根据其类型被分配到不同的营地。

德国有一个相对全面的自然灾害预防和管理系统，是分散和多样化的自然灾害预防系统，其联邦内政部民防和灾害管理局是最高协调机构。在发生流行病、洪水、火灾和其他灾害时，消防队员、德国联邦国防军、民间社会组织和志愿组织必须共同努力，将损失降至最低。

（2）国外应急物流发展特点

尽管不同国家的应急物流模式因国情而异，但它们也有一些共同的特点。

①建立协调有效的应急后勤管理系统。各国依法建立了三维、网络化的应急管理和后勤保障体系，由上到下常设专业组织，建立了由专家组成的救援队伍和严格有效的国家信息传播体系。明确界定政府职能，改进灾害研究和预防机制，推广灾害意识培训和全社会应急培训。

②制订综合救灾后勤计划。政府负责领导所有防灾和救灾工作，包括制订备灾计划，定期进行备灾和救灾演习，以及在紧急情况下进行后勤保障演习。它还会预先规划陆运、海运和空运的替代路线，以应对不同类型的自然灾害。例如，地质灾害可能会引发路障、泥石流、山体滑坡等，需要选择适当的替代运输系统，以便在发生灾害时迅速提供援助。此外，非政府组织（如志愿组织）也参与民防系统，在整个过程中与政府合作。

③建立足够的科学储备以提供急救。根据可能发生的灾害的不同情况，各国对不同类型的援助需求做出科学预测，并为适度和合理的应急供应建立仓库，应急库存通常存放在这些仓库中。发生灾害时，物流公司迅速从应急仓库中提取，并将其运至灾区。救援设备仓库建成后，应均匀分布在灾区。

④现代物流和供应链理论在应急物流管理中的应用。将现代物流知识和供应链管理理论应用于紧急情况下的物流管理。通过预测救灾需求和在灾害发生前动态检测，可以避免高库存和储存成本。灾害发生后，可根据灾害情况及时选择一个供应模式或需求模式。

（二）国内环境分析

我国应急物流在持续应急中发挥了积极作用，为保持经济快速可持续发展和社会稳定做出了重大贡献。但我们也要客观地看到，目前我国应急物流安全机制不够顺畅，安全效率不高，其中一个主要原因是应急物流法规建设相对滞后，成为制约应急物流建设和发展的主要矛盾。因此，加快建立完善的应急物流法律制度，促进我国应急物流健康发展，具有十分重要和深刻的意义。应急物流监管是指国家法律、地方（部门、行业）法规以及配套规章制度体系，主要起到规范、促进和限制应急物流的作用。目前，中国没有具体的应急物流法律法规，其内容经常被纳入应急法规。应急物流规则实际上是强制性的动员规则和强制性的保护机制。流行病的暴发在很大程度上凸显了应急管理规则建设滞后所造成的严重问题。在缺乏有效法律框架的情况下，应急后勤系统往往无据可循，由于缺乏规则和标准，很难对紧急情况下的紧急后勤活动进行有效和标准化的审查和评价。建立可靠的法律制度是有效应对和管理重大自然灾害、公共卫生紧急情况、安全事故紧急情况等的先决条件。此外，特殊时期的协会和政府机构会采用特殊手段，确保适当发展应急物流。例如，在紧急情况下，政府有权征用运输线上的民用和军用建筑物、工厂、车辆和设备，以满足救灾和救灾贸易的需要，无论是否收费。它还可以规范政府动员物流公司参与安全演习，并为物流公司的具体运营提供法律保护。应急物流系统与国家应急管理系统密不可分，相反，灾害物流监管也应以国家灾害管理监管框架为基础。换言之，应急物流监管主要是国家应急管理体系的具体设计，以确保应急物流系统的运行。在考虑制定应急物流法规时，我们需要认识到其与应急管理法规体系的联系。实践证明，这也是务实科学的建设战略。

我国的应急管理立法已经实施了近半个世纪，制定了许多相关法律法规。例如，《中华人民共和国保障措施条例》《突发公共卫生事件应急条例》《破坏性地震应急条例》《军队参加抢险救灾条例》等。总的来说，我国在重大自然灾害、公共卫生紧急情况和安全事故紧急情况下的后勤立法仍然相对落后，不能满足社会发展的需要。这主要反映在缺乏综合规划，系统不完整，立法、行政规定不足等方面。中共中央明确强调，要建立和完善社会制度，提高公共安全和应急管理能力，这为制定应急物流法律法规提供了一个很好的机会。

二、应急物流人才供应链管理信息集成系统建设的行业环境

中国现代应急物流行业起步较晚，应急物流信息水平低、公共平台建设不完善等问题对应急物流行业发展产生了一定影响，不利于应急物流人才的发展。尤其是在信息时代，人们需要快速的物流和及时的产品体验。有了这个双重要求，应急物流行业必须融入互联网，实现"互联网+应急物流"的发展模式。"互联网+"时代的开始，对应急物流行业的重组和应急物流行业的快速发展产生了积极影响。在这种情况下，中国应利用先进的信息技术，实现应急物流人才供应链管理的信息化建设，培养优秀的应急物流人才，促进物流行业快速发展，实现应急物流行业的升级改造。

（一）应急物流信息化水平低

信息化是应急物流的灵魂，是现代应急物流发展的必要前提。许

多中国企业仍处于信息技术应用的早期阶段。根据中国物流信息中心进行的一项调查，物流企业网站主要用于企业广告、信息服务和内部沟通，电子商务平台所占比重相对较小。大多数公司使用 Web（网络）技术解决业务流程中的信息问题。计算机系统仍然很少用于企业之间的信息传递、反馈和供应链的建立。据不完全统计，中国物流企业只有 39% 已经实现或部分实现了信息化，只有 10% 的物流企业完全实现了信息化。其余大部分仍处于基础设施建设阶段，迫切需要启动中小物流企业信息化建设。造成这种情况的主要原因一方面是物流管理软件成本高，中小物流企业投资风险高，产品特点不明显，企业软件功能和业务流程不匹配，不能有效提高运营效率，难度大。另一方面是公司物流信息系统与其他信息系统之间存在连接问题，无法在信息系统之间高效快速地传递信息，导致信息系统传输的信息不对称，这会影响公司的信息处理水平。

（二）应急物流公共信息平台建设不足

应急物流公共信息平台是指基于网络计算机通信技术的信息平台，提供物流信息、技术、备份等资源共享服务。其主要特点是集成物流信息、物流监控等资源，物流技术和设备存在于供应链的各个阶段，并为企业用户提供信息、管理、技术和贸易服务。中国物流信息平台建设开始加快，出现了许多发展前景良好的平台。通过信息共享，企业可以实现物流行业的现代化和计算机化，以更低的价格为客户提供更好的服务。然而，中国物流行业管理模式尚不完善，地方公共信息物流平台的局限，不仅不利于物流信息资源共享，而且阻碍物流业的发展。在物流信息平台建设中，也存在运营商不安全的问题，运营商包括两种类型：政府为主体和企业为主体。虽然每种模式都有其优点，但其局限性仍然限制了信息平台的发展。例如，基于业务的模型无法有效地整合企业资源，缺乏系统规划，承担了巨大的财务压力。目前，大多数物流信息平台缺乏对商业模式的良好支持，导致商业盈利能力低。

（三）应急物流培训水平低

应急物流领域的 IT（信息技术）发展需要人才培养过程，物流人才的发展需要战略眼光。要正确把握应急物流行业发展政策和基于信息开发平台的人才培养方向，加快多学科专业技术人才培养速度，实施应急物流人才培养战略。相关统计显示，在中国物流业从业人员中，只有 7.5% 受过中等以上教育，物流毕业生的数量和质量不满足市场需求。这严重制约了中国现代物流业的发展，也影响了经济发展。在国内企业管理体系中，物流资源浪费惊人，物流管理效率水平低，专业物流人才总体差距大，全国多所高校提供的物流课程与实际工作不符，这增加了对高素质应急物流人才的培养难度。此外，我国高校信息建设的软实力与发达国家相比存在着较大差距，信息资源利用相对不足，信息技术支持的教育形式趋于统一，教师和学生普遍缺乏信息素养。我们要积极推动信息技术与教育机制的深度融合，推动教育内容、教学方法的现代化，创新人才培养模式，提高人才培养质量。

（四）内部框架很少关注大数据技术

如果没有大数据、互联网和云计算的广泛应用，应急物流组织在新时代的发展是不乐观的，应急物流组织的竞争将成为对数据的竞争，数据是一种重要的战略资源。物流组织使用大数据进行信息分析和集成，前提是内部管理人员适当考虑大数据在实践中的作用。然而，大数据在我国的应用仍处于研究阶段，大数据并不像人们想象的那么简单。同时，物流组织的大多数高管并没有充分认识到大数据挖掘和大数据分析技术可以给企业发展带来的巨大动力，也没有用宏观和长期的视角考虑物流组织中的大数据应用。数据分为结构化数据和非结构化数据：结构化数据是存储在数据库中的数据，非结构化数据则以不同的形式呈现（如文本、图像、视频等），非结构化数据的缺陷难以测量。因此，必须将数据转化为结构化数据，并提高其质量。数据管理不善可能会导致信息安全系统崩溃，进而破坏用户的隐私。因此，组织领导者必须深入学习和掌握大数据技术，及时消除大数据实践中的障碍。随着国际化的不断深化和新科技革命的到来，中国对外贸易对物流业的战略发展、资源配置、可持续性和商业模式提出了越来越高的要求。组织需要整合、分析和控制大数据。大数据技术在中国仍处于研究阶段，技术还不成熟。能够完全掌握这项技术并将其应用于特定业务流程的人仍然很少。由于无法满足市场对数据的高需求，物流部门缺乏专门服务。

三、应急物流人才供应链管理信息集成系统建设存在的问题

随着信息化水平的不断提高，政府、企业甚至高校已将未来发展战略聚焦在信息化建设上。通过信息化，上述功能主体能够创新管理模式、业务流程、组织框架及人才开发模式，提高它们的自身竞争力。但是，由于我国的信息化建设仍处于"摸着石头过河"的探索阶

段，不同行业、企业信息化建设的发展很不平衡，这些问题会成为信息化建设过程中的绊脚石。而国际物流人才开发的信息化建设则是逐渐兴起的一种人才培养方式，国际物流人才开发的信息化建设在实施过程中还存在很多问题，并最终制约应急物流行业的发展。

（一）政府在应急物流人才开发的信息化建设中存在的问题

我国政府对应急物流人才信息化建设的管理主要侧重于对应急物流行业的信息化建设进行整体的规划、协调，通过构建公平竞争、合法经营、绿色、安全、高效的物流行业，为应急物流人才的开发营造和谐的物流行业环境。但是，我国对应急物流人才信息化建设的管理还处于摸索阶段，并未直接对应急物流人才开发的信息化建设给出具体的规划或行动指南，具体有以下问题。

（1）政府对应急物流人才开发信息化管理的规划设计滞后

我国政府在人才开发信息化管理的规划上存在不足。尽管政府已经出台的《国务院关于推进物联网有序健康发展的指导意见》对物流人才队伍建设提出了适当指导性规定，却没有对信息化管理过程中应急物流人才的开发提出具体的规划指导，使物流行业人才的培养缺乏一定的规范性，某种程度上存在政府、高校和企业相互脱节的现象。

（2）政府对信息化建设中的应急物流人才培训体系缺乏规范管理

我国应急物流人才培训的需求量大，但整个市场缺乏足够的监管，始终处于散乱、不系统、不规范的状态。整个培训市场缺乏专业的制约机制和运作流程，行业协会对其监管能力有限。应急物流市场上培训机构繁多，认证培训缺乏统一的标准，运作不规范，制约着应急物流人才开发的信息化建设进程。

（二）企业在应急物流人才开发的信息化建设中存在的问题

我国应急物流企业在应急物流人才开发工作中发挥着关键作用，它是政府和高校的人才开发工作的桥梁。在"互联网+"的时代背景下，物流企业的信息化水平不断提高，对应急物流人才的要求更加严格，不仅需要高技能型人才，还需要科技应用能力强的创新型人才。但是，与发达国家及经济发展要求相比，国内应急物流企业的信息化水平仍然滞后，人才开发的平台和手段较少。制约应急物流企业可持续发展的问题主要有以下两个方面。

（1）企业人才开发信息化系统尚未形成

我国应急物流企业的信息化开发重心主要集中在业务办公上，而且信息化系统的开发成本较其收益而言较大，信息化平台发展缓慢。企业管理的信息化建设与人才开发的信息化建设之间存在着断层。而且，人才开发的信息化管理相较于企业业务与绩效管理而言更加滞后，尚未形成一套规范的信息化管理系统，对应急物流人才开发的重视程度不够，现有的应急物流从业人员能力不足等问题不断制约着应急物流企业的发展，应急物流企业发展缓慢又成为阻碍信息化系统构建的重要因素，不利于应急物流人才开发工作的顺利开展，形成了相互制约的循环系统。

（2）企业的信息化战略不足，数字化管理平台建设不完善

应急物流企业的信息化技术应用水平滞后，已经成为制约我国应急物流行业发展的技术瓶颈，不仅影响物流行业经营水平和自动化水平，还阻碍了应急物流从业人员素质和能力的提升。随着现代信息技术的不断更新，应急物流企业数字化管理平台的建设工作持续进行并

取得了显著的成效。尽管企业已经在其办公软件中增加员工的在线培训功能，注重对其能力和素质的培养。同时，采用网络会议等形式实现与应急物流管理人员或高技能人才的沟通交流，但是利用信息技术和数字化管理平台开发应急物流人才始终处于起步阶段，没有充分激发应急物流从业人员的积极性，同时也没有为他们提供可行的人才管理方案和实施平台，造成应急物流人才开发工作止步不前，使企业陷入缺乏高素质的应急物流人才的困境中。

（三）高校在应急物流人才开发的信息化建设中存在的问题

高校信息化已成为高校发展建设的重要组成部分，是对高校教育方式的一次革新和突破。高校开通在线学习的方式能够为培养高素质的应急物流人才提供学习平台。但是，高校的信息化建设还存在以下问题。

（1）信息化管理体制有待完善

高校信息化基础设施建设相对完善，然而各职能部门建立的信息管理系统和网络平台间存在独立性高、衔接程度差和兼容性低的问题。这使高校的信息化管理系统呈现分散状态，不利于对高校信息的整合，易出现"各自为政"重复建设的局面。同时导致应急物流人才开发的信息化建设工作易出现碎片化的情况，容易造成人才培养标准不一、信息化基础设施利用参差不齐，最终影响应急物流人才的信息化水平和实际应用能力，不利于应对互联网时代下物流企业可能发生的业务问题，阻碍应急物流企业的发展。

（2）信息资源的利用效率不高

数字资源的大投入与利用效率的低产出仍是教育信息化发展过程

中的主要矛盾。受数据库供应商利益的影响，各高校数字资源重复建设，高校资源投入与利用比例严重失调，不利于高校人才资源的开发与利用。数字资源的利用效率不高会影响高校教学过程中智慧课堂的互动效果，同时也不利于高校网站在线课程的管理以及相关新闻、公告的更新。高校内物流相关专业数字信息资源的不完善会影响物流专业学生培养过程中信息化技术的使用，最终阻碍应急物流人才的开发。

（3）信息技术对高校内涵建设的支撑能力参差不齐

我国大多数高校的信息化建设还停留在硬件设备建设和网络维护阶段，普遍忽视信息技术在教学管理和人才培养方面的应用价值。根据在东部沿海地区、中部内陆地区、西部边远地区三大经济地带随机选取的 100 所高校的调查结果显示，专门设置多媒体课件制作中心的高校仅占 8%。另外，国内高校的师生普遍在信息资源获取方法及渠道、信息技术应用能力和习惯等方面存在不足，尤其是信息技术和网络平台与教育功能模式的全面融合给广大教育工作者提出了更高的要求。

第二节　应急物流人才供应链管理信息集成系统的模型构建

一、应急物流人才供应链管理信息集成系统建设的必要性

在经济新常态下，物流业逐渐从传统的劳动密集型发展为创新驱动的资金与技术相结合的产业结构，信息技术和网络的使用能够提升

物流业的发展水平，优化物流行业的资源配置，调整物流业未来的发展方向和路径。物流业涉及范围广、从业人员众多，对生产和消费的拉动作用巨大，是支撑经济健康有序发展的中坚力量。在此背景下，物流业将扮演技术发展引领产业创新的急先锋，真正发挥行业辐射和产业融合的重要作用。在新的时期，物流业的服务对象和服务方式都发生着根本性的变革，其信息化发展趋势显著，对企业和国民经济的发展具有突出贡献，信息化与物流业正处于深度融合阶段。物流业的快速发展扩大了对应急物流人才的需求并提出了新要求，但是我国应急物流人才供给不足，整体素质较低，缺乏创新创业意识，导致物流行业内应急物流人才的供需矛盾加大，人才的素质能力与产业要求脱轨，成为制约我国应急物流行业发展的主要因素。我国应急物流人才存在巨大缺口，主要表现为两种类型：一是宏观管理层次的应急物流人才，如为政府机构制定应急物流政策、规划等的应急物流人才；二是企业应急物流管理人才，如企业物流管理人才及与物流公司进行协调、从事管理和控制的人员。全国物流人才缺口很大，解决我国应急物流人才短缺问题已成为政府、物流企业乃至高校刻不容缓的责任。为适应"互联网+"的经济发展模式，本书根据我国物流业的发展进程及存在的机遇与挑战，从应急物流人才开发的信息化建设的角度探究应急物流人才的培养方式。我国物流业发展中存在物流成本高、应急物流人才素质较低等问题，正逢国家深化改革开放、调整经济结构和发展方式的良好机遇，在此基础上提出相应的信息化建设的解决措施，其中应急物流人才开发的信息化建设是关键要素，是升级我国应急物流业发展模式的着力点。

二、应急物流人才供应链管理信息集成系统的模型构建

（一）信息集成系统

应急物流人才供应链管理信息集成系统由整体信息层、部分信息层、应用层和本体数据层四部分构成，如图 6-1 所示。

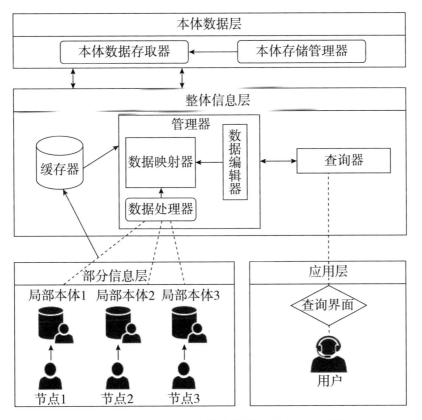

图 6-1　应急物流人才供应链管理信息集成系统

（1）整体信息层

整体信息层由管理器、查询器和缓存器三大要件构成。其中管理器是整体信息层的核心部分，包括数据处理器、数据映射器、数据编

辑器三个模块。在整体信息层的运行过程中，数据处理器会对从部分本体中获取的数据进行初步的筛选，将其大致分类得到等待映射的初始概念集合，之后数据映射器会对初始概念集合中的信息进行映射、融合和集成，进而得到全局本体。全局本体的作用是为用户创造一个完善的数据源语义库，局部本体通过各个阶段的映射得到不同层次概念间关系的细节，提供了异构数据源的多层次语义集成，从而能够满足不同用户对数据的要求。数据编辑器可以向整体信息层的管理者提供扩增、削减、修改等相关的编辑操作，便于管理者直接对整体信息层进行掌控。

查询器是连接整体信息层和应用层的桥梁，为用户带来各种语义要求的数据查询服务。查询器首先会根据用户的具体要求，依靠本体搜索引擎（解析查询信息，并且进行逻辑推理）调取符合语义标准的相关格式文档，再借助格式转换器把数据转化成用户要求的格式文档。查询器可依据语义得到符合要求的数据，不单纯局限于数据本身。

缓存器是整体信息层的临时过渡点，它提升了整体的性能，可以借助拷贝实现信息集的暂时存储。缓存器的存在缓解了来自部分信息层的数据处理压力，缓存的信息通常以查询表的形式存在，方便整体信息层处理数据时随时调用。

（2）部分信息层

局部本体是部分信息层的重要组成部分，与其他各个异构数据源相对应，通过数据转换器进行局部本体和数据源之间的转换。局部本体以数据源为基础，用相同的语言从语义层上对各个数据源进行分解和转换，维系着概念和数据之间的映射关系。

（3）应用层

类似于传统的 B/S（浏览器/服务器）和 C/S（客户机/服务器）结构，在应用层会面向用户进行界面的展示，用户根据自身的需要在应用层输入查询的内容，查询的结果也会通过该界面反馈给用户。

（4）本体数据层

本体数据层是整个信息集成系统的基石，由本体数据存取器和本体存储管理器构成，本体存储管理器是本体管理器和查询管理器等上层结构与数据的接口，所有数据的存取都是在本体数据存取器中进行的。

（二）信息共享

在应急物流人才供应链管理信息集成系统中，各供应链节点的局部本体通过映射等一系列操作，最终整合成了全局本体，这是信息共享平台的核心。信息共享架构由两部分组成：分散的局部本体层和集中的全局本体层。局部本体层是指供应网络中各个节点的信息子系统，这些子系统是独立且异构的；全局本体层则是通过数据的映射、融合、集成而得到的总体信息系统。供应链中的各个节点可以通过调用全局本体，获得一致的语义理解，从而真正地实现应急物流人才供应网络的信息共享。

信息共享的具体过程如下。

（1）规范化。因为各个局部本体数据的存储格式可能不同，因此需要在本体映射之前把局部本体的数据规范化，转化成统一的形式，用同一类型的语言将其转换到同一维度，从而解决语言、语法和结构的异构问题。值得注意的是，这里的规范化只涉及数据之间语义和层次的关系，不包括具体的实例。

（2）数据处理。在进行规范化之后，所有局部本体的数据都转换成同一格式，然后按照事先确定的标准确定等待映射的信息集。

（3）相似度区分。在计算概念语义的相似程度时，要着重考虑名称相似程度、属性相似程度和层次结构的相似程度。

（4）分类。在对候选概念进行选择时，要充分考虑概念层次对概念语义的影响。目前要想做到相似度的完全区分是不现实的，即使借助机器也无法做到这一点，因此需要借助相关专家的经验进行最后的裁定，通常情况下按照一对一、一对多、多对一或多对多的映射关系进行划分。

（5）过滤。对本体进行映射是要建立局部本体之间合适的映射关系，借助机器分析和相关专家的力量，获得最有可能匹配映射关系的概念，以及对应的相似程度。然后可以设定相似程度的标准区间，只要计算得到的相似度在区间范围内，我们认为是匹配的，如果测度值不在区间范围内，我们认为是不匹配的。

（6）建立联系。建立概念之间的联系，然后划分进入相应的映射对并输出。相关专家对还未进行计算的概念进行分析，找出除概念相似外的其他映射关系，或者找出之前遗漏的映射对，这就需要对名称、属性、层次结构进行扩展，重复本体和未建立联系本体的删除工作。

（7）产出全局本体。来自局部本体的数据通过映射实现了名称、属性和层次结构的统一，最终通过融合产生了全局本体。

虽然通过一个统一规范的概念化模型可对信息共享产生很多的正面影响，但是许多项目参与人员仍然难以摆脱传统信息共享方式的影响。解决这些问题的根本在于对传统人才建设思想、组织和管理体制的深刻变革以及对整个应急物流行业信息技术应用水平的重视与推进。

第三节　应急物流人才供应链管理信息集成系统模型的应用研究

一、信息收集商激励的应用研究

整体信息层中的信息服务提供商和应用层中的服务集成商之间会就信息共享开展合作，由信息服务提供商收集数据并处理，然后出售给服务集成商，再由服务集成商把信息提供给用户。因为数据收集和处理的工作量非常大，服务集成商无法提供一站式的服务，只能依赖于信息服务提供商。但是在合作中，双方的地位是不平等的，信息服务提供商相比于服务集成商处于信息优势地位，服务集成商处于劣势地位，服务集成商不能观测到信息服务提供商为了收集和处理数据付出了多少努力，但是可以将其转换成货币，因此问题就变成了服务集成商如何设定激励合同来激励信息服务提供商，使双方都能获得最大收益。

信息服务提供商对数据的收集和处理涉及两个方面的努力：应急物流信息技术开发的努力程度（记作 m_1）和信息交流的努力程度（记作 m_2）。这两类元素的努力程度是无法被服务集成商观测到的，但是从信息服务提供商那里获得的信息的数量和质量是可以被观测到的，所获得信息的数量和质量与应急物流信息技术开发的努力程度及信息交流的努力程度呈正相关。所以，本研究定义信息服务提供商的信息产出为 $V=am_1+bm_2+\phi$，其中 a 是信息服务提供商的技术开发努力系数，b 是信息服务提供商的信息交流努力系数，ϕ 是外部随机变量的集合，并且 $m_1 \geq 0$，$m_2 \geq 0$，$a>0$，$b>0$，ϕ 服从正态分布，其均值为零，方差为 σ^2。信息服务提供商付出努力的成本 $C(m_1，m_2) = \frac{1}{2}cm_1^2 + \frac{1}{2}dm_2^2$，其中 c 是信息服务提供商在技术开发方面的成本系数，d 是信息服务提供商在信息交流方面的成本系数，并且 $c>0$，$d>0$。通过信息传递获得的销售额，一方面由信息服务提供商的努力水平决定，另一方面由服务集成商将信息转换成货币的能力决定，销售额 $\pi = f(am_1+bm_2+\phi)$，其中 f 代表服务集成商将信息转换成货币的能力系数，并且 $f>0$。

通常情况下，服务集成商的激励方案有两种：非固定报酬激励和固定报酬激励。

（1）非固定报酬激励

非固定报酬激励是指服务集成商按照销售额的百分比给信息服务提供商分配报酬，是一种线性激励的方式。

信息服务提供商的报酬 $s(\pi) = \alpha\pi$。

服务集成商的期望收入为

$$Ev = E[\pi - s(\pi)] = (1 - \alpha)f(am_1 + bm_1) \tag{1}$$

信息服务提供商收入为

$$w = s(\pi) - C(m_1，m_2)$$

$$= \alpha f(am_1 + bm_2 + \varphi) - \left(\frac{1}{2}cm_1^2 + \frac{1}{2}dm_2^2\right) \tag{2}$$

考虑风险时的期望收入为

$$w' = \alpha f(am_1 + bm_2) - \left(\frac{1}{2}cm_1^2 + \frac{1}{2}dm_2^2\right) - \frac{1}{2}\rho\beta^2\sigma^2 \qquad （3）$$

其中，$\frac{1}{2}\rho\beta^2\sigma^2$ 是信息服务提供商的风险成本。若信息服务提供商接受合作协议，首要条件是接受协议所带来的收入大于不接受协议时的最大期望收益 τ（$\tau > 0$），τ 为信息服务提供商的保留收入水平，即

$$\alpha f(am_1 + bm_2) - \left(\frac{1}{2}cm_1^2 + \frac{1}{2}dm_2^2\right) - \frac{1}{2}\rho\beta^2\sigma^2 \geqslant \tau$$

服务集成商因为无法观测到信息服务提供商的努力水平，而信息服务提供商总是会选择最大化自身收入，所以服务集成商的最大期望收入必须通过信息服务提供商的期望收入最大化来实现。综上所述，非固定激励协议模型可以表述为

$$\begin{cases} \alpha f(am_1 + bm_2) - \left(\frac{1}{2}cm_1^2 + \frac{1}{2}dm_2^2\right) - \frac{1}{2}\rho\beta^2\sigma^2 \geqslant \tau & （4）\\[2mm] \max(1-\alpha)f(am_1 + bm_2) & （5）\\[2mm] \max\alpha f(am_1 + bm_2) - \left(\frac{1}{2}cm_1^2 + \frac{1}{2}dm_2^2\right) - \frac{1}{2}\rho\beta^2\sigma^2 & （6）\end{cases}$$

令式（4）一阶导数为零，得 $m_1 = \dfrac{f\alpha a}{c}$，$m_2 = \dfrac{f\alpha b}{d}$。 （7）

把式（7）带入式（6），并令一阶导数为零，得 $\alpha = \dfrac{\dfrac{f^2a^2}{c} + \dfrac{f^2b^2}{d}}{\rho\sigma^2 + \dfrac{f^2a^2}{c} + \dfrac{f^2b^2}{d}}$。

（2）固定报酬激励

固定报酬激励是指服务集成商分配给信息服务提供商固定的报

酬，报酬不随总销售额的变化而变化，剩余金额归服务集成商所有。服务集成商给定的激励收入 $s(\pi) = \eta$ 。

服务集成商的期望收入为

$$E[\pi - s(\pi)] = f(am_1 + bm_2) - \eta \qquad (8)$$

信息服务提供商的收入为

$$s(\pi) - C(m_1, m_2) = \eta - \left(\frac{1}{2}cm_1^2 + \frac{1}{2}dm_2^2\right) \qquad (9)$$

要想让信息服务提供商接受激励协议，信息服务提供商所获得的报酬应该大于收集数据所付出的成本，即 $\eta > \left(\frac{1}{2}cm_1^2 + \frac{1}{2}dm_2^2\right)$ 。同样地，服务集成商的销售额要大于支付给信息服务提供商的报酬，即 $\eta < f(am_1 + bm_2)$ ，综上所述 $\left(\frac{1}{2}cm_1^2 + \frac{1}{2}dm_2^2\right) < \eta < f(am_1 + bm_2)$ 。在这里，服务集成商仍然无法观测到信息服务供应商为收集数据所付出的努力水平，信息服务供应商也总是会选择自身收益最大化，因此 $m_1 = 0$ ， $m_2 = 0$ 。

通过上述两种激励模型，我们可得到以下结论。

（1）固定报酬激励的方案不能让信息服务提供商为了收集数据而付出努力（ $m_1 = 0$ ， $m_2 = 0$ ）。在企业管理等研究领域，固定薪酬可以起到加强竞争和过滤不合格供应商的作用，但是在应急物流人才供应网络中并不适用，信息服务提供商获得的报酬与付出的努力无关，信息服务提供商因为能够获得固定收入，产生了安全感，进而丧失了信息收集的动力。

（2）相较于固定报酬激励方案，非固定报酬激励方案能够对信息服务提供商产生激励效果（$m_1 = \dfrac{f\alpha a}{c} > 0$，$m_2 = \dfrac{f\alpha b}{d} > 0$）。并且 $\dfrac{\partial m_1}{\partial \alpha} =$

$\dfrac{fa}{c} > 0$，$\dfrac{\partial m_2}{\partial \alpha} = \dfrac{fb}{d} > 0$，即信息服务提供商为信息技术开发和信息交流

所付出的努力与风险收益率 α 呈正相关，提高风险收益率，两方要素

的努力水平也会随之提高。非固定报酬激励方案是更优的，它实现了

帕累托改进。

（3）想要维系与信息服务提供商长期稳定的信息输送关系，服务

集成商需要在制定激励方案时考虑以下最优激励协议的特征：由 $\alpha =$

$\dfrac{\dfrac{f^2 u^2}{c} + \dfrac{f^2 b^2}{d}}{\rho\sigma^2 + \dfrac{f^2 a^2}{c} + \dfrac{f^2 b^2}{d}}$ 可知，风险收益率与服务集成商将信息转换成货币

的能力系数、技术开发努力系数、信息交流努力系数、两种要素投入

的成本系数、风险规避度和信息共享产出的方差有关，其中 $\dfrac{\partial \alpha}{\partial f} >$

0，$\dfrac{\partial \alpha}{\partial a} > 0$，$\dfrac{\partial \alpha}{\partial b} > 0$，说明风险收益率和服务集成商将信息转换成货

币的能力系数、技术开发努力系数、信息交流努力系数呈正相关，当

f、a、b 变大时，α 也会随之变大；其中 $\dfrac{\partial \alpha}{\partial \rho} < 0$，$\dfrac{\partial \alpha}{\partial \sigma^2} < 0$，$\dfrac{\partial \alpha}{\partial c} <$

0，$\dfrac{\partial \alpha}{\partial d} < 0$，说明风险收益率和信息服务提供商的风险规避度、信息

共享产出的方差、两种要素投入的成本系数呈负相关，当 ρ、σ^2、c、

d 变小时，α 会随之变大。

（4）服务集成商想要实现自身收入最大化，不仅要重视信息服务

提供商的筛选，还要加强自身的业务能力。由 $\dfrac{\partial m_1}{\partial a} = \dfrac{f\alpha}{c} > 0$，$\dfrac{\partial m_2}{\partial b} = \dfrac{f\alpha}{d} > 0$，$\dfrac{\partial m_1}{\partial c} = -\dfrac{f\alpha a}{c^2} < 0$，$\dfrac{\partial m_2}{\partial d} = -\dfrac{f\alpha b}{d^2} < 0$ 可知，信息服务提供商两种要素的努力程度与服务集成商将信息转换成货币的能力呈正相关，与信息服务提供商的成本呈负相关；由 $\dfrac{\partial m_1}{\partial f} = \dfrac{\alpha a}{c} > 0$，$\dfrac{\partial m_2}{\partial f} = \dfrac{\alpha b}{d} > 0$ 可知，服务集成商将信息转换成货币的能力与信息服务提供商的努力水平呈正相关。

二、应急物流人才开发的应用研究

（一）高校应急物流人才开发策略

1. 信息化为高校人才培养开辟了新的途径和技术手段

信息化体现了多元文化价值观协调共存的新理念，是现代社会的标志，它扩展了管理活动的生存模式、生存空间和生存指数，从根本上改变了高校应急物流人才培养的方式。

（1）信息化改革高校应急物流人才培训管理环境

业务效率是决定管理职能形象的重要因素。信息技术的发展从根本上改变了获取、交换和反馈信息的方式，为高校人才管理职能的改革提供了良好的机遇。至于高校人才管理环境的物质方面，信息技术的推广为人才服务工作提供了良好的技术基础。员工可以轻松完成数字化项目，加快人才开发部门从"体力劳动"向"信息工作""数字化工作"转变，为精准及时决策、果断快速实施创造有效条件，办事处的反应能力和行政服务水平都大大提高。在更深入的层面上，高校人才管理环境的改革就是人才管理理念的改革。从某种意义上说，高校人才管理的过程是获取信息、思考、选择和传播的过程。信息化创造了高校和人才之间的互动和信息响应机制，实现了信息交流的对称性，这意味着互联网上没有被动的日标群体，只有积极的参与者。只有学校真诚地将应急物流参与方视为具有平等关系的主体，应急物流相关方才会积极点击学校网站，发布各种建议，并与学校进行积极合作。

（2）信息化拓展高校应急物流人才培养领域

信息化为高校应急物流培训提供了高效、广泛的快速通信渠道。随着信息技术的发展和普及，时间和空间的障碍不再存在，为高校人才资源的开发、利用开辟了广阔的空间，提供了更有效的手段。随着网络治理继续标准化，高水平的实时信息传播、双向互动以及国际化极大促进了信息的平稳流动，这大大提高了信息处理能力和透明度，吸引了学术人才并扩大了人才开发领域。有利于高校通过网络寻找和挑选世界各地顶尖的人才，扩大人才的范围和部署，提高人才工作的速度和相关性。信息化提高了高校人才工作的公开性和透明度，促进了人才发展的公平性、公正性和开放性。在这方面，必须考虑劳动力需求，并采取适当的管理和奖励措施。公平包括公平的竞争环境、公平的机会、公平的结果以及参与大学工作的权利。此外，人类发展的机会平等，要保持高透明度和高开放性，鼓励建立公开和公正的学术评价及甄选机制。分配上要平等，必须充分实现"效率第一、平衡公正"的原则。信息化为高校人才的发展提供了完整、合理的界面，实现公平竞争。

（3）信息化促进大学人才文化融合

作为一个强大、有吸引力和具有感染力的传播媒介，信息网络充分展现了获取信息的主动性、自主性和社会参与性。在某种程度上，网络的发展和应用已经成为现代大学精神凝聚力和专业成功的重要基石，也是大学组织文化形成的重要组成部分。信息技术在大学创造新校园文化的过程中发挥着重要作用，为学校人才的建设和潜在发展提供了有效的精神支持。沟通和信息共享改善了当今社会人际关系薄弱的趋势，将分散的大学校园整合到一致的精神层面（特别是拥有多个校区的大型高校）。培养积极的团队认同感和组织归属感，为扩大转型和利用学校的竞争优势奠定了良好的基础。

2. 以信息化为催化剂，加快建立新的管理机制，培养适合信息技术发展的高校应急物流人才

信息化是高校提高人才开发潜力和工作效率的重要途径，也是高校提高人才培养水平的有效途径。信息化是一把"双刃剑"，为学术人才的工作创造了机会和挑战。信息时代作为一个新的历史时期，必然产生新的时代精神，培育新的社会面貌。管理革命清楚地向我们表明了新的管理时代的开始，对象管理、时间管理、内容管理、管理工具和管理文化发生了深刻变化。

（1）高校人才管理要反映和响应信息化

在高校人才管理理念的改革与创新方面，信息技术给管理和管理科学带来了深刻的变化。它提供的信息专业知识和技术工具极大地影响了传统的管理概念。在这个信息快速更新的社会中，作为学校应急物流人才管理的代表，作为人事政策的重要执行者和主要践行者，员工必须不断提高自己的素质和技能，优化和完善知识结构体系，并具有强烈的持续学习的动力，以实现可持续的长期竞争力。高校的人才管理概念必须从封闭到开放、从实证到理性；管理方法正在从统一转向多样性和完整性、从孤立转向协调，控制模式从静态到动态、从简单到完整、从线性到三维。坚定掌握知识管理和人文管理的核心理念，坚信创业和科学工作，在管理中具有竞争和合作意识，追求高校的运营效率和社会效益。在不减少甚至不加强管理职能的情况下，高校可以建立更合理、更有序的人才管理体系，最大限度地减少信息的重复过滤，让人才在透明、开放的环境中自由、适度地工作，给予其最大限度的尊重。可以说，现代信息技术为高校和学生的民主化创造了重要的先决条件，助力了高校人才管理文化的改革与创新。信息化需要强有力的人文精神支撑，这对高校文化改造提出了新的要求。高校人才管理本质上是知识和智力管理，属于软管理。积极打造应急物流的校园网络文化，激发人才创造力，促进人才交流，进行沟通评估，不断加强高校道德力量调节机制，优化教育生态环境。高校人才之间的各种信息和思想冲突是激发人才意识的自然条件和重要手段。从这个意义上说，网络是连接和培养人才情感的纽带，也是发展智力和意识的温床。

（2）充分利用网络技术

拓宽高校应急物流人才资源来源，实现教学资源"数字化发展"，树立高校人才所有权新理念，进行人才和学校的双向服务。高校的发展需要大量高素质的应急物流专家，为了满足这一需求，我们必须努力建立广泛的战略联盟，形成国家甚至全球大学网络，并利用丰富的信息资源和人力资源，促使高校蓬勃发展。这将打破高校传统人才部门长期形成的模式，有效促进人力资源的社会化和国际化，将对高校人才管理的封闭模式产生重大影响，在更开放、更广阔的宏观背景下，在高校人力资源开发中实现新突破，使人力资源开发效率和利用效率得到提高。我们以新的方式为人才创造新的平台，让他们充分发挥自己的才能，创建"在线研究机构"和虚拟研究设施。鉴于当前知识社会中人才全球竞争和跨学科、知识和技术融合的必然趋势，高校应该积极促进互联网接入，通过互联网上的外部大脑解决问题。通过互联网汇集一批顶尖人才，形成精英专家团队，形成集体研究的全球力量。建立虚拟人才库，拓展高校应急物流人才资源，有效将高校人才优势转化为产出，让高校通过网络打造无限人才资源，打造无限合作形式。通过网络有效营销人才，扩大高校人力资源开发，实现人力资源社会分工，也是人才学科的科学运用。高校人才要积极寻求优惠政策和激励措施，发展各类在线人才服务，营造良好的网络环境，为发展在线人才资源创造良好的氛围和模式。

（二）政府应急物流人才开发策略

我们的政府部门在收集应急物流人才信息、创建物流应急行业以及企业和高校应急物流人才发展信息方面发挥着主导作用。政府部门负责制订相关信息建设的总体计划、组织结构和实施计划，制定战略目标、确定总体目标的框架以及其他社会组织在信息建设过程中应达到的应急物流人才培养目标，遵循一般原则，制定适合组织人才培养的实施细则。同时，政府部门要根据热点社会议题，积极审查、改革和规划现有措施，进行应急物流人才信息建设。政府部门还可以在以下两个领域开展国家干部信息化发展的具体工作。

（1）促进高等教育体制改革，鼓励创新创业

创新创业是中国社会发展的主题，创新创业已成为我国政府各项努力的出发点。政府大力倡导以"互联网+"为基础的创新创业教

育，深入总结全球信息化发展。高校和物流公司的应急物流培训标准可以在国家层面标准化，以确保物流培训的一致性，并减少供需壁垒。以信息技术为平台，大力培养应急物流人才，满足应急物流信息网络集成平台的要求，发挥人才的领导作用。2015 年 5 月，国务院办公厅发布《关于深化高等学校创新创业教育改革的实施意见》，要求在全国范围内实施。教育部采取具体措施，鼓励和支持学生的"创业和创新"。结合实际情况，社区通过各种措施鼓励学生创新创业。他们有效地解决了学生在创新和创业过程中面临的挑战，推出了一系列有效的措施，如组织课程、提供导师、提供住宿和资助。政府、高校、学生和投资者密切合作，使我国进入"创新"时代。"互联网+"学生创新创业大赛已成为深化高校创新创业教育改革的主要载体，是促进学生全面发展的重要平台，也是促进生产与学习、研究与应用融合的关键因素。我国教育部门在四个领域对应急物流创新创业教育的课程和地位制定通识规定，以确保高校实施国家应急物流培训政策文件，更好地服务于信息技术建设，培养应急物流人才，以创新意识和创新技能提高应急物流人才的信息应用水平，实现工作流程 IT 全面覆盖，利用 IT 灵活性从多个角度激发应急物流人才的创新思维。

（2）建立科学的应急物流人才规划制度

人才规划体系结构应该与应急物流的培训结构相匹配，为加强后勤人员的培训，中共中央和国务院颁布了相关政策文件予以规范。根据物流任务繁重的现实情况，结合不同物流系统的发展特点和具体要求，发展应急物流人才培养和储备互补体系，培养并留住应急物流人才，解决人才浪费和人才退出等问题，改善应急物流培训机制，为物流培训提供可靠保障。政府出台了一系列应急物流人才相关政策，对应急物流人才的选拔、培训和部署进行了详细规划。一方面，科学有效的选择机制是促进人力资源开发的重要杠杆，申请人应坚持以计算机建设为牵引，不断加强应急物流人才在信息媒体中的学习和管理，加强部署机制，重点提高应急物流人才的知识、技能及其在实践中的工作能力。建立人才选拔机制，促进公平竞争，充分发挥人才管理对应急物流专业人才的促进作用。另一方面，科学评估机制在管理和组织应急后勤培训方面发挥着重要作用。因此，要完善应急物流人员评价体系，帮助应急物流人才提高业务水平、创新能力、发展潜力和专业绩效，将该评价体系作为应急物流人员评价的重要标准，大胆部署应急物流人才。不断适应未来信息物流人才的需求，形成良好的胜任局面，结合物流行业的实践，完善物流人才管理机制，提高教学评价的精益求精和标准化水平，最大限度地提高人才队伍的内在动机。同时，围绕各类应急物流人员的不同质量要求，全面提高其信息能力。政府部门可以通过相应的应急物流培训计划规范培训标准和途径，提高计算机应急物流人才开发效率，培养社会所需的大量应急物流人才。

（三）企业应急物流人才开发策略

（1）更新应急物流人才管理概念

信息技术的发展对应急物流专业人员的整体能力和素养提出了越来越高的要求。因此，应急物流人员管理要坚定树立"信息化为第一资源"的理念，跟上信息化发展的步伐，真正树立应急物流人员建设信息化的理念，使应急物流人员的管理和建设成为"人才培养工程"的重中之重，坚定培养先进的管理意识，制定长远规划，注重应急物流人员的管理，培养具有发展潜力的应急物流人员。同时，要树立先进的人才培养理念，改变"重视高水平人才培养、忽视低水平人才培养"的理念，坚定树立"提高全体员工能力"的高素质人才理念。建立一支以知识为基础的现代综合应急物流专家队伍，为物流建设的发展奠定坚实基础。信息技术的发展需要应急物流人才管理的持续创新。首先，我们要承担起应急物流人才建设的责任，适应信息物流时代，通过创新的信息资源管理方法优化应急物流人才管理的流程，为物流人才管理机制奠定基础。其次，建立应急物流人员终身学习体系。我们要充分利用网络的开放性和互动性，打造文化空间、信息知识窗口、人力技术提升渠道等，传播信息知识，拓宽信息视野，增强人才活力，提高物流人员整体素质。高素质的员工是具有卓越技能的员工，应急物流公司可以从具有丰富实践经验的物流人员中选择一批员工，培训他们现代物流理论和先进的信息技术，并使其了解管理和运营。要改变"应急物流人才的理论知识比实践技能更重要"的原有观念，我们不仅要注重培养应急物流意识和能力，还要注重培养创新能力，让他们进入物流生产线，真正了解物流工作的实际工作流程，实现理论与实践的结合，充分发挥应急物流创新创业的作用，为提高企业生产率做出贡献。更新企业应急物流人才管理理念，可以提高企业引进先进信息技术、开发数字化管理平台和开展在线学习的能力，可以促进应急物流人才的发展和 IT 建设的顺利进行。

（2）培训熟悉运输流程和信息技术的应急物流专业人员

我国的应急物流公司必须从两个方面提高应急物流能力：一是建设和完善应急物流基础设施；二是注重应急物流人才培养。社会必须提高运输能力，发展低成本、高效的生态物流。因此，物流公司不仅要培养人才的管理能力，还要确保其熟悉物流公司的业务流程和操作工具，具有根据科学的理论和实践经验改进物流操作工具和相关方面的能力。企业需要按照内部应急物流标准对物流人员，特别是高级应急物流人员，进行适当的培训，使他们具备物流实践经验和物流运输相关机械设备的理论知识，能及时提出切实可行的改进建议。此外，我们要充分利用信息技术在物流企业的应用，提高智能终端的性能，使应急物流人员能够使用物流信息软件，了解甚至掌握企业乃至物流行业的相关信息，掌握先进的技术知识，实现应急物流人员的信息化发展。企业必须形成多渠道终身学习模式，充分利用不断增长的社会教育和学习资源，如采用在线学习等学习模式，定期组织人员培训，积极探索物流人才的国际合作渠道，与国外高校和培训机构合作培养应急物流人才。

（3）提高数据处理能力，提高应急物流专业人员的总体质量

在信息技术发展的背景下，我国经济产业不断创新和完善，物流企业蓬勃发展，特别是广泛应用于企业和贸易业务的电子商务。随着物流业的不断发展，我国物流业加快了跨境发展，物流业务模式也实现了可持续创新发展。物流公司的有效运作不可避免地取决于其员工，应急物流人员应具备良好的专业知识，掌握英语等外语相关知识。此外，他们必须利用现代物流软件和操作程序在互联网平台上进行物流操作。在大数据技术中，数据系统的复杂性和多样性使部分数据处理过程非常复杂。因此，企业只能依靠强大的数据系统，通过提高应急物流人员的信息能力和数据管理能力提高数据收集的质量和效率，并主导竞争激烈的物流市场。公司可以选择有潜力的员工进行培训，使其掌握全面的 IT 知识、强大的数据分析能力和战略思维技能，

能够分析集成数据，为公司的业务发展和未来运营提供理论支持。这种人才可以称为首席数据官，是公司培养的高级管理人才。只有高素质的物流团队才能显著提高物流公司的应急物流服务质量，从而树立良好的企业形象。这样，企业就可以加强与高校的合作，采用"订单型"应急物流人才培养模式，为企业提供充足、优质的应急物流人才，实现应急物流人才理论与实践的结合。

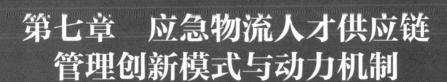

第七章　应急物流人才供应链管理创新模式与动力机制

第一节　国内外应急物流人才供应链
管理一般模式

在发达国家，物流教育已经发展了几十年，并且形成了一个综合了学术和实践的人才培养体系，能够满足不同领域对物流人才的需求。

在课程设置中，国外的物流课程通常重点关注配送和运输等物流基础知识。商学院的物流管理专业强调供应链管理，课程内容主要涉及技术与管理，物流供应链管理战略和供应链的应用程序、战略采购、供应链管理及相关分析技术和管理方法，仿真技术统计、运筹学、会计管理、人力资源管理、法律等。

在发达国家，除了在高等教育院校培养物流专业人员，各种非正式培训也很广泛。物流行业协会和大学开展物流专业培训，课程既关注整个物流过程，又对各专业具有针对性，有明确的培训目标和课程学习大纲，让学员以特定的方式选择所需的课程。同时，欧美、日本等国家和地区也建立了物流专业资质体系。

一、欧美应急物流人才供应链管理模式

根据欧美物流专业协会的研究，欧美物流业从业人员本科毕业的人数比较平稳，而研究生毕业和本科以下毕业的人数相对在减少。与此同时，接受专业培训并获得物流专业资格的物流人员的比例有所增

加。另外，物流业从业人员的知识结构也在不断地改变，对物流和管理的专业技能需求呈现出明显的增长态势。在欧洲和美国，企业对具有管理工程、工业和信息技术等方面知识的人才的需求显著提升。物流业从业人员需要掌握更多的企业管理知识和现代科技手段。在培训内容方面，欧美公司对物流人才的培养重点是信息技术、国际物流、供应链和财务管理。

美国经历过数次大规模的自然灾害袭击，因此政府和相关的科研单位高度重视应急管理体系的建立。美国对应急物流管理人才主要从"知识、技能、能力"三个层次进行培养，从基本的应急物流管理知识入手，特别强调在紧急状态下如何组织物资流动，全面响应救灾过程中各种需要及灾后重建中的资源调度。美国国内救灾体系拥有专门的物流管理部门，主要负责储备物资的管理及供应、需求预报、各级分配路线规划、救济用品分配和救灾物流中心设置。一旦发生灾害，物流管理部门迅速切换联邦紧急反应状态，根据需要接收和分发各种物资。应急后勤管理城市的市长是最高领袖，综合后勤应急管理机构接受市长的统一领导，实现公民、企业、社会组织参与应急管理，和相关部门合作建立社会网络，美国应急物流管理体系如图7-1所示。

美国已经建立起较为完善的物流培训制度。按照美国政府的职业资格认证体系，所有物流工作者必须接受专门的职业培训，而只有通过考核并符合一定条件的人员方可从事相应业务。除正规的职业培训外，在美国相关部门的指导与帮助下，根据物流业实用性较高的特性，也设置了其他认证，包括仓库工程师、物流工程师等。

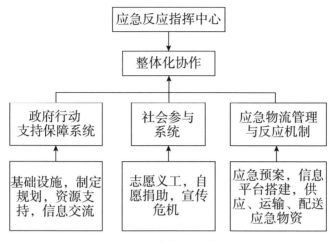

图 7-1　美国应急物流管理体系

二、日本应急物流人才供应链管理模式

日本在长期的应急管理实践中积累了非常宝贵的经验，其应急物流管理非常细致全面。2011 年以来，日本逐步完善应急物流管理体系。在 3·11 日本地震后，日本政府对紧急情况下的应急物流保障工作有了深刻的认识。日本政府通过总结突发公共事件中产生的应急物流问题，逐步建立起"政府主导、政企合作"的应急物流管理体系。日本政府和日本电报电话公司（NTT）、全日空航空公司（ANA）、日本航空公司（JAL）等企业进行了一系列的物流活动，包括建立信息平台、培训物流人员、应急物资运输等，为日本应急物流系统的运作提供了有力的保障。日本应急物流运作体系如图 7-2 所示。

日本应急物流相关人才的培养，充分发挥了"政企结合"的理念。在突发公共事件发生前，民营物流企业派出专业物流管理人员对各级政府人员进行培训；突发公共事件发生时，由专业的应急后勤管理人员进行应急物资管理、分配等操作。同时，日本政府依托科研院

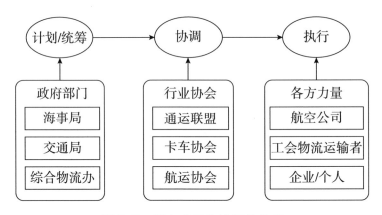

图 7-2　日本应急物流运作体系

所和高校，成立危机管理研究机构，对灾害数据、应急物流效率等课题进行研究，并将研究成果应用于应急物流管理。

在日本，一些大学较早就开始发展物流专业，较为著名的东京工业大学、早稻田大学、流通经济大学等都开设了物流管理或物流工程专业。一些大型企业还专门建立了物流研究、咨询和培训机构。日本较早完成了相对完善的物流教育培训体系建设，有效解决了物流人才培养问题。部分日本大型物流公司十分重视物流人才的培养，并在中国率先开展了物流人才培养。日本政府在物流学会的协助下，积极开展物流调研、学术交流、技术传播，并一直提供《物流管理》《国际物流管理》等各种资质培训课程和研讨会。

三、德国应急物流人才供应链管理模式

德国在灾害预防及控制方面取得了非常显著的成绩。德国政府十分重视应急物流的协作式管理，将应急物流的具体工作划分成不同任务，交给不同的职能部门或者机构完成。德国政府还充分利用社会组织的力量，有专业的民防人员从事民防工作，还有救火、医疗、技术

救援志愿人员参与其中，这个庞大的团队也都经过了专门的培训。德国的应急物流工作具有很高的信息化水平，政府部门通过物联网、云计算、GPS（全球定位系统）等技术，实现了对应急物资的实时监测。德国培养应急物流人才时，尤其重视两个问题：一是专兼结合，少量专业的应急物流工作人员和大量接受过一定应急知识培训、能随时参与应急管理工作中的大众；二是对于各类从事应急物流管理的人员进行信息化培训，以提高他们的工作效率和灾害处置能力。

德国物流的发展离不开其实力雄厚的工业制造业。德国物流教育存在两种相互竞争的趋势：一种是提倡通才教育，另一种是提倡专业能力的提高。最近的改革倾向于在两者之间取得平衡，不仅发展高层次的专业，而且发展交叉专业。除了不同职业的重叠，更重要的是培养学生的沟通能力、解决问题能力、批判性思维能力等，这些能力可以让他们更好地适应雇主的需要，同时也可以让他们更好地独立工作，更有创新意识。

德国建立了一套专业的应急管理培训体系，并将其划分为"决策"和"执行"两大系统。一是对政策制定者进行培训，在联邦政府内政部民众保护与灾害救助局的领导下，对负责领导、决策、指挥、计划、评估、培训的干部进行培训。二是应急管理工作人员的培养。在各种突发事件中，实施急救管理工作的主要是专门的抢救技术人员。他们广泛使用各类专业的救护知识和技术装备，主要负责现场指导、协作和技术援助等，是德国紧急管理的主要战术执行中枢。德国紧急管理的训练体系大多是比较分散的，但消防机关、公安、联邦技术援助组织和部分主要紧急救护志愿团体均有自己的紧急救护训练体系和受训课程。例如，以德国联邦技术救援署（THW）为例，其组织系统主要由一个总会、8 个州际协会、66 个县际和市际地方办公室、1 个地区后勤管理中心、2 个训练学校、668 个地方技术援助部队构成。

THW 的主要职责有三个：一是代表德国联邦政府开展国际救灾工作；二是在战争期间保护德国公民；三是应国家和地方政府要求，开展技术性灾害救援。THW 约 90% 的培训是由分散在德国各地的地方技术救援队进行的。各专业技术救援队配备了统一的技术救援装备和培训体系，并以学校志愿者为主要培训对象。另外 10% 的培训工作是在 THW 的两个培训机构完成的。

四、我国应急物流人才供应链管理模式

我国的应急物流体系是以国家政府为主导的自上而下的系统模式。自 2003 年以来，我国不断建立和完善应急交通物流领域的相关法律法规，发布了《公路交通突发事件应急预案》《水路交通突发事件应急预案》等相关文件，对突发公共事件相关事项进行规范化管理，基本上建成了能够满足突发公共事件应急保障运输需要的、跨区域的联动应急运输保障体系。

从新型冠状病毒感染暴发以来，能够观察到，虽然中央层面的多部门联动应急体系已经构建，却仍处在成长阶段，具有较大的进步空间，需要进一步的优化。我国现有应急物流运作体系如图 7-3 所示。

可以看到，突发公共事件发生时，在政府的主导下应急物流体系具有较强的执行力。但是，在一方有难八方支援的情况下，整个应急物流体系运作的过程显得混乱，这种混乱不仅会降低社会整体效率还会大幅增加应急物流成本。

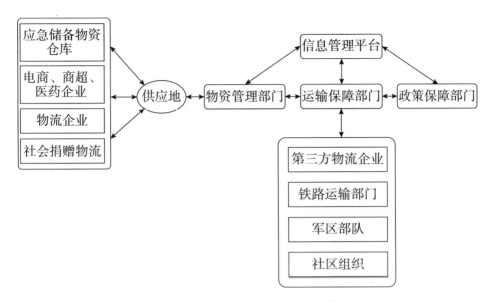

图 7-3　我国现有应急物流运作体系

在我国的应急事态管理体系中，最主要的工具是行政体系，但是，行政体系并不是独立的体系，而是专业的、有组织的体系。这种模式必须拥有兼顾经济性和科学性的应急方案。然而，我国现有应急物流人才队伍的发展较为缓慢，人才供应链和人才保障的相关研究也未到成熟期。因此区域工作往往不能做到规范到位，缺乏系统性、整体性，而且整体上缺乏一套行之有效的规范流程，各地区也存在应急队伍和专业储备不足的情况，这使物资在采购、运输、保障、配送等一系列运行过程中效率降低。

根据以往的研究，从供给角度看，我国物流业从业人员可分为初、中、高三级。初级物流人员一般只需经过简单的培训就可以满足企业的工作要求，而高级物流人才既要适应不同的企业，又要有系统整合内外物流资源的能力。国内物流人才需求主体包括：物流企业、企业物流部门、政府机关、科研院所和少数外资企业。对于物流企业来说，需要的是一大批初级物流人才和一小部分中高层级的人才。然而，我国物流行业的宏观环境、企业自身的微观环境还不完善，企业对物流的了解不够透彻，应聘者和用人单位整体磨合不充分，这种情况下想在短期内有较大的转变是不现实的。

物流人才的供给和需求是不对称的。需求方对高级物流人员的需求是巨大的，而市场只能提供大量的初级（通常是低质量的）物流人才或受过高等教育的新手。此外，高校的培训方案过于依赖传统的"母专业"，尚未建立起一套适合现代物流专业培训目标的教育体系。可见，当前我国物流业的发展，无论在数量上，还是在质量上，都与现代物流业发展的需求相去甚远。

我国物流人才的教育、物流研究等领域还处于初级阶段。因此，使物流人才培训和物流发展速度不理想，物流人员的专业性有待加强，综合水平偏低，具有系统化和专业化物流技术的人才总量少，物流人才供需对比明显。为了实现现代化物流的平稳发展，必须培养和引进大批的现代物流人才。物流专业人员被列为全国人才短缺类别之一，特别是对顶级物流人才的需求每年都大约增加15%。物流行业中仅有20%的员工有本科及以上学历，而在发达国家（如美国），90%以上的物流从业人员都有本科学历。造成这种情况的主要原因是社会提供的相关教育和培训途径太少。约有10%的国家的高校提供物流本科课程，具有硕士点和博士点的高校更少。此外，我国教学设备、教学环境、教学人员、课程安排和课程设置都无法与国际物流教育的高水平相媲美。这从根本上限制了我国物流发展的速度和过程。

我国在应急物流方面最大的缺陷就在于专业人才的匮乏。此外，中国"平战"结合的做法也并不能很好地扎根落地。因为应急物流人员的基本训练及操作能力训练都需要相当多的时间。临时抽调的政府管理人员、公安消防专业人才在短期内还无法成为高效的队伍，也无法满足突发事件的需求。我国在全国部分高校开设了应急物流的相关学科，如暨南大学、西安科技大学、河南理工大学、防灾科技学院。但是由于应急物流的基础实力还比较薄弱，没有高水平的科研成果，没有专门的配套技术，还无法满足全社会的需求。

第二节　应急物流人才供应链管理创新模式——基于四支柱模型

一、应急物流人才供应链管理创新模式构建流程

根据国外应急物流人才供应链管理模式的经验，按照人才供应链管理的特点，构建一种动态、弹性、快速响应、结果导向的应急物流人才供应链管理创新模式。

①四支柱模型：确定应急物流人才供应链管理模式的核心支柱。

②情景识别：清晰说明军政产学研用人才供应链管理创新模式的价值主张、价值内容。

③识别参与主体：明确应急物流人才供应链管理的各个参与主体及其作用。

④识别核心导向：确定参与主体的核心领导者。

⑤识别价值交换：价值流动的必需步骤。

二、应急物流人才供应链管理创新模式构建

许锋认为人才供应链管理模式由四个核心支柱组成，分别是动态短期的人才规划、灵活标准的人才盘点、ROI 最大化的人才培养和无时差的人才补给。在新型冠状病毒感染疫情背景下，应急物流人才供应链管理模式需要搭载智慧物流。在前人研究的基础上，提出应急物流人才供应链管理创新模式由四个核心支柱组成。

（一）动态短期的人才规划

在外部环境、国家战略的基础上，形成对应急物流人才供应的需求，这是应急物流人才供应链的基础。

在政府层面上，我国尚未形成对突发公共事件的应急物流教育整体规划，也没有形成对政策、资金支持、教学体系和监督机制的系统安排。一旦突发公共事件发生，对政府而言，需要快速建立专业化的应急物流管理团队，在全国各地进行物资、设备的调配和运送。要及时掌握各种应急管理人员的资源，建立一个统一、全面、动态、涵盖不同层次和不同类别的应急管理人员数据库，为应急管理人才资源规划和队伍建设提供数据支撑。

在企业层面上，面对突发公共事件，临时大量外部招聘显然是不现实的，所以企业需要将外部环境的要求转化成人才供给策略，也就是培养人员快速响应随时变化的要求。对应急物流人才的规划包括补充规划、培训规划、使用规划和激励规划，如图 7-4 所示。

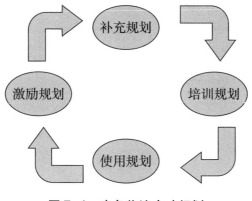

图 7-4　应急物流人才规划

（1）应急物流人才补充规划

突发公共事件发生后，短期内人力资源需求将达到峰值。短时间内对人员需求数量大、专业技术要求高，而且要求反应迅速，这必然需要进行供需规划。为了建立人才库并制订更有针对性的发展计划，预测和分析紧急情况下的人力资源需求至关重要。需求预测应充分考虑跨学科协调，人才储备也要与各地区总人口相结合。人力资源的供给预测包括外部供给预测和内部供给预测。将同期需求预测与供给预测进行对比分析，两者的差额是组织必须努力补给的部分。在确保人力资源供需平衡时，还要注意人力资源结构的平衡。

通过合理的人才规划，物流企业可以了解短期内人力资源的供求情况、发展岗位的空缺和配备情况，合理安排人才，不会造成岗位拥挤。它能使企业将合适的员工安排在合适的岗位上，实现人员的能力与岗位匹配，使人力资源得到最有效的利用，防止企业盲目地招聘更多的物流人员。合理的人才补充规划可以帮助企业规划人力资源。

（2）应急物流人才培训规划

企业常规的人才培训中，对应急工作处理的培训较少，而且短期内无法达到应急物流人才培训预期要求，因此应急物流人才补充不管是在事件中还是在事件后都成为物流企业需要规划的问题之一。

提高前瞻性和预见性，组织相关机构和人员，投入资源，根据突发公共事件和应急管理工作的特点，与现有应急物流人才资源状况和结构相结合，遵循其成长规律，应用现代人力资源管理工具和方法，合理、科学地预测各类应急管理人才的培养需求，提高应急管理人才培训规划工作水平，健全应急管理人才培养规划。为开发应急管理人才队伍提供必要的支持，以适应应急管理工作形势发展。

（3）应急物流人才使用规划

人才使用规划通常指组织单位的人事调动或岗位调动。应急物流人才使用是针对突发公共事件，物流企业为缓解一些岗位人员紧缺现象，将其他岗位的人员临时调配到紧缺岗位的管理决策。应急状况下，物流业的一些岗位人员需求量大，如一线配送人员、物资仓储人员等，物流人力资源管理部门会采取一些措施应对，将其他岗位的人员调配至人员紧缺岗位。做好人才调配方面的管理决策能够缓解燃眉之急，还可以增加应急物流人才供应链管理的灵活性。

（4）应急物流人才激励规划

在没有突发公共事件时，员工保留其原有岗位，工资标准按各物流企业规定执行并根据每个物流企业的工资标准发放工资。员工利用空闲时间参加应急物流培训，根据人力资本理论，对智力资本的投资应予以补偿。关于在紧急情况以外的正常时间的工资支付问题，可以根据应急单位的"国家津贴"和"政府津贴"，设立一项独立于以往工资制度的特殊津贴。津贴金额可每年评估一次。

若突发公共事件发生，应急物流人才的工资结构应包括：基本工资、奖金、津贴、非货币薪酬及其他各种福利，建立全面的薪酬体系。基本工资是薪酬中固定和重要的组成部分。可以根据人才库中的综合评价结果确定适当的薪酬水平。奖金通常与当前基本工资和福利挂钩，可以将基本工资的一定比例作为奖金的基准，根据考核结果增加或减少。津贴是为了补偿应急物流人才从事特殊工作而产生额外消耗的补偿，以补偿突发公共事件风险而引起的额外消耗。在跨地区抽调的情况下，还应视情况向应急物流人才提供商品和服务津贴、住房津贴、困难补助等。非货币薪酬是从工作环境、工作氛围、工作人际关系及工作本身获得的非货币形式的收益。突发公共事件有一定风险，基础福利还应包括额外的养老保险、医疗保险等。为了长期激励应急物流人才，可以由政府一次性为有杰出贡献的人员缴纳补充养老保险，退休后他们可以每月领取到这份补贴。

在突发公共事件中做出重要贡献的物流人员应给予晋升，这是对人才必要的激励措施。国家应制定相应的法律和条例，在职位晋升过程中，适当优先考虑在突发公共事件中做出重要贡献的人。例如，对于参加过突发公共事件应急物流管理的工作人员，按其任职时间、业绩、绩效评价等分层分级，并制定适当的优待政策。

（二）灵活标准的人才盘点

基于战略性的人才规划，应考虑如何将现有的存量人才发挥最大的作用，需要对人才数量、结构和能力进行全面的盘点，利用标准、有效的工具实现人才盘点。面对突发公共事件的突发性、不确定性和非常规性，我国还缺乏应急物流人才权威而全面的数据资料，已有的相关资料也被不同部门掌握，人才数据不完整，信息也缺乏时效性。

因此，应加快对各类应急物流人才进行统计和摸底，建立全面、完整、动态的应急物流人才数据信息库。

人才盘点是一项复杂的工作，可以借助灵活、标准的工具，以确保盘点结果的可靠性。人才供应链管理理念强调个人的全面发展与团队协同配合。随着人才供应链的不断深入，为了及时发现能力差距，实现对员工的实时动态监测，组织应当设置下属单位的能力匹配标准，而非工作匹配标准，以便后续行动的开展。在人才盘点中，追求个人能力全面达标难度极高，所以要强调团队之间的协作，对人员结构进行适当的调整，并采用内部培养和外部补给两种方式适时地进行人员补充。

（三）ROI 最大化的人才培养

政府作为应急物流体系中必不可少的一环，在物流人才培养中发挥导向作用。国家主管部门应加强各地区、各行业物流信息系统的集中管理，并与物流巨头企业合作，充分利用大数据、区块链、物联网等现代技术，共同构建国家智慧物流骨干网络，努力实现我国各类物流信息系统互联互通，实现 ROI 最大化。

第三方物流公司应搭建应急物流校企合作平台，为国家储备更多具有实践经验和专业知识的应急物流人才。面对突发公共事件时，选派专业人员支援一线，积累更多实战经验，用丰富的经验培养应急物流人才，并做好下一步培训储备。

解进强等运用胜任素质模型对应急物流人才的管理提出胜任素质，主要包括组织管理能力、指挥控制能力、业务能力、人际公关能力、成就导向以及个人品质。人才培养要建立在胜任素质模型的基础上，首先要构建胜任素质模型结构，对现有和后备的应急物流人才胜任素质进行综合评价，帮助其了解自身特点、工作行为特征和发展需要，并查明差距。其次要针对组织的不同层次和不同的培训难度，设计符合个人特点和组织发展需求的培训方案，提高个人和组织的胜任力。最后要追踪和评估人员培训的全过程，及时反馈和改进培训情况，最大限度地优化培训的效果，提高工作人员的技能，以培养其胜任力，从而有效开发组织人力资源，促进战略目标的实现。

（1）应急知识教育

应急知识教育是指对员工进行突发公共事件应急知识培训，过去大多物流企业内部人才教育培训容易忽视员工此方面的训练，在突发公共事件发生时，员工应急基础知识欠缺容易挫伤组织稳定性、增加管理决策成本。由于物流业在突发公共事件中的重要作用，应急知识对物流业尤其重要，员工需要掌握应急物流知识应对突发公共事件下的可能情况。例如，新型冠状病毒感染疫情发生突然，这时拥有应急知识培训经验的物流企业的统筹能力显然高于无此培训经验的企业。

（2）应急实战演练

突发公共事件发生时，物流企业管理者及员工是慌乱的。要做到未雨绸缪，需要在员工培训项目中加入应急实战演练，尤其是物流企业更要做好这项培训。只学习应急知识显然不够，需要通过实战演练加强应急物流人才的培养，加深员工对应急演练的认识，做好应急物流准备和响应，演练过程突出物流企业应急措施，注重实际效果，保证演练的全面性，并针对演练时出现的问题进行纠正，从而有益于提高应急物流人员的应急水平。

（3）应急战略管理能力训练

应急战略管理能力一般指管理者在应急形势下统筹规划、战略部署的能力。在应急物流人才供应链中，人力资源管理者的应急战略管理能力影响着人才供应链的整体流程。例如，新型冠状病毒感染疫情对物流企业应急人员统筹能力的要求显现，应急物流管理者要在追求效率的前提下保证工作质量。应急医疗物资的运送任务要实现速度与效率的双赢，物流企业管理人员应在响应国家指令的同时做好人员部署、运送规划、防护工作安排等。物流企业人才培养方案要加强对应急战略管理人才的引进与培养，以实现在应急状态下统筹规划，降低时间成本。

（4）智能技术人才培养

在新型冠状病毒感染疫情下，物流行业衍生出一些新的技术，如"智慧物流"。出于安全的考虑，特殊情况下物流配送方式有了一些改变，京东物流的智能配送机器人就是一大亮点，顺丰也采用无人机进行配送。智慧物流技术的开发起到了明显作用，一方面有效地保证了物流配送和运输人员的安全，另一方面大大节省了人力。尤其是在突发公共事件下，物流核心技术成为安全防护与生产生活平衡的有力工具，或将改变未来的经济生活方式。所以物流企业人才供应链管理越发重视对核心技术人才的储备与培养。

（5）服务素质培养

物流企业一直注重对员工服务素质的要求，以求给客户良好的体验，各大物流企业的宗旨或文化都是提高自身服务水平、提高客户对物流活动的满意度。

（四）无时差的人才补给

从物流人才供应链角度分析，突发公共事件发生时人才紧缺是无法解决的困难。在生命安全受到外界威胁时，外出工作也成为眼下暂缓的事项，如新型冠状病毒感染疫情初期，一线物流配送人员复工率较低。同时，在公共卫生事件突发的情况下，物流企业对人才的需求大大上升，应急物流技术人才、管理人才成为物流企业亟须补充的对象。无时差的人才补给是应急物流人才供应链管理的第四大支柱，它是根据人才计划和人才储备的不足而制定的短期战略：通过内外部结合的方式保障人才供应。而人才供给的重点是"无时差"，即一旦产生人才的空缺需求，可以在最短的时间内补充"合适数量、合适技能"的人才。应急型人力资源的获取方式主要有行政征集、人才引进、完善人才培养机制、建立人才储备机制，应急物流人才的获取方式如图7-5所示。

图7-5　应急物流人才的获取方式

政府应统筹利用社会配送力量。强化全民应急物流意识，努力构建基层乡镇和社区应急配送力量体系，充分发挥行业协会的宣传协调优势，更广泛地聚集社会配送力量。建设一支后备物流队伍，一是在各级政府主管部门或军队机关的领导下，从当地大型物流企业中挑选高素质人才，形成半军事化后备力量；二是地方后备力量可以在各地预备役部队的领导下，率先将地方物流企业管理人员和骨干队伍纳入其物流后备保障体系，从而构建准军事化的应急分配后备力量。后备配送力量应协调统筹好规模、数量、布局、专项资金及应急演练等要求和相关机制。在应急物流中，协调使用军事配送力量可以达到事半功倍的效果。军队拥有快速响应的全国运输力量，地方应急部门应积极配合对接军队，并在全国范围内统筹部署、组建地方和军队分配力量。在日常备战之余，军队相关单位同时要做好应急准备，各运输部队要针对不同地区可能存在的突发公共事件，进行有针对性的应急配送训练。

企业可以实行校企结合的应对策略。通过校企结合，可以迅速获得大量专业型物流人才，召集高校物流专业学生作为志愿者，支援企业，使企业的人力资源迅速得到补充，而高校物流专业的志愿者也是通过各个学校不同的筛选机制产生的，因此，一般也是专业素养比较高的学生。这种情况下，既能更大限度地保证扩充物流人员的服务质量与专业性，又能为在校的学生提供实践机会。校企合作是物流企业不断获得专业人才的重要合作方式。

第三节　应急物流人才供应链
管理的动力机制

动力机制理论是从机制视角研究组织高效运转的根本动力，探讨怎样激发人们的主观能动性，通过合理的机制设计实现组织的自动运行。郝英奇认为，管理系统的效率源自制度的动力机制，其动力机制是由制度、政策和法律引导的。要建立一个高效的动力系统并使之运行良好，必须从机制的调整入手。经济学上关于动力机制的研究是对管理学很好的补充，田国强认为，在自由选择和权力分权的情况下，无论是何种社会或经济目标，如何设计经济机制（制定什么样的方法、规则、政策），应使经济行为的个人利益与设计者利益相协调。郝英奇和刘金兰认为，文化是一种内在的机制，它与导向机制、约束机制、控制机制等多种机制协同作用、相互配合，形成完整的动态机制，从而提出了文化因素在动力机制中的重要作用。

一、影响应急物流人才供应链管理机制的动力因素

为了应对突发公共事件，应急物流的实施需要各层人员具备相应的素质和理念。我国应急物流相关人才匮乏。应急物流是涉及多个层面、多个区域和多个管理部门的特殊物流行为，组织应急物流不仅需要政府、军队、企业、基层社区组织、学校等多方协同参与，更需要人民群众的广泛参与。

（一）主要因素

影响应急物流人才供应链的因素有很多，主要因素有应急物流产业增加值、教育经费投入、平均工资、工会组织数量等。本书选取全国交通运输、仓储和邮政业城镇非私营单位就业人员数衡量应急物流人才供应，用 N 表示。这个数值越高说明应急物流人才供应水平越高。影响应急物流人才供应的主要因素有以下几类。

（1）应急物流产业增加值

应急物流产业增加值影响应急物流人才的供应。应急物流产业增长速度越快，应急物流行业的人才需求越大。从新型冠状病毒感染疫情暴发以来，应急物流产业越发受到重视，应急物流统筹安排和运输需求量巨大。本书选取 2005—2020 年《中国统计年鉴》中物流产业增加值衡量应急物流产业增加值，用 x_1 表示。

（2）教育经费投入

教育作为提高人力资本中最重要的手段，教育经费投入影响人才开发及供应，教育经费投入是人才开发成长的基础。本书选取 2005—2020 年《中国统计年鉴》中财政教育经费衡量教育经费投入水平，用 x_2 表示。

（3）平均工资

平均工资对应急物流人才供应的影响体现在两个方面：一是工资越高，行业吸引力越大，人才供应数量越高。二是工资高可以提高人才的保障，避免人才的流失。本书选取 2005—2020 年《中国统计年鉴》中交通运输及邮政行业从业人员的平均工资衡量应急物流人才的平均工资水平，用 x_3 表示。

（4）工会组织数量

工会组织数量体现的是对人才的保障，同时是人才开发成长的软环境。本书选取 2005—2020 年《中国统计年鉴》中全国工会组织数量衡量对应急物流人才的保障程度，用 x_4 表示。

（二）模型的建立

$$\ln(N) = a + b_1\ln(x_1) + b_2\ln(x_2) + b_3\ln(x_3) + b_4\ln(x_4) + u$$

其中：a 代表常数项；b_1，b_2，b_3，b_4 为各自变量相应的弹性；u 代表随机误差项。

相关变量统计数据如表 7-1 所示。模型摘要、方差分析、回归系数分析如表 7-2 至表 7-4 所示。

表 7-1　　　　　　　　　　相关变量统计数据

年份	应急物流产业增加值（亿元）	教育经费投入（万元）	平均工资（元）	工会组织数量（万个）	应急物流人员数量（万人）
2005	10835.7	51610759	20911	117.4	613.9
2006	12481.1	63483648	24111	132.4	612.7
2007	14601.0	82802142	27903	150.8	623.1
2008	16362.5	104496296	32041	172.5	627.3
2009	16727.1	122310935	35315	184.5	634.4
2010	19132.2	146700670	40466	197.6	631.1
2011	21842.0	185867009	47078	232.0	662.8
2012	23763.2	231475698	53391	266.3	667.5
2013	26042.7	244882177	57993	276.7	846.2
2014	28500.9	264205820	63416	278.1	861.4
2015	30487.8	292214511	68822	280.6	854.4
2016	33028.7	313962519	73650	282.5	849.5
2017	37121.9	342077546	80225	280.9	843.9
2018	40337.2	369957704	88508	273.1	819.0
2019	42466.3	400465452	97050	261.1	815.5
2020	41561.7	429081500	100642	247.6	812.2

表 7-2 模型摘要

模型	R	R^2	调整 R^2	标准估计的误差
1	.967^a	.936	.913	.04330

注：a 为预测变量：（常量），x_4，x_1，x_2，x_3

表 7-3 方差分析^a

模型		平方和	自由度	均方	F	显著性
1	回归	.301	4	.075	40.150	.000^b
	残差	.021	11	.002		
	总计	.322	15			

注：a 为因变量：N；
b 为预测变量：（常量），x_4，x_1，x_2，x_3

表 7-4 回归系数分析^a

模型		未标准化系数		标准化系数	t	显著性	B 的 95.0% 置信区间	
		B	标准误差	Beta			下限	上限
1	（常量）	14.887	2.323		6.410	.000	9.775	19.999
	$\ln x_1$	.656	.465	−1.979	−3.413	.018	1.679	.366
	$\ln x_2$	−2.192	.446	−10.126	−4.915	.000	−3.173	−1.210
	$\ln x_3$	3.003	.765	10.329	3.924	.002	1.319	4.687
	$\ln x_4$	1.401	.266	2.831	5.265	.000	.815	1.986

注：a 为因变量：N

（三）回归结果分析

通过回归结果得出，应急物流产业增加值、教育经费投入、平均工资、工会组织数量与应急物流活动人员数量存在正相关关系，同时表明这几项因素是应急物流人才供应链的重要影响因素。由以上表得出，所有变量的显著性都较高，通过检验，进而可以得出影响应急物流人才供应链管理的主体，包括政府、企业、高校、社会群体。

（1）政府

政府在应急物流人才供应链管理动力机制中的地位：国际经验表明，应急物流人才供应链管理需要国家在全局统筹下引导发展。应急物流指挥中心的运作依赖于政府公权，本质上，它属于政府机构，作为国家救灾工作的执行部门，按照现代物流的运作程序和现代法律法规行使职能、开展工作，在突发公共事件发生时储存和运输国家救灾物资。政府需要快速有效地进行指挥和运作整个物流体系。我国的应急物流发展长期以来由政府主导，政府必须迅速有效地管理整个物流人才开发系统。作为应急物流人才发展的主要负责人和指挥者，政府职能的发挥至关重要，政府部门的效率是决定其成败的关键。

政府在应急物流人才供应链管理动力机制中的作用包括以下几点：①出台政策。出台相关政策，改革应急物流人才管理机制和评价方法，建立一个公平开放的行业环境。行业环境有利于吸引更多人才涌入应急物流行业，促进应急物流行业的发展和应急物流人才的补充。②资金帮扶。有相应的资金帮扶，应急物流人才在突发公共事件发生时才能发挥更大的作用。由于企业某些程度上对资金变现的需要，会忽视一部分应急物流人才的储备和供应，所以，为了无时差补给应急物流人才，获取更多的储备，需要政府对物流人才进行补贴，保证后续人才供应和补充。③保护生命安全。应急物流人才往往是突发公共事件发生时走向第一线的"逆行者",他们的生命安全需要政府保障。④监管和激励。政府作为应急物流体系的主导,有责任和义务保证应急物流体系的顺利运行。监管应急物流人才的资质和应急物流企业的运行并给予反馈,提高应急物流人才的质量。同时,政府需要对表现突出的应急物流人才给予一定的奖励,包括物质奖励和精神奖励,激励更多的人投入应急物流管理中。⑤服务。政府要为应急物流人才做好服务工作,清除应急物流人才在应急物流运输、协调中遇到的障碍,如在新型冠状病毒感染疫情防控期间,应急物流运输遇到交通管制,需要政府进行统一协调,发放通行证,同时引导行业保障资金注入,降低应急物流人才的风险。

同时,政府可以充分发挥军队在应急物流人才供应链管理动力机制中的地位:军队是应急物流人才供应链的重要保障。国家"十二五"规划也将"推进军民融合式发展"作为国家发展的重点;党的十九大报告中更是明确提出要"形成军民融合深度发展格局"。

军队在应急物流人才供应链管理动力机制中的作用:①借助国民教育为部队培养应急物流人才。军事与应急物流人员融合,军队借助国民教育为部队培养应急物流人才,同时地方应急物流人员可参与军队组织的应急物流演练,提高军民双向的沟通协调能力。②补充应急物流人才链。应急时军地各方应急物流人员按职责特长,共同完成应急物流任务。③提供资金。军民共同建立高效财务协调中心,设立军事应急物流专项基金,按照统一标准,统一结算,提高应急物流运作效率,同时培养应急物流人才。④信息共享。总体而言,应急物流信息融合的作用路径有两种。一是自上而下的信息保障,政府和军事紧急救灾指挥机构应信息共享并传递给各自的下级部门;二是信息是自下而上的需求，军民应急物流实施机构收集传播重要信息，自下而上反馈应急物流人才需求。

（2）企业

企业在应急物流人才供应链管理动力机制中占据重要地位。专业的社会应急物流企业在应急物流体系的市场化运作方面展示出来强大的力量，许多企业和组织拥有良好的物流系统或者可以直接生产应急物资。为了有效应对经济情况，一些企业甚至有自己的救援设备和救援队伍。社会应急物流包括应急物流基地、应急物流园区、应急配送中心、第三方应急物流公司等。企业对应急产品的投资行为已经从被动、无意识转向主动、有意识，投资形式开始由产品投入转向产业投资，一些地区已经开始建设应急产业园区。在浙江、江苏这些民营经济相对发达的省份，一些民营资本开始自主投资建设应急产业园区，在应急行业的发展中，规模经济正在逐渐显现。

物流企业在应急物流人才供应链管理动力机制中的作用：①企业资金是应急物流人才培养主要的资金来源。一方面，许多企业和组织有良好的物流系统或者能生产应急物资，拥有自己的应急救援队伍和应急救援装备，公司无形中培养了物流人才应急知识，也就是培养了物流人才。另一方面，高校培养的物流专业人才大部分进入企业，当高校的培养目标与企业的战略发展相匹配，较容易获得企业的认可，为应急物流人才供应链管理注入了强大生命力。②降低人才开发的成本。企业可以通过与高校共同开发应急物流人才，利用高校丰富的教育资源，降低风险，从而降低成本。同时，企业为受训者提供实训机会，使受训者具备更多实践经验，有益于物流人才向应急物流人才发展。③营造积极为应急物流奉献的氛围。企业作为应急物流人才供应链管理的重要一方，肩负着为应急物流行业输送血液的责任，物流企业要将应急物流作为战略发展方向，关注员工的成长，鼓励员工。

（3）高校

高校在应急物流人才供应链管理动力机制中的地位：高校是培养应急物流人才的主力军，汇集了丰富的教育资源和人才。教师向学生授课，还以实训模拟的方式提高同学们的实践能力，让学生不仅具备物流管理的相关知识、技能，同时储备应急物流的应急技能。因此，高校在应急物流人才供应链管理中发挥巨大的作用，是应急物流人才供应链管理的主体。

高校在应急物流人才供应链管理动力机制中的作用：①制定基于应急物流管理胜任模型的人才培养目标与方案。应急物流管理由多学科交叉，应用操作性强，具有综合复杂的知识系统。应急物流涉及的内容较多，如应急物流保障机制建立、交通运输管理、信息系统建设、大数据应用、法律法规制定以及应急物资的筹集、调度与管理等。应急物流人员除了要具备专业的物流知识、应急管理知识，还须掌握一定的地质灾害知识、公共卫生处理知识等。因此应急物流的人才培养不是基于某个专业，而是基于相关专业集结成的专业群。应急物流人才培养必须适应应急管理需要，在面对各类突发公共事件时，能积极运用专业知识对各类应急物资进行组织、调度和补给。在保障资源可得的前提下，优化应急物流方案，尽量缩短物资供给时间。同时还应该协助其他应急机构，如公安、消防、急救中心、医疗单位等，完成受灾人员的救护工作。②吸纳多元化的师资力量。应急物流管理方面的研究在我国起步较晚。高校教师特别是职业院校教师从事这项研究的人数很少。因此开展人才培养之前必须完善教师队伍。学校不仅需要建设自己的师资队伍，还应该积极与国家应急救灾部门、军队院校及其他地方院校、物流企业、行业协会等一起开展全方位、多层次的培训，不断拓展人才的多种培养途径。③提供应急物流管理模拟训练项目。因为应急物流的特殊性导致其发生频率比较低，生成环境又比较复杂。完全依靠真实环境进行实训教学并不现实，必须进行一些场景模拟。

（4）社会群体

社会群体在应急物流人才供应链管理动力机制中的地位：社会群体是应急物流人才供应链管理的有力保障和得力助手。社会力量的响应非常迅速，他们有物资供应商、捐赠者、物流服务商、慈善机构等，多方合作可以保证物资、人员、资金的有效流通，保证物资流通顺畅的同时确保物资及时抵达受灾地区。开展义工志愿者活动，可以让社会力量在突发公共事件发生时，帮助政府保护民众的生命和财产，促进社会的持续稳定发展。面对突发公共事件，政府部门必须充分重视发挥人民的力量。例如，新型冠状病毒感染疫情防控期间，多方志愿者、志愿组织充分发挥自己服务人民群众的热心，积极参与疫情的防控工作。无数的普通百姓都在自发地响应志愿者的号召，为疫区提供了大量的物资。退伍老兵李晓静在疫情暴发后，立刻提出了自己的请求，请愿带领着一支50名护理队员的队伍奔赴武汉，这让人民群众见证了很多中国退役士兵的大爱。

社会群体在应急物流人才供应链管理动力机制中的作用：①补充应急物流人才。个人、社区及非政府组织志愿者，这些社会力量有力地支持了供不应求的应急物流人才需求。②转变应急物流思想，重视、尊重应急物流人才。在现行国情下，只有各个层面都重视对应急物流人才供应链的管理，才能进一步建立应急物流人才供应链，才能在突发公共事件下使应急物流人才供应链得到应有的保障。③提供资金保障。为支援全国抗击新型冠状病毒感染疫情工作，招商局慈善基金会和中外运物流共同打造的灾急送应急物流志愿服务队（以下简称"灾急送"）在危急关头挺身而出。"灾急送"在 2020 年 1 月 26 号启动了一级响应，中国外运公司也迅速响应，全线待命，为湖北的救灾物资提供了免费的紧急运送和仓库储备支持。同时，招商局仁和人寿还为所有在疫情最严峻地区的乘客投保了一份价值近百万元的个人意外险。应急物流体系主体如图 7-6 所示。

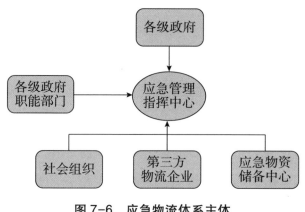

图 7-6　应急物流体系主体

二、动力机制的构建

机制是一种基本的存在，它贯穿客观现象的发生、发展、变化的整个过程，是它的核心和根本。"政产学研用"协同创新育人的动力机制是指激发和推动"政产学研用"多方产生合作的动力机能，是形成"政产学研用"多方协同创新育人的基本前提条件，激发和引导"政产学研用"是联合成立跨企业培训中心，多方协同创新育人及深入可持续发展的关键环节。协同创新育人的动力机制位于全过程中的前沿，具有先导性、基础性的特征。本书将协同创新育人的动力机制分为外部动力系统和内部动力系统。外部动力系统是一种激励、激发合作或转化的动力体系，它可以促进政府、企业、学校、研究院所、用人单位之间的合作，它包括国家政策决策驱动力、地方经济发展拉动力、科学技术发展推动力、生命安全保障促动力等动力因素。内部动力系统是"政行校企"两个层面上的多方协同创新的内在驱动力，其中包含了资源和能力整合的需要、利益驱动的需要、教育招生就业的需要等。内部动力系统和外部动力系统之间的逻辑关系是相互影响和联系的。只有在外部动力体系的影响下，企业的内部动力体系才能有效地运作。同样，如果内部动力系统不能正常工作，那么外部动力系统就失去支持，很难起到诱导和推动的作用。协同创新育人的动力机制模型如图 7-7 所示。

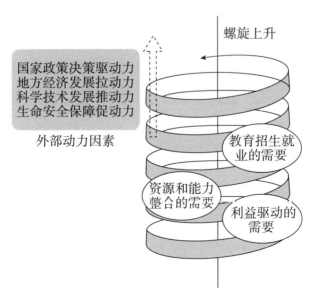

图 7-7　协同创新育人的动力机制模型

（一）应急物流人才供应链管理的外部动力因素

（1）国家政策决策驱动力

2009年《国务院关于印发物流业调整和振兴规划的通知》中明确提出，要通过多种途径推动物流业发展，加快我国物流人才发展。通过加强对物流人才的需求预测和调研，制定科学、合理的人才培养目标，建立多层次教育体系和在职人员培训体系。通过整合社会资源，推动企业与高校、科研机构合作，编制优质教学材料、提升实践能力、加强职业技术教育、开展物流专业资格培训和认证，加强与国外物流院校的合作和交流。

2022年5月《国务院办公厅关于印发"十四五"现代物流发展规划的通知》提出，打造创新实用的科技与人才体系，建设物流专业人才队伍。发挥物流企业用人主体作用，加强人才梯队建设，完善人才培养、使用、评价和激励机制。加强高等院校物流学科专业建设，提高专业设置的针对性，培育复合型高端物流人才。加快物流现代职业教育体系建设，支持职业院校（含技工院校）开设物流相关专业。加强校企合作，创新产教融合人才培养模式，培育一批有影响力的产教融合型企业，支持企业按规定提取和使用职工教育经费，开展大规模多层次职业技能培训，促进现代物流专业技术人员能力提升。指导、推动物流领域用人单位和社会培训评价组织开展职业技能等级认定，积极开展物流领域相关职业技能竞赛。实现学历教育与培训并举衔接，进一步推动物流领域1+X证书制度和学分银行建设。对接国际专业认证体系，提高国际化物流人才培养水平，加大海外高端人才引进力度。实施新一轮专业技术人才知识更新工程和职业技能提升行动，推进物流领域工程技术人才职称评审，逐步壮大高水平工程师和高技能人才队伍。

从多个文件和政策上可以看出，国家和地方政府对构建多层次、多元化的应急物流人才体系提出明确要求，并提供行政许可、信用、金融等方面的支持，促进搭建合作平台，这体现的是国家政策决策的驱动力。国家关于应急物流人才的政策文件如表7-5所示。

表7-5　　　国家关于应急物流人才的政策文件

序号	标题	发文字号	成文日期	发布日期
1	国务院应对新型冠状病毒感染肺炎疫情联防联控机制关于切实做好货运物流保通保畅工作的通知	国办发明电〔2022〕3号	2022年04月10日	2022年04月11日
2	国务院办公厅关于印发"十四五"现代物流发展规划的通知	国办发〔2022〕17号	2022年05月17日	2022年12月15日
3	国务院关于印发"十四五"国家应急体系规划的通知	国发〔2021〕36号	2021年12月30日	2022年02月14日
4	国务院办公厅关于印发"十四五"冷链物流发展规划的通知	国办发〔2021〕46号	2021年11月26日	2021年12月12日
5	国务院办公厅关于加快农村寄递物流体系建设的意见	国办发〔2021〕29号	2021年07月29日	2021年08月20日
6	国务院办公厅转发国家发展改革委交通运输部关于进一步降低物流成本实施意见的通知	国办发〔2020〕10号	2020年05月20日	2020年06月02日

序号	标题	发文字号	成文日期	发布日期
7	国务院办公厅关于推进电子商务与快递物流协同发展的意见	国办发〔2018〕1号	2018年01月02日	2018年01月23日
8	国务院办公厅关于进一步推进物流降本增效促进实体经济发展的意见	国办发〔2017〕73号	2017年08月07日	2017年08月17日
9	国务院办公厅关于印发国家突发事件应急体系建设"十三五"规划的通知	国办发〔2017〕2号	2017年01月12日	2017年07月19日
10	国务院办公厅关于加快发展冷链物流保障食品安全促进消费升级的意见	国办发〔2017〕29号	2017年04月13日	2017年04月21日
11	国务院办公厅关于印发国家综合防灾减灾规划（2016—2020年）的通知	国办发〔2016〕104号	2016年12月29日	2017年01月13日
12	国务院办公厅关于转发国家发展改革委物流业降本增效专项行动方案（2016—2018年）的通知	国办发〔2016〕69号	2016年09月13日	2016年09月26日
13	国务院办公厅关于转发国家发展改革委营造良好市场环境推动交通物流融合发展实施方案的通知	国办发〔2016〕43号	2016年06月10日	2016年06月21日

序号	标题	发文字号	成文日期	发布日期
14	国务院办公厅关于加快应急产业发展的意见	国办发〔2014〕63 号	2014 年12 月 08 日	2014 年12 月 24 日
15	国务院关于印发物流业发展中长期规划（2014—2020 年）的通知	国发〔2014〕42 号	2014 年09 月 12 日	2014 年10 月 04 日

（2）地方经济发展拉动力

物流是一种综合服务产业，它将运输、仓储、货运代理、制造、贸易等产业综合起来，是国民经济发展的基础性和战略性产业。随着全球经济一体化深入，电子商务、大数据、物联网等技术手段和现代物流技术深度结合，我国物流业在生产、贸易、流通、资源分配等方面具有了更强的生命力。

随着中国经济的发展，国内消费水平的提高，世界范围内的制造业生产能力也在逐步向我国转移，我国已成为世界上主要的生产基地和消费市场。由于商品流通活动的日益频繁以及国家产业政策的支持，我国物流业总体规模持续增长，全国社会物流总额从 2012 年的177.32 万亿元增长到 2021 年的 335.20 万亿元。整个物流产业处在快速增长的过程中。2012—2021 年全国社会物流总额统计情况如图 7-8 所示。

要想实现经济的可持续发展必须要有人才作为支撑。人才供应链是由企业、高校、政府组织、研究机构和中介机构等多个主体通过组织协作的方式，共同构建起来的一个人才流通生态体系。在这个生态体系中，企业扮演着人才供应链中"需求方"的角色；高校是人才供

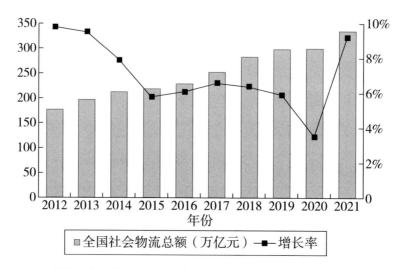

图 7-8　2012—2021 年全国社会物流总额统计情况

应链的"供给体"，为政府提供人才；政府在"供给体"之内起到指导作用。促进社会和经济发展的基础是科学技术的进步，而人才的培养则是关键。"政行校企"共建"跨企业培训中心"，共同培养应急物流专业人才，是适应当地社会和经济发展的客观要求。

（3）科学技术发展推动力

2022 年，在我国"双碳"发展战略的实施下，随着新型冠状病毒感染疫情、国际形势等诸多不确定因素的不断冲击，新的变革即将发生于我国的物流技术领域。浙江大学物流与决策优化研究所、浙江大学数据分析和管理国际研究中心、菜鸟网络科技有限公司共同发布了《2022 十大物流科技趋势报告》，预测 RFID（射频识别）、低速无人驾驶、XR（扩展现实）技术等将在未来的物流领域迅速发展。现代先进技术的迅猛发展，极大地促进了物流和供应链的数字化、智能化、绿色化的发展，在加快物流企业的业务转型升级、加快物流行业的建设中发挥了重要的作用。

　　新型冠状病毒感染疫情防控期间，顺丰方舟公司的无人驾驶参与了武汉各大医院的防疫物资运送，有效地解决了交通限制、小区封锁等问题，缩短了配送时间，并以最快的速度将应急物资运送到指定地点。同时，无人机的配送，也能有效避免与医护人员的直接接触，从而减少传染病的发生。京东快递利用智慧和多元化的生态优势，在自助柜、便民服务点、社区配送 Mini 站点等十多个方面尝试了"无接触"配送；为了解决各地生鲜产品销售"两头难"的问题，全国 50 个城市率先实施了"流动菜篮子"项目，日均采购农产品超过 350 吨。另外，京东物流已经在武汉完成了配送地图的收集和检测，并将配送机器人投放到防疫前线。在抗击疫情的过程中，达达快递的订单数量几乎翻了一番。达达快送是行业内第一个开通同城配送服务的平台，它通过达芬奇智能运力调控系统，解决了特定时间点订单量激增的问题，从而在同样的运力条件下，极大地提高了订单的平均效率。在智能订单分配系统和运输需求调节系统的协同作用下，骑手接单、配送的时间减少了 20%，整个平台的效率提高了 30%。同时，基于"苍穹"大数据平台的智能实时运算技术，不但可以为订单分配和运力供求调控系统提供基本的数据支持，还可以对门店流量、订单、运力、商品、履约、评价等进行实时监控和分析，实现订单画像、订单评估、业务反馈、业务预警等动作，从而实现了全程智能自动化订单管理，有效降低了在特殊时期形成的订单积压，提升了达达快送平台的整体配送效率。

　　人工智能、大数据、物联网、增强现实、无人驾驶、数字孪生等技术在仓储、干线、城市物流、末端配送等物流领域具有广阔的应用前景，有效实现物流、供应链全过程的数智化、可视化以及商流、物流、资金流、信息流的四流融合。新能源、新材料、自动化机器人等新技术的运用，不但可以有效降低企业的物流成本，提高企业的工作效率，同时还可以促进企业的环保意识，促进物流企业在"双碳"发展的大背景下，实现绿色、低碳的转型。科技的发展促进了人才的培养，也促进了人力资源的高效利用。

（4）生命安全保障促动力

突发公共事件暴发后，应急物流人员的安全保障也十分重要。一旦某个环节的安全保障工作没做好，很可能就会引发较大的危机，影响面甚至会覆盖全国各地。新型冠状病毒感染疫情防控期间，物流行业全面实行"人、车、货、场"的全面消毒，即所有场所、网点都必须做好四项工作：人员健康监测、车辆消杀、货物消毒、场地消毒。同时进行物流人员培训，提升人员安全意识。

有效保障应急物流人员的安全，不仅能减少不必要的人员伤亡，还有助于提升应急物流人员工作的质量和信任度，进而增加人员供给。为了保障物流工作人员的生命安全，必须加强企业的安全管理保障力度，增强安全管理意识，使物流人员认识到其工作的重要性，认识到加强安全管理对于保障企业效益、保证物流行业健康发展的重要意义。物流人员的安全管理是一项系统工程，涉及物流企业内所有的人、财、物，因此需要做好系统的制度建设、组织培训和有效的监督检查。企业要以提高员工的安全意识和防范能力为目标，制定并实施相应的规章制度，以制度规范所有人的行为，明确各自职责。企业要充分利用安全培训课程、员工大会等形式，通过多种形式的安全教育活动，使职工心中树立"安全第一"和"责任重于泰山"的观念。

要严格按照安全操作规程和安全技术操作规程组织应急物流作

业，保证物流作业过程的安全：①根据物流企业的实际情况，在现场进行相关设备、设施的布置和配备，防止事故发生时造成不必要的人员伤亡及财产损失；②通过有效的技术手段减少危险性因素；③将有限空间、危险点、重要部位进行合理隔离或设置警戒标识，防止无关人员进入作业区域；④设置相关岗位，做好监督检查工作。

（二）应急物流人才供应链管理的内部动力因素

（1）资源和能力整合的需要

政府、行业协会、高校和企业所掌握的资源（政策、资金、原材料、场地和设备等）和核心能力（知识、信息、技术和技能等能力的集合体）都是有限的，"政产学研用"共同组建的应急物流人才供应链管理协同合作的网络实体节点，通过多个主体合作产生协同效应，可以促进多方核心能力的集成和补充，从而实现资源的总量增长和资源利用率的最大化。提高"政产学研用"合作运行的效率，有效地提升政府与企业之间的合作关系已经成为协同创新育人的内部动力之一。

教育部提出，高等职业院校要加强行业企业协同育人平台建设，形成产教融合、校企合作、工学结合的人才培养模式。积极推动高校与行业企业深度合作、协同育人，提高人才培养质量。国家政策的鼓励和支持，地方政府的重视及各高校的积极参与，使高校和企业共同努力探索产教融合校企协同创新育人的模式。为解决政府、高校、行业协会、企业各自拥有资源与核心能力不足的问题，在"政行校企"共同成立联合培训中心的基础上建立多主体合作机制，为学生提供更加多元的平台。在培养目标上突出实践能力和创新精神，在资源配置上促进优势互补，在运行机制上加强协同推进。

为了有效地促进"政产学研用"协同创新机制，要从需求侧和供给侧两个方面采取措施。需求侧的主要措施是建立健全协同创新平台体系，形成以产业技术研究院为主体，以产教融合、校企合作和行业协会为载体，政府为引导，社会力量参与的多方协同创新机制。供给侧的主要措施是构建高质量的人才供应链服务体系，培养高素质、高水平人才。高质量人才应满足以下两个方面：一是满足市场、行业、企业对优秀应用型人才的迫切需求；二是满足职业教育办学定位和社会需求。

人才供应链发展需要政府、高校、行业协会和企业的参与，其内部包含着相互依存的合作关系。政府提供各方面的支持，高校的教学目标是培养学生的创新能力和职业技能，行业协会提供就业信息、技术资源，企业提供人才就业机会。要以合作共赢为目的，实现多方共同参与的协同创新发展模式，通过合作共赢的平台和机制，不断完善和提升校企之间人才供应链发展，推动产业转型升级。

（2）利益驱动的需要

应急物流人才供应链涉及地方政府、高校、企业等诸多利益相关者。地方政府期望通过合作协同创新培育出高素质、高水平的应急物流人才，提高人才专业技能，满足社会产业的需要，为当地产业输送足够的物流人才，保障突发公共事件发生时的物流服务，从而实现螺旋式上升的经济和社会的发展。高校培养应急物流人才的动力，主要是期望通过提升毕业生的综合竞争力有效提升学校的综合评价，进而招收更多优秀的学生，在学科上能了解到更多的行业发展动态，及时调整培养方案、培养目标和课程，以符合企业的用人需求，进而实现高质量就业，提升学校评价，获得更多的政府拨款，资金可以提升设备和师资队伍的科研及教学能力，实现螺旋式上升。应急物流人员培养中企业是最直接的受益者，人才是企业发展的主要驱动力。企业急需技能岗位，希望员工具备相应的知识结构与技能，在其毕业后能够直接进入工作岗位。企业在降低招聘成本、降低人力资源培训成本、增大人才选择空间、满足学生对企业的期望等方面都有较大的提高。

高职院校是应急物流人才供给的主力军，要充分发挥高职院校在社会各利益相关者之间的桥梁纽带作用，在校企合作、教学资源建设等方面发挥好自身的优势。企业也是应急物流人才供给的主力军，应以应急人才供应链各利益相关者为主体，建立企业联盟。要在现有高职院校的基础上扩大规模、增加数量以满足需求。企业可以通过多种方式参与应急物流人才供给。政府要发挥好主导作用和引领作用，统筹协调各主体力量，调动市场资源和社会资源，促进我国应急物流快速发展、提升，不断满足人民群众日益增长的物流需求。

（3）教育招生就业的需要

我国应急物流人才培养存在的主要问题是：学生专业基础薄弱，创新能力不足，实践能力欠缺；人才培养的目标定位不准确，就业市场和用人单位对应急物流人才需求不匹配；高校招生就业一体化的政策尚未完全落实到位。解决上述问题需从以下几个方面着手：政府和学校协同培养应急物流人才，培养目标要与市场需求对接；创新教育教学模式，促进学生专业基础知识和实践能力的培养；要加强高校与政府及相关行业、企业交流合作。

高校以培养人才为中心，其培养标准应与地区产业发展相适应。

高校应从改革人才培养模式、引入多方力量协同育人、专业设置、人才培养目标、课程发展等几个方面寻求突破。学生数量的下降，会对学校的教育质量造成一定的影响，可能会造成多方面的问题，如教育经费不足、师资引进不足、师资不能达到高层次迭代、教师工作积极性低、教学设施设备陈旧、社会评价低等。应急和物流专业应以培养高素质的后勤人才为重点，通过不断提升学生的培养质量缓解学生的就业压力，走出"就业差距"与"生源不足"的怪圈，从而提升高校的核心竞争力。

应急物流人才培养的目的是为社会提供服务，学校要立足培养人才、产出成果的使命，将自己的办学定位在为社会培养各类急需型人才上，并根据市场和社会对应急物流人才的需求，以学校专业设置和招生就业为基础，合理设置本科和专科两个层次的应急物流专业。应急物流人才培养目标是指根据社会对应急物流人才的需求，在充分调研的基础上确定培养目标和培养规格，并据此确定课程体系及其教学内容、教学方法等。国内院校应急物流专业培养目标有两种：一种是传统的以知识为中心的课程体系，侧重于学生学习知识；另一种则是在满足知识学习的基础上，更注重综合素质技能的提高。

三、构建应急物流人才供应链管理动力机制的建议

构建高效的动力机制，应从应急物流人才供应链的不同主体入手，分析存在问题的根源，针对不同主体提出对策，并在整体上设计一个宏观的协调机制。在现有机制的基础上，借鉴其他国家的做法，建立行政主管部门主导下的高校应急物流类专业与应急物流企业、军民融合的不同层次的对话与合作机制是解决问题的关键。

（一）政府

应急物流队伍的专业化建设是应对突发公共事件的保障，增强物流人员面对突发公共事件时的反应能力和指挥能力，从而提升物流工作的效能。在完善供应链体系、运输网络的同时，各相关部门也要为应急物流提供高素质的运输队伍，并配备专业的 GPS 系统，提高应急物流运输效率，方便有关部门对其进行管理与调度。

（1）对政府而言，预先建立对物流管理和运营机构的市场准入制度。根据突发公共事件紧急情况和等级，指导物流企业的运作、人才储备并下发权限。当突发公共事件发生时可征用准入的物流管理和运营机构。

（2）以应急供应链为核心，构建国家级、省级、地市级和县级应急供应链体系。该体系更加注重专业、高效的运作，如有需要还应组建应急供应链专家小组，配合前线人员的需要，建立相关物资、资金、场地、人员等的管理和运作，建立信息发布机制、公共机制、专业考核机制、人员上岗机制、物流运作机制等，确保实现合理组织、快速反应、有效应对的组织机能。

（3）在国家公共危机控制指挥系统中常设应急物流调度部门，统筹负责全国的应急物资储存和运输，对突发公共事件及时处理。完善应急物流法律标准体系，将现有法律和规范作为基础，明确各参与主体权责、主要物资的储存及配送标准、基础设施使用标准、救援人员工作执行标准等，以法律的约束性和强制性确保应急物流体系运作。加强对应急物流人才的重视，加快建设专业化的应急人才团队。在国家公共危机控制指挥系统中设立一个应急物流保障机构，负责全国范围内的应急物资储备与运输工作，并对紧急情况进行及时的处置。在突发公共事件中，应急物流工作需要具有高度的专业性，我国地域广阔复杂，物流运输的规划和调度难度大。当前，我国还没有建立完善的应急物流管理体系，也没有专门的专业队伍。在发生重大突发公共事件时，如果各地没有建立应急物流基地，没有组建专门的救援团队，就会错失地方救援的黄金时期。

（4）强化应急物流的组织管理和信息化建设，建立应急物流人才信息数据库。应急物流的组织协调是一项系统工程，其难点是紧急物资的需求量大、需求频率高、来源广，涉及部门多，运输困难。须加强应急后勤工作的组织与管理，加强应急后勤人员的信息化建设。目前，我国缺少应急物流的专业人员和专门设备，各地区没有自己的应急物流专业队伍，灾害一旦发生，难以自救。专业化的应急物流企业是应急物流体系中的主要实施主体，而国内专门从事应急物流的企业（如应急物流基地、应急物流中心、应急配送中心、第三方应急物流企业等）还不是很多。

还未发生突发公共事件的地区应该与有经验、有经历的地方加强联系，学习应急物流人才管理培养方面的先进经验。与这些地区从事应急物流相关工作的专家、学者、技术骨干以及一线从业者建立联系，并选聘有代表性的应急人才作为本地区应急物流人才供应链管理顾问或名誉顾问。此外，政府部门或行业协会应积极对引进的应急物流人才建立完备的信息库，对能力或表现突出的应急物流人才进行详细说明备注，并定期主动了解其工作生活最新动态，以便构建应急物流人才调用库。对非本地区但对本地区应急物流有突出影响的人才也应在人才数据库内进行备档，加深与不同地域各层次应急物流人才的沟通，联合各方人才力量探讨具有本地特色的应急物流人才供应链管理问题，积极借鉴其他地区应急物流人才管理以及保障的先进方法。

（5）政府将部分应急服务项目外包，促进应急服务的产业化，并鼓励其社会化。随着各类突发公共事件发生频率上升，各类应急事件和公共安全面临着新的挑战。因此有必要将一些应急服务项目外包给市场主体承担，并使其社会化，以解决传统的应急物流人才供应链管理中存在的问题和不足。国外也有一些经验可借鉴：日本政府在公共危机管理中将一些社会公共服务项目外包给私营公司承担；英国政府将部分公共服务项目外包；法国将社会救援组织等进行外包。中国新兴的应急产业具有很大的发展空间。物流企业为应急物流人才提供了有力的补充和支持。因此，政府应将应急服务项目外包，大力培育应急服务产业。一是培育能够提供应急物资的生产企业。建立一批专业化生产应急物资、设施设备的企业，同其签订协议，实行日常生产与应急物资储存结合。二是大力发展应急物流平台的骨干企业。应急物流平台建设包括应急物流平台的硬件建设、应急物流的信息化建设、应急物流演练、应急物流评估等。三是加强培育专业化的应急救援物流企业。除部分地区根据需要新建一些专业应急物流中心或配送中心外，大多数地区可以利用社会资源，以市场化方式与具备条件的国内大型专业物流企业签署合同，明确其在遇到紧急情况时启动应急物流运作。

（6）建立和完善应急物流的法律制度。世界范围内，在应对突发公共事件时，国家立法是非常关键的。一方面，相关法律可以保障特殊时期、特殊地点、特殊人群的秩序和公平；另一方面，有关法律可以对特殊时期、特殊地点的一般民众和特殊群体的权利与义务进行规制。在应急物流中，法律机制既是一种强制性的动员机制，又是一种强制性的保障机制。在现有法规的基础上，建立和完善应急物流法规体系，明确各部门的有关职责、主要物资的储存和配送标准、基础设施使用标准、救援人员执行标准等，以法律的约束力确保应急物流体系的正常运转。

（7）促进物流体系中军民融合。通过新型冠状病毒感染疫情，不难发现应急物流人才供应链是整个物流中心管理的重中之重，也是最复杂的管理，由于需要培训和熟悉业务，很难在短时间内组建一支高效的队伍，必须依赖平时的组织和培训，以及反复的磨合，才能达到要求。这是应急物流系统面临的巨大挑战。从近年发生的一些突发公共事件应急保障情况看，军队已经在物流信息传输、应急物资采购与配送等各个环节，广泛参与非军事应急物流保障活动。因此，无论是军事应急物流和非军事应急物流，军民融合都是不可避免的发展态势。如何从供应链角度，把应急物流连接起来，通过信息平台管理、组织管理实现军民融合是一个大课题。在国家应急管理体系建设不断发展的形式推动下，以及在国防和军队建设"走出一条中国特色军民融合式发展路子"的政策牵引下，国家应急体系与动员体系必将趋向融合。应急物流作为其中最可能、最应当实现军民融合的领域，在组织指挥上将打破行业、门类、体系界限，朝着合成化方向发展，从而实现融合上的顶层突破和变革。

物流军民融合发展需要有强有力的法律支持。需要进一步完善军民融合法律体系，细化法规标准，明确职责和义务，使之有法可依，有章可循，加强执法力度，提高地方物流参与军事物流的开放度。同时，要建立健全的管理制度，明确责任，对第三方物流进行有效的激励和监督。基于"平战结合"的物流体系建设思想，采用军民共建物流应急配送系统是较好的运作方案。九州通医药集团在新型冠状病毒感染疫情物资配送环节中，协助武汉市红十字会完成仓储运营管理，确保了物资进出的精确快速，提高了物资分发的效率，并有效解决了仓库库存不足和部分物资短缺的问题。

（8）培养军民通用的复合型应急物流人才是实现应急物流军民融合的关键。一是联合培养，既可以通过军队和地方合作培养适合军队需要的专业技术人员，也可以通过当地学校的直接选派进行专业训练。二是继续教育，鼓励军队人员参加地方物流专业进修，鼓励地方应急物流人员参加相应职业资格考试，并及时组织地方物流人员参加部队应急物流演练，培养一支适应军民物流融合发展需要的人才队伍。面对新型冠状病毒感染疫情等重大突发公共卫生事件，单靠军队或社会的应急物流力量，都难以满足控制疫情、及时送达救援物资的要求。只有实现军民融合、协调发展，才能建立起高效的应急物流体系。不仅如此，企业的参与还可以使应急物流更具敏捷性。因此在完善应急物流体系时，应该合理纳入社会物流的力量。因此，应该建立统一指挥、分级管理的应急人才库，合理运用组织机制管理应急物流人才的盘点、补给、培养等，保障人才供应链。

（二）企业

抗疫物资保障涉及供应、物流、物资管理、品类管理、分发管理、信息传递和披露、优先级管理、医院和医护人员安排、患者和救治对象补给管理等多个环节。就地理位置来说，包括国内外的物资流动；就人员来说，范围更为宽泛。这就要求有一个具有一定专业度的组织机构对职能、人员、绩效等进行系统性的管理，或者由一支专业的团队进行监督和管理，特别是在这种突发公共事件非常严峻的时候，更需要一支"快速""有效""精准"的供应链管理团队。

社会物流在应急物流方面展示出了强大的力量，许多企业和组织有良好的物流系统或者能生产应急物资，甚至拥有自己的应急救援队伍和应急救援装备，能够在突发公共事件处置过程中提供有效帮助。应急物流的成功在很大程度上取决于各参与组织的有效管理和它们的相互联系，因为在灾难发生时，许多公共组织（包括民间组织和军队）、私人组织等会共同努力，尽量减少损失，并提供紧急救济。

（1）应急物流人才供应链得以成熟和完善的前提是科学地进行人才储备。社会物流企业要做好相关人才向应急物流相关方向的转化，并对现有应急物流人才进行盘点，保持安全库存。首先，要根据企业现状做出全面的评估，从应急物流人才在全体企业人才队伍结构中的占比、应急物流人才供应链管理和支撑体系等方面进行调研评估，勾勒企业应急物流人才的轮廓。其次，用先进的评价体系盘点物流企业应急物流人才的特点，将应急物流方向的人才从企业全体人才中剥离出来，单独进行质量和特征的盘点。最后，要根据实际需要，切合人才需求，设计应急物流人才的职业规划体系，保障人才安全库存，构建应急物流人才供应链的库存管理体系，积极建立人才多方联合储备和独立第三方储备模式以确保紧急情况下人才"不断流"，完善企业现有的后备应急物流人才储备，防止"应急物流人才变质"。同时，设置物流企业应急物流人才供应链库存管理及人才保障机制，控制应急物流人才安全库存风险，实现应急物流人才低成本最优化配置。

（2）建立应急物流人才内部培养和保留机制。行业内很多用人单位都用高薪招聘有经验的人员，这样不产生培训成本，还可以快速提高本企业的实力。但应急物流行业并不适合采用此方式进行人才保留。应急物流行业人才选取特殊，需要人才稳定性且具有良好的经验，反复跳槽的人才没有稳定性又存在工作经验不能在当地适用的情形。长时间采用这种方法，会使人才需求方陷入"无人才可用，有人才留不住"的恶性循环。人才需求方只有建立符合自己独特需求的内部应急物流人才培养和福利机制，才能在社会、在行业内形成稳定且具有可持续性的应急物流人才供应链管理机制。内部应急物流人才培养是指人才需求方通过师傅带徒弟、特色岗位培训机制、外出定向学习以及与高校合作开办研修班等形式挖掘应急物流人才的创造力，提高应急物流人才的总体素质。在福利机制上，可采用服务期时长与工资福利挂钩、对应急物流相关工作的创意进行奖励、建立适当的机制进行选拔与配岗等方式留住人才。

（3）加强外部应急物流人才的引进。人才需求方为保持应急物流人才的创造力与工作活力，除建立内部的培养和保留机制外，还应加强企业、部门外部应急物流人才的引进，可以增加人才任用的灵活性，为企业、部门等注入新的活力。拓宽外部应急物流人才的引入，人才需求方可以将招聘任务交给专业的猎头或者人力资源公司，不仅可以减少一定的成本，还可以借助外包公司广阔的人脉资源。人才需求方还可以与高等院校进行深入合作，与从事相关理论研究的老师深入交流，做到实践出真知，打开不一样的应急物流人才管理视角。

应急物流人才的培养应该综合考虑市场的需求，通过培养战略型人才、管理型人才、技术型人才，为应急物流供应链的发展提供充足的人才供应。应急物流的发展对于人才的需求很高，不仅要求物流人才具有专业知识，还要求其具备高瞻远瞩、指挥一切、把握全局的能力，所以战略型人才是应急物流供应链必需的人才。战略型人才的培养要通过专业的技能培训加上综合管理能力的培训，应急物流人才只有熟练掌握物流技能和管理知识才能更好地把握应急物流供应链的发展方向。管理型人才是推动应急物流供应链发展必不可少的力量，应急物流管理人才不仅影响企业现在的发展，还对企业未来的发展方向起着至关重要的作用。管理型人才的培养需要企业、政府和高校三方共同合作，联合起来培养应急物流人才。除了战略型和管理型的人才，企业最常见的是技术型人才，技术型人才是应急物流企业的中坚力量。在经济全球化的背景下，技术型人才的培养不能只局限于技术的传授，加强技术型人才对外沟通和表达能力的提升也同等重要，所以企业可以对技术型人才进行语言培训，以便学习借鉴国外先进的应急物流技术。

（三）高校

根据《国务院办公厅关于加快应急产业发展的意见》，要大力发展应急产业，加强对应急产业的管理，构建多层次、多类型的应急产业人才培养和服务系统，着力培养高层次、创新型、复合型的核心技术研发人才和科研团队，培养站在国际视野看待应急问题的管理人才，争取培养出一批产业领军人才。为了实现应急产业发展，鼓励具备相应条件的高校开设应急产业相关专业。在相关培训机构、高校及科研机构的支持下，继续培训应急专业技术人才。通过实施各类吸引人才的计划，完善相关配套服务，促进海外专业技术人员归国或来到中国发展。

应急物流管理涉及交通、运输、仓储、航空等多个方面，必须有一批专业化的应急物流人才。我国不仅急需培养具备全面统筹规划和指挥能力的高级管理人员，还需要具备实战经验、能够熟练操作和使用应急设备的专业技术人员。

（1）高校要肩负起社会责任，为应急物流管理培养专业的人才。为了提升应急物流高层管理者对突发公共事件的组织能力和协调能力，应不断强化对他们的培训和综合实战演练。与此同时，必须积极探索以市场为导向的长效机制，组织企业、非政府组织和其他组织参与应急物流人才供应链管理，建立起一支结合专职和兼职人员的应急物流管理人才和专业技术人才队伍，注重平时训练，实现对应急物流人才的后续储备。

（2）完善教师队伍。应急物流管理方面的研究在我国起步较晚。高校教师特别是职业院校教师从事这项研究的人数很少。因此开展人才培养之前必须完善教师队伍。高校不仅需要建设自己的师资队伍，还应该积极与国家有关应急部门、军队以及其他地方院校、物流企业、行业协会合作，开展多方面、多层次的教育培训，实现人才多渠道培养。应急物流管理人才培养还有一个难点就是实训教学和顶岗实习较难开展。因为应急物流的特殊性导致其发生频率比较低，生成环境又比较复杂。完全依靠真实环境进行实训教学并不现实，必须进行一些场景模拟。但目前没有任何可以参考的成功案例演示如何模拟应急场景，只能靠自己摸索。

（3）鼓励高校和研究院所培育应急物流管理人才。这些人才能够将系统科学、管理科学、数学、经济和应急物流与工程技术有机地结合，将应急物流问题与信息技术结合起来解决。为了适应应急物流管理的需要，在应急物流人才培养方面，可以鼓励涉及物流管理领域的学校开设"应急物流"应用课程，并通过定期学习、信息交换，让专业教师和企业负责人相互交流和学习。高校师资队伍建设和人才培养一直是社会关注的焦点，应将其与应急物流发展相适应，为满足社会需要，在高校开设应急管理专业的课程。在征聘相关岗位人员时，物流运输部门侧重于考查员工的专业素养、工作能力和胜任力，并给员工提供专业的运输技能培训，以应对突发情况。

（四）社会群体

社会群体应广泛参与应急物流人才供应链管理，发挥自身优势并有效合作。

根据应急物流人才供应链管理的特点，可将社会群体参与途径分为两类：一类是以政府为主导的，这类途经主要有政策扶持、平台支持、技术创新和数据共享；另一类是以社会团队为主导的，这类途经主要有组织合作、信息共享和技术支持。对于以政府为主导的参与途径，社会群体可以直接参与，例如，政府采用项目招标的方式进行的人才培养、人才培训和专业服务等活动。以社会团体为主导的参与途径中，组织合作方式是通过合作建立行业协会等形式，将企业、高校、科研机构与其他机构联合起来，建立应急物流产业联盟等。信息共享则是通过信息共享建立相关机构之间的合作关系。

（1）加强全民动员。建立突发公共事件下应急物流人才的供应链动态机制，必须进行全民动员。全民动员是希望通过群众力量实现特定的社会发展目标而引导人民群众广泛参与群体性活动。"绿色通道"是指在突发公共事件发生时，在不同地区、不同国家间建立并开通的一条或者多条应急保障专用通道或程序。

（2）转变传统应急人才管理思想观念，提高对应急物流特点的认识。要实现应急物流人才供应链管理目标，需要在原有思想观念上进行改变，同时结合新时代下的新特点以及社会群体的资源优势，通过加强社会群体合作实现应急物流人才供应链管理。现在我国各地并没有进行应急物流人才的专业培养，储备应急物流人才未常态化，应该在整个社会大力倡导和宣传应急物流人才供应链管理这种新的人才管理模式。相关领域的专家学者应在现存应急物流人才供应链管理基础之上，结合国家应急物流相关需要进行更加深入的研究，并与政府和社会相关用人单位加强合作，共同探寻我国应急物流人才供应链和人才保障的发展前景。

为此应建立更加完善的应急物流产业政策体系、工作体系及评价体系，加快建设符合我国实际发展需求的应急物流领域高素质人才队伍，加大对突发公共事件中物流从业人员的培训力度，完善应急物流人才评价及保障制度，建立健全我国应急物流高质量发展体系。

（3）媒体应加大对应急物流人才队伍建设的宣传。对于一般人而言，应急物流还是一个新生事物，其原因是"应急物流"的概念刚刚被提出，相关宣传还不到位，大多数民众缺乏对应急物流的认识。因此，在突发公共事件发生时，人们的反应不够及时，从而影响了突发公共事件的处置。在日常生活中，要加强对民众物流知识的普及，使他们认识到物流的重要性，特别是要强化应急预案的排练。同时媒体平台应充分发挥作用，以专业的角度引导企业、政府重视物流领域的人才建设，提升应急能力。

第八章　应急物流人才供应链管理治理体系

第一节　供应链治理理论

一、治理理论

"治理"是指在一定的范围内，在许多不同的利益联合行动区域中，为执行某个计划而达成共识。治理是以协调为基础的过程，治理不是一种正式的制度，而是一种不断的交互作用。治理包括有权让人们服从的正式机构、规章制度及非正式的安排，是人民和政府机构认为符合其利益，或者认为对他们有利而进行的授权。

治理理论的逐步形成和发展是在 1989 年世界银行提出"治理危机"后，主要是为理顺政府—市场—社会三者之间的关系，库伊曼关于治理提出了三种模式，即自治、共治与科层治理。到 20 世纪 90 年代，治理理论成为多数国家政治管理转型的趋势，一系列公共机构以及私人行动者对政府的权威提出挑战，政府不应是权力的唯一中心，不能垄断一切合法的权力，公共机构或私人组织只要权力合理合法，都有可能成为权力的中心。随着研究的不断深入，在管理学、政治学和教育学等诸多学科中，治理理论都有着广泛的应用。治理理论强调转变传统的公共事务管理权与职责的单一性，建立起各个利益相关者的共同治理模式。治理理论对政府提出了新要求，一方面政府要在社会发展中发挥重要功能，加强宏观管理；另一方面政府要进行改革，实现从"全能"转变为"有限"的政府，由"划桨者"转变为"掌舵者"。发展到现在，治理理论已经成为内涵丰富且运用广泛的系统理论体系，如已有研究常提到的国家治理、公共治理、地方治理、社区治理以及大学治理等。

二、供应链治理理论

供应链是美国学者于 20 世纪 80 年代末提出的一种新型生产组织和管理模式，以满足全球制造业的发展以及复杂的生产组装需要。通过计划、取得、储存、销售、服务等活动，在客户和供应商之间建立起一种联系，使内外部客户的需求都能在公司得到满足。供应链最初指的是产品从生产到交付所需要的原材料采购、加工、组装、配送等的全过程，随着社会的进步和技术的更新，供应链的概念得以丰富，形成了一种以客户需求为中心的集成式交付体系。供应链管理流程如图 8-1 所示。

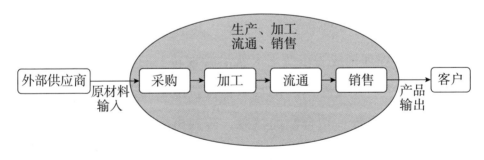

图 8-1 供应链管理流程

而供应链治理的本质就是解决什么是供应链治理的问题。对供应链治理内涵进行系统解读的已有文献并不多见，华连连等将目前的研究总结为两类观点。第一类观点是将供应链治理看作供应链管理的一个分支，认为供应链管理对供应链上企业间的关系发挥了治理作用。第二类观点则认为供应链治理与供应链管理在内涵上有很大差异。供应链管理是指在企业的核心业务活动以外进行的控制，而治理则是以一系列的互动原则为基础，以某种正式或非正式的形式调控和协调交易的过程，以及为了达成一个共同的目标所作出的努力或制定的规章。可以看出，与管理理念相比，治理更注重公司之间的交易规则。

供应链治理还涉及供应链中各个节点之间的关系以及协作规则的制定。Humphrey 和 Schmitz 认为，供应链治理是指企业关系和制度规则通过治理机制对运营活动进行非市场协同运作的过程，其显著属性表现在激励强度、管理命令和控制作用。把供应链治理看作一种对企业内部关系进行分析的手段，是嵌入公司结构和流程中的多维现象，它支持经济活动、保护产权、维护契约执行和联合行动的经济交易。

供应链治理包括了供应链内部企业间的自利决策和相互依赖关系，给供应链外部的经济效益、社会利益和环境效益带来了正面的影响，通过管理市场变化和压力，实现供应链上各主体企业的利益和自主决定权平衡。华连连等认为：供应链治理是指基于供应链企业合作关系，在面对一系列损害交易关系的机会主义和适应性问题时，通过供应链内外部治理主体间的相互影响以及内含经济性、竞争性和社会性的治理结构、机制和手段，实现对供应链成员交易关系的控制规则和治理机制的均衡。

李维安等通过对供应链治理理论的分析研究，归纳出了学术界普遍认同的三大流派——交易成本学派、资源主义学派和社会关系学派，分别揭示了供应链治理结构与交易成本、资源管理和社会结构之间的关系。华连连等根据李维安等的理论，深入发掘供应链治理三大理论基础的作用原理，分析出交易成本的经济性（Economic）、资源基础理论的竞争性（Competitive）以及社会嵌入理论的社会性（Social）是支撑供应链治理的核心，并在此基础上提出了 ECS 模型。

ECS 模型提出交易成本经济学是供应链治理的理论源头，资源基础理论明确了供应链治理对象，而社会嵌入理论丰富了供应链治理的社会属性。供应链治理理论体现了供应链治理核心思想的逻辑框架。交易成本经济学的关键是节约企业间的交易成本，其本质是通过限制各利益相关方的有限理性，降低交易中的机会性，以实现供应链管理的目的；资源基础理论主张对不同的资源进行交易与匹配以提高整个供应链的战略竞争能力，从而达到治理目标；而社会嵌入理论则摒弃了传统的"理性人"假定，认为在供应链网络中，企业的社会属性得以实现，从而对各利益相关者的交易关系进行多维度的管理。供应链治理就是通过充分调动供应链个体企业的经济性、竞争性和社会性来重构企业交易关系的过程，如图 8-2 所示。

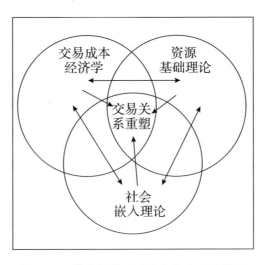

图 8-2　供应链治理 ECS 基础理论模型

第二节　我国应急物流人才供应链管理
治理体系：现实动因与内涵特征

一、我国应急物流人才供应链管理的演进与现实困境

（一）我国应急物流人才供应链管理的演进

应急物流是指在突发公共事件发生时，迅速完成紧急采购、快速交付和快速运输等，以满足社会需求的一系列活动。根据以上定义，可将突发公共事件状态下的应急物流能力分为三个层次：第一个层次是"发生突发公共事件"到"实现高效安全运输"的过程；第二个层次是"完成紧急采购、快速交付和快速运输等"到"有效控制事件发展并保障社会稳定"的过程；第三个层次是"有效保障群众基本生活水平"至"恢复社会正常运行环境"的过程。

根据这三个阶段，可以将突发公共事件状态下的应急物流能力划分为三部分：第一部分为发生突发公共事件时，企业必须完成紧急采购、快速生产等任务，此时需要配备充足的库存；第二部分为突发公共事件发生后，企业必须在短时间内完成快速交付、快速运输等任务，此时需要高效的运输；第三部分为突发公共事件结束后，企业必须在短时间内将存货安全运回。我国现有物流体系中缺少大量专业的应急物流人才，尤其是在突发公共事件条件下能高效、及时、安全地完成紧急运输任务的应急物流人才。这就限制了我国面对突发公共卫

生事件时应急物流的运作。

（二）我国应急物流人才供应链管理的现实困境

新型冠状病毒感染疫情的暴发对我国人民群众的生命安全造成了严重威胁，造成了经济社会的极大损失。为有效应对此次疫情，各级政府及有关部门在全国范围内迅速组织开展了多项防控措施。此次疫情对我国经济社会发展造成的影响巨大而深远，尤其是给物流行业带来了巨大冲击，涉及道路运输、仓储、物流信息系统、快递配送等诸多环节。

疫情的暴发给包括中国在内的世界各国的应急物流系统带来了巨大挑战。在这样的突发公共卫生事件中，全国上下与病毒进行了艰苦的斗争，尤其是应急物流人员要将各种防疫物资及时运达疫区，保证救援一线的物资充足与人民的基本生活需求。另外，疫情防控期间还开通了蔬菜专线、生鲜绿色通道、平价菜配送等应急物流，实际解决了部分农产品滞销与城镇蔬菜供应短缺的问题。以受灾最严重的武汉为例，城市每天都需要大量的医疗物资。据统计，在武汉正式封城后，全国通过民航、公路、铁路等物流方式向湖北重灾区运送了应急生活用品 13.77 万吨以及医疗物资 9.5 万吨。此次疫情恰逢春节假期，大多数企业都已经放假，停工停产，同时由于疫情的严重性，采取的封路等措施给应急物资的运输增加了很大难度。因此，此次的新型冠状病毒感染疫情暴露出了应急物流过程中存在的问题。

首先，应急物流过程存在很大的信息不对称。以新型冠状病毒感染疫情为例，疫情暴发初期，武汉各大医院都出现了医疗物资告急的情况，接连向全国各地求助。随后便收到了口罩、防护服等医疗物资。这些医疗物资在到达武汉时应该及时送到各大医院，但事实是各大医院负责人连夜排队领医疗物资都被拒绝。暴露出了应急物资分配中的问题，捐赠方和需求方都不知道医疗物资的具体流向，信息极度不对称，从而引发了一系列矛盾。信息不对称使应急物流人员的管理难度增大，难以保证捐赠物资去向的真实性、难以追溯问题责任方，造成应急物流过程透明度低等问题，不利于应急物流工作的顺利进行。

其次，应急物流的各个环节对人力都有较高的需求。应急物流有一个很大的特点——业务量短期内呈爆发式增长。因此，对于如此紧急、庞大的业务，必须有一定数量的专业应急物流人员对应急物资的采购、调度、运输、分配以及后续管理进行专业的指导与管理。而我国应急物流专业人员在数量和质量上还有一定的进步空间。以新型冠状病毒感染疫情为例，随着大多数企业停工停产，很多员工都无法及时回岗，短时间的员工分配出现困难。数据显示，2020 年 2 月 15 日左右，整个 2B 物流（企业与企业之间的物流服务）只恢复了不到 20%。并且物流企业每往武汉运输一次应急物资，返回就要隔离 14 天。因此，各大物流企业的人力资源都受到了巨大的影响，人力不足成为摆在各大物流企业面前的一道难题，于是很多企业开始以各种渠道调配员工，虽然在一定程度上缓解了人力不足的问题，但是企业人力资源的质量难以得到保证，从而出现管理不规范、物资处理不当等问题。

最后，应急物流各个环节的人力资源调度不恰当。突发公共卫生事件会在一定程度上造成人力资源系统紊乱，因此为了保证应急物资运输的效率，需要科学合理地调度人力资源，做到精准用人。窦良坦等认为任何一个应急部门，在突发公共卫生事件中必须以最快的速度集中专业人才、合理使用人才、科学管理人才、灵活有效地开发人才，才能实现整体目标，这有赖于人力资源管理制度的构建和完善。这是依靠人力资源管理体制的建立与完善的。对人力资源的调度主要涉及应急物流人员的招聘、动员、培训和考评等管理活动，要求企业从系统的角度控制人力资源的调度。但是在现实中，当突发公共卫生事件发生时，应急物流人员的配置结构往往偏于现场执行化，缺乏统一的培训和演练，从而不利于应急物流目标的实现。

在此次新型冠状病毒感染疫情中，大量紧缺物资的配送和调拨急需有力的物流保障。在捐赠物资的接收、入库、分发和救援供应物资的调拨、运输、配送等方面，都需要大量专业的物流人员来保障其顺畅运行，这直接影响疫情防控进展。但也应该看到，疫情的暴发体现出应急物流人员供应严重不足，物流运行系统供需匹配、环节衔接、要素配置等方面因为人员短缺而运行不畅。在突发性物流需求面前，应急物流管理人员暴露出了危机下反应迟滞、供需失配错配、效率低下等问题，因此我国急需加强突发公共卫生事件下应急物流人才供应链管理，保障应急物流人才供应。同时，新型冠状病毒感染疫情造成的巨大损失充分说明常规物流模式不利于应急物流的实现，科学高效的应急物流体系建设迫在眉睫。

我国对应急物流的研究是在 2003 年"非典"疫情暴发之后才真正开始的。我国高校几乎未开设应急物流管理专业，人才培养方面还比较落后。除了少数军事院校的后勤物流中会涉及一些应急物流的知识，一般高校开设的物流专业课程很少有应急物流方面的介绍，更加没有对学生进行相应技能的训练。与开展应急物流研究较早的国家相比，我国面对的现实问题是应急物流专业技术人才缺乏，人才需求缺口大。因此如何培养应急物流人才以适应社会发展的需要具有极为重要的现实意义，我国应急物流人才供应链管理治理体系还存在诸多问题。

1. 应急物流法律体系不完善

从国际上看，各国的法律对处理突发公共卫生事件发挥着重要的作用，有关法律保障了特殊时期、特殊地点、特殊人群的秩序和公正，规定公民的权利与义务，并为应急物流人员调度等行为提供了依据。然而，我国应急物流的相关法律体系并不完善，法律约束不全面，有关物流企业的责任与义务并不清晰，我国应急物流相关法律法规主要有《突发公共卫生事件应急条例》《中华人民共和国传染病防治法》等。所以，必须尽快建立健全应急物流法律体系，确保应急物流人才供应链管理有法可依，当务之急是为突发公共卫生事件建立起一套科学、完备的应急法律和规章体系。

2. 人员管理不善，造成组织混乱

应急物流人才供应链管理是应对突发公共卫生事件的关键环节。在我国专门从事应急物流的企业（如应急物流基地、应急物流中心、应急配送中心、第三方应急物流公司等）还相当缺乏，在物流人才方面，应急物流的专业人员更是缺乏。大部分应急物资运来后，当地自发组建的团队都不会分类、登记、保管与分配，缺乏标准化的运作流程，导致应急物流设备利用率低，物资浪费严重。人力资源管理配置的不足、人员管理不善、救援物资无法及时到位等问题凸显，我国迫切需要建立应急物流人员管理平台。

3. 人力储备不足，效率低下

从新型冠状病毒感染疫情看，京东物流和顺丰速运都充分发挥了各自的优势，在供应链物流中构建一条从供给到配送的完整解决方案，最大限度地保证了应急物资的运送和居民的日常生活。然而，与点到点的运输相比，供应链物流需要考虑物资的产能、库存、调拨、配送等，对技术、基础设施、整体的规划和规划能力都有很大的挑战。这是普通中小物流公司，甚至特许经营物流企业的难题。在特殊时期，物流不仅关系着物资流通，更是社会生产、人民生活所需的物质基础。由于缺乏受过专业训练的人，物资运送、人员调度等进程不能及时跟进，导致最后效率低下，应急物资浪费严重，抗疫人员不能充分发挥作用，影响抗疫进程，保障应急物流人才后备充足，在突发公共卫生事件发生后，能够做出迅速反应，投入救援工作之中。应急物流人才供应链管理日益重要，影响应急物流企业人才战略、人才规划、人才培育和保留等方面。然而，应急物流人才供应链管理是一门新兴出现并不断发展进步的学科，其理论与基本原理尚不完善，为用人单位提供实际的运用操作方案存在困难。而在应急物流企业中，人才供应链管理方面的知识和经验相对短缺。因此，从整体上分析应急物流人才供应链管理对企业人力资源管理有实践作用。

4. 应急物流人员专业水平较低

物流专业知识、应急经验、应变能力、沟通和协调能力是应急物流从业人员的必备素质。然而，从实际情况看，在突发公共事件中，应急物流的参与者大多为政府人员、企业人员、志愿者等，由于这些群体大多缺乏应急物流专业知识，紧急物资分配不合理、特殊物资保存不当等问题层出不穷。

我国多数企业对应急物流管理认识不足，在实际工作中缺乏对应急专业知识的系统培训。在操作层面上还存在着较多问题：例如，企业管理人员、一线操作技术人员对突发公共事件的处理能力较差；部分企业不重视员工培训工作；没有健全的制度保障体系；缺乏必要的应急处置装备及专业的物资储备等。

5. 我国应急物流人才缺乏明确的培养目标和人才培养计划

我国应急物流人才市场面临着严重的供不应求的现状，我国现阶段的物流人才培养大多是以市场的需求和我国物流行业发展现状为依据的。这一实际情况使我国的人才培养具有很强的现实性，有助于解决当前问题。但是针对市场这一现状使我国一些专业院校在设置物流管理课程时缺乏长远性，人才培养的目标很不明确，培养的方向也存在局限性。所以对于现有物流专业院校而言，当务之急是如何合理地规划和完善专业的课程体系。

我国物流专业课程设置存在缺陷，理论和实践失衡。我国现阶段物流管理专业的课程设置大多以传授理论知识为主，重视学生相关理论的学习情况，缺乏对学生实践的指导。但是绝大多数学生毕业后都是直接投入工作岗位之中，他们需要将所学的知识运用到实践中去，但是从理论的学习到实践的应用中间缺乏过渡。究其主要原因是相关专业院校在课程设置和人才培养方面与企业之间存在偏差，学校重理论轻实践的思想不利于物流人才更好地投入我国物流管理发展中去。

6. 应急物流人才缺乏专业的师资团队，相关专业发展缓慢

我国高校的物流管理专业大多起步较晚，物流专业无论是在理论上还是实践上都还不成熟。物流专业的教师很多是半路出家，并非科班出身，对于物流管理专业的认识程度还不够深入，不能系统地掌握

和推进物流专业的发展。且物流管理专业的教师对应急物流的研究大多停留在理论层面，缺乏实践操作经验，很难对实际物流的发展有更加立体的掌握。但是一个学科的发展与师资团队息息相关，跨专业、纯理论的教师会削弱物流管理的专业性。

二、我国应急物流人才供应链管理治理体系：内涵与特征

无论是解决不平衡不充分的应急物流人才发展问题，还是加强应急物流人才供应保障，都将应急物流人才供应链管理治理变得更加复杂，要超出单一的区域、部门、领域，在不同的主体要素之间实现资源整合和功能协同，同时也需要有力的制度支持，为治理创建良好的外部环境。所以，急需构建应急物流人才供应链管理治理体系，对其进行理论解释和逻辑建构，从而加速构建一条具有现实意义的路径。

我国应急物流人才供应链管理治理体系是由政府、企业和高校等主体协同构建的，包括应急物资供给、应急物流服务和应急信息支撑等要素。从制度视角看，该治理体系由人才供应链管理的主体、利益分配与协调机制、人才供应链管理的标准规范体系和人才供应链管理的运行机制组成。从制度结构上看，该治理体系具有三层结构特征：政府制度为主导并以法律法规、政策制度和工作规则为保障；利益分配与协调机制在运行中起到协调作用，使各方能在统一目标下进行协同合作；人才供应链管理的运行主体是高校与企业，且高校以专业教师为主。

人才供应链管理治理是治理理论在人才领域的应用，主张把人才开发融入整体外部社会体系，强调质量和效益，促进多元主体参与，注重过程互动，突出要素协作，最终实现善治的目标。应急物流人才

供应链管理治理体系是指在系统、协同、共治理念的指导下，由政府、市场、社会多方协同开发，相关生产要素融通，不断推动人才体制机制由低层次向高层次演进，不断推进应急物流人才制度体系法治化、市场化、社会化和全球化，以实现应急物流人才价值最大化与人才事业可持续发展。这一动态演进过程中，应急物流人才供应链管理具有较为明确的目的性，并体现了以下四个特点。

（一）治理主体多元化

应急物流人才供应链管理涉及政府、企业和高校等。应急物流人才供应链管理治理已逐渐从政府作为单一管理者向多元化主体协同发展。这是基于实现共同治理价值目标的共识，其结果由多元主体依据不同议题的有效组合所决定。政府、企业、社会组织、人才个体以及其他利益相关者在价值需求的基础上，建立起一种新型的合作和互动机制，以协同解决政府、市场和组织失灵等问题。

在此过程中，政府要发挥更大作用，协调各方有序地参与治理进程，合理界定和监督各个责任主体的角色定位、权能权益和行为边界，并对其进行监督，通过监管和公共服务引导不同参与者分工协作、互利互惠，实现从"共治"到"善治"的应急物流人才供应链价值创造目标。

（二）治理结构网络化

应急物流的管理对象是多个主体，包括政府、企业、高校和个人，但应急物流的利益相关者在参与应急物流管理的过程中并不是独立存在的。因此，应对突发公共事件所采取的各种措施，都需要协调各利益主体，在统一的目标下协同制定。

应急物流管理治理体系是一个复杂的网络系统，各主体按照分工与合作方式参与其中。人才供应链是一个网络，通过对人才资源的组织、分配、流动与配置，实现人才配置、知识分享与合作等。人才供应链网络的核心是"人"，因此，"人"是网络中最活跃、最有价值和贡献最大的要素，而人才供应链的核心是一个以市场为导向、采取"需求—匹配—供应"的模式建立起来的人才市场。功能结构决定了人力资源配置的方式和组织形式，而网络结构则可以改变企业间信息沟通不畅、信息孤岛等问题。所以"人才供应链"应当建立网络功能结构，通过有效组织和整合内部不同层级上的资源要素完成信息交互与共享。以企业间合作关系为纽带，整合内部多层次资源，建立以市场需求为导向、人力资源共享为主的"人才供应链"。

例如，在我国新型冠状病毒感染疫情防控过程中，政府需要调动物资生产企业、运输企业和仓储企业等不同主体参与物资供给服务；企业需要调动资金资源和劳动力服务于疫情防控；高校需要组织学生进行志愿防疫服务；个人与组织需要开展信息传递。

（三）治理模式灵活化

在应急物流人才供应链管理中，政府、企业和高校通过制定应急物流人才供应链管理标准规范体系，构建利益分配与协调机制，更加公平合理地分配各利益相关者的利益。同时，在应急物流人才供应链管理中，政府、企业和高校将通过更加灵活、柔性化的治理模式进行合作，通过协商和互惠分享机制解决冲突，使不同利益相关者协同合作实现同一目标，以确保人才供应链中的各主体能够根据环境、资源和能力变化而不断调整优化自身利益的实现。

在人才供应链管理过程中，需要对人才管理主体进行重新定位，并建立一种基于信息技术和创新机制的组织形态。在治理框架下，还应考虑在治理主体之间的权力配置、责任划分和利益协调等方面究竟应该运用何种治理机制。在治理模式上强调灵活应变，循序渐进，在治理关系上注重合作、双向互动。治理模式主要是对决策项和治理原则的界定，根据利益相关者的互动机制，治理模式可归纳为四种类型：层级模式、市场模式、社区模式和网络模式。这些治理模式并非互相对立的，相反，在实际运用中往往体现渐进交替、互相融合的关系，在各自特定的适用场景外，相互融合、互相补充，增强治理的有效性。

（四）治理手段综合化

我国应急物流人才供应链管理的治理手段大致可以分为制度层和技术层两个层面，主要有四种：一是建立应急物流人才供应链管理的标准规范体系；二是进行应急物资的生产、运输、储备与供应；三是在应急信息系统支持下，对物流活动实施全程监控；四是建立应急物流专业资格认证制度。

为了全面提升应急物流人才供应链的治理水平，需要对当前应急物流人才供应链治理手段进行整合，构建基于"标准+应用"的应急物流人才供应链管理模式。在标准方面，主要是从政府层面和企业层面制定应急物资储备与供应相关的制度与规范，如突发公共事件预警体系、物流网络运行保障机制等。在应用方面，主要是从生产、运输（仓储）、储备、供应等环节出发，制定适用于不同情景的标准及相关配套政策措施。此外，还需要对应急物流人才供应链治理手段进行综合考虑和运用：既要考虑应急物资储备与供应管理上的标准规范建设，又要考虑在应急事件中不同环节使用的具体措施及要求。在应急物流人才供应链治理手段上不能"一刀切"，一定要针对实际情况运用不同的治理手段及方法。适应人才工作的情境复杂性，既要从公共治理领域汲取通用的、基本的政策工具，也要结合发展需要创制和采纳新的治理工具。

第三节 应急物流人才供应链管理治理体系的"政产学研用"博弈分析

我国的应急物流人才供应链管理治理体系涉及政府、企业、学校和科研机构。在应急物流人才供应链中，将人才看作"产品"，高校和科研院所就是"生产"人才的"制造型企业"。这条以高校为中心的供应链也就是"人才供应链"，由"家庭—小学—中学—高校—军政企事业用人单位—社会"构成，如图8-3所示，最终连成一个整体的功能网链模式。从个体的角度看，供应链是松散、开放的，各成员的决策是独立且分散的。

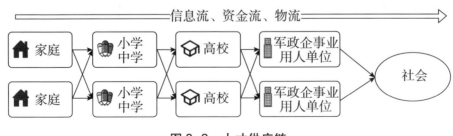

图8-3 人才供应链

首先，每个企业都是具有自主决策和控制能力的独立法人实体，以个体理性为出发点，寻求利润最大化，从而导致了供应链行为目标上的冲突。其次，由于各节点企业的独立性，导致了信息的不对称。在与其他企业进行商业交易时，往往会保留一些私人的资料，如原材料、产品的成本、产品的质量、企业的生产能力等。这就造成了必然存在"私有信息"，而这些信息通常是不可核实的，或者获得和确认的代价太大，不能通过有效的合同监督和控制供应链的成员，从而使参与者面临被投机行为损害、掠夺的危险。

决策者的有限理性也是造成合约不完整、触发投机性行为的主要原因。由于有限理性，决策者对外部环境的不确定性不能充分预测，因而不能将未来的一切因素都纳入合同条款，更不用说为将来的各种事件制定专门的条款，从而导致了机会主义的行为，可能造成"敲竹杠"、重新协商和分配利益等问题。同时，在事前选择中，由于需要考虑之后的问题，可能会造成专业投资不足。为使不完全合约关系下的交易效率最大化，各参与方都会事先寻找方法，避免日后发生的"准租金"问题。例如，买卖双方可以就谈判达成特定的议价规则，并根据这一规则处理意外的情形。规则的制定和执行是一种"管理"过程，它通过一系列方法和相应的制度设计来实现。

总而言之，由于供应链的松散性特征和决策者的有限理性，参与各方的利益受到损害，并且存在一定的交易风险，而供应链作为一个开放的组织，其约束相对较少，对供应链的稳定性也有一定的影响。因此，必须对供应链进行治理，而供应链的脆弱性与决策者的有限理性是其实施的动力。

一、"政产学研用"协同创新的概念界定

"政",即政府,作为公共服务的提供者,已经从过去的产学研主导者转变为现代新体系引导者。在信息化进程中政府的作用主要包括建立信息系统、规范市场运行的规章制度和法律体系,搭建信息系统和通信网络平台。其在信息网络体系上的具体功能主要在于以下三个方面:一是指导科技创新发展;二是鼓励和引导银行、企业、投资公司参与"政产学研用",建立健全组织管理、风险控制、利益分配的长效动态机制;三是为高校制定符合地方发展要求的人才培养准则和评估标准,并做好各主体协同发展的衔接工作,降低信息流通的费用,缩短流通周期。

"产",即产业和企业,它们在应急物流人才供应链管理治理体系中起着两种重要的作用:一是信息技术的研究与开发和提供信息咨询服务,具体体现为企业利用网络数据追踪、锁定等技术获取市场需求信息等;二是与高校、科研机构合作,构建创新共同体,将自身需求信息及时反馈至高校及科研机构,为高校和科研机构的科技成果从理论到实践应用提供了现实平台。

"学"和"研",是高校与科研院所的复合体,在"政产学研用"五位一体中是重要的组成部分,是效用积累过程的一个重要环节。"学",是指大学,主要任务是以实体项目为介质培养学生运用知识的能力和思维模式,传播新知识;"研",即从事重大科研项目的科研单位,其研究内容往往位于最前沿。两者相互促进,既能产生科技成果,又能培育出具有创造性的人才,这些都是各种创新活动的基础与雏形。以信息化为依托,将现代信息技术与各种教学、科研活动相结

合，尤其是依托相关技术使用互联网大数据、智能设备、多媒体教具等，可以提高科研的工作效率，加速科技创新的发展，打破低效率的资源利用障碍，从而成倍增加劳动力、资本等要素，使各要素在社会流动中所产生的价值最大化。

"用"，一般指用户，本文指用人单位。各类创新活动的产生和发展，都是以满足用户的真实需要为终极目标的，在这种多元化的创新模式下，用户不再被动接受，在各个方面都更加注重使用者的真实感受。这就要求"产"跟上"用"的步伐，推出不同形态的"产品"，覆盖不同维度的需求，为用户提供持续可靠的产品体验。市场运行环境直接影响用户的行为和需求，用户和高校、科研机构形成关于人才需求的双向反馈信息网络系统，以达到信息资源对称与市场、资本资源利用最大化的目标。

二、基本假设

假设 1：在"政产学研用"协同创新供应链管理治理体系中的参与主体共有三类，分别是政府、企业、学研方，且假设他们是有限理性的，掌握的信息具有不完全对称性。令集合 $Q = \{Q_1, Q_2, Q_3\}$，其中 1 代表政府，2 代表企业，3 代表学研方。

假设 2：在"政产学研用"协同治理人才供应链管理的过程中，每个参与主体都采用一定的策略以实现三方合作。政府在三方合作中采取的策略为 $P_1 = \{$参与，不参与$\}$，政府的积极参与可以激发应急物流产业的合作活力，增强整体竞争力。对于企业、学研方而言，可以根据自身需要选择是否参与协同创新，协同指的是参与者能积极共享资源、配合行动，不协同指参与者不配合行动或者名义上配合，实际不执行有效措施，策略为 P_i = ｛协同，不协同｝，$i=2$，3。

假设3：政府在企业和学研方配合人才供应链管理时，会提供税收优惠、财政支持和其他优惠政策，此时政府的成本为 f_1 和 f_2。政府监管产学研协同创新过程时，需要付出一定的监管成本 C_1。企业和学研方参与供应链管理治理体系时，必然耗费一定的物力、财力、人力，此时产生的成本为 C_2 和 C_3。企业和高校采取不协同策略时，政府监管下，企业和学研方受到的惩罚为 W_1，W_2。

假设4：政府在企业和学研方选择协同策略下，收益为 π，当企业和学研方中只有一方选择协同时，政府收益为 π_i（$i=2$，3），当企业和学研方同时选择不协同时，政府收益为 0。政府选择参与时，政府提供的税收优惠、财政支持和其他优惠政策会使企业和学研方总成本减少，带来的优惠为 f_1，f_2。

假设5：企业进行协同前，初始收益为 R_1。当企业和学研方都选择协同时，企业获得的额外收益为 π_3。当产学研合作中学研方选择协同，企业选择不协同时，企业获得的收益为 K_1。学研方进行协同前，初始收益为 R_2。当学研方和企业都选择协同时，学研方获得的收益为 π_4。当产学研合作中企业选择协同，学研方选择不协同时，学研方获得的收益为 K_2。

假设6：政府、企业和学研方根据自身意愿参与决策矩阵的选择，政府在"政产学研用"协同创新中参与的概率为 P_1，不参与的概率为 $1-P_1$；企业选择协同的概率为 P_2，选择不协同的概率为 $1-P_2$；学研方选择协同的概率为 P_3，选择不协同的概率为 $1-P_3$。

三、支付矩阵构建

根据以上6点假设，建立政府、企业和学研方在"政产学研用"

协同创新供应链管理治理体系中的 8 种博弈模型，并得到各个参与方在不同决策下的支付矩阵，如表 8-1 所示。

表 8-1 　　　　"政产学研用"协同创新博弈支付矩阵

行动策略集合	示意图	各参与方收益		
		政府	企业	学研方
（参与，协同，协同）		$\pi - f_1 - f_2 - C_1$	$R_1 + \pi_2 + f_1 - C_2$	$R_2 + \pi_3 + f_2 - C_3$
（参与，协同，不协同）		$\Delta\pi_2 - f_1 + W_2 - C_1$	$R_1 + \pi_2 + f_1 - C_2 - K_1$	$R_2 + K_1 - C_3 - W_2$
（参与，不协同，协同）		$\Delta\pi_3 - f_2 + W_1 - C_1$	$R_1 + K_1 - C_2 - W_1$	$R_2 + \pi_3 + f_2 - C_3 - K_1$
（参与，不协同，不协同）		$W_1 + W_2 - C_1$	$R_1 - W_1$	$R_2 - W_2$
（不参与，不协同，不协同）		0	R_1	R_2
（不参与，协同，协同）		π	$R_1 + \pi_2 - C_2$	$R_2 + \pi_3 - C_3$

行动策略集合	示意图	各参与方收益		
		政府	企业	学研方
（不参与，协同，不协同）	① ②→③	$\Delta\pi_2$	$R_1+\pi_2-K_2-C_2$	R_2+K_2
（不参与，不协同，协同）	① ②←③	$\Delta\pi_3$	R_1+K_1	$R_2+\pi_3-K_1-C_3$

四、"政产学研用"协同创新的演化博弈均衡分析

（一）政府在监管策略比例下的演化博弈分析

根据表 8-1 可知，政府在博弈时选择"参与"策略的期望收益 U_{11}、选择"不参与"策略的期望收益 U_{12} 和平均期望收益 $\overline{U}_1$ 分别为

$$U_{11} = (\pi - f_1 - f_2 - C_1) \times P_2P_3 + (\Delta\pi_2 - f_1 + W_2 - C_1)P_2(1 - P_3) +$$
$$(\Delta\pi_3 - f_2 + W_1 - C_1)(1 - P_2)P_3 + (W_1 + W_2 - C_1)(1 - P_2)$$
$$(1 - P_3)$$
$$= \pi P_2P_3 + \Delta\pi_2 P_2(1 - P_3) - f_1 P_2 + \Delta\pi_3(1 - P_2)P_3 -$$
$$f_2 P_3 + W_1(1 - P_2) + W_2(1 - P_3) - C_1$$

$$U_{12} = \pi P_2P_3 + \Delta\pi_3(1 - P_2)P_3 + \Delta\pi_2 P_2(1 - P_3)$$

$$\overline{U}_1 = P_1 U_{11} + (1 - P_1)U_{12}$$
$$= P_1[(\pi - f_1 - f_2 - C_1) \times P_2P_3 + (\Delta\pi_2 - f_1 + W_2 - C_1)P_2(1 - P_3) +$$

$$(\Delta\pi_3 - f_2 + W_1 - C_1)(1 - P_2)P_3 + (W_1 + W_2 - C_1)(1 - P_2)(1 - P_3)] +$$

$$(1 - P_1)[\pi P_2 P_3 + \Delta\pi_3(1 - P_2)P_3 + \Delta\pi_2 P_2(1 - P_3)]$$

$$= \pi P_2 P_3 + (\Delta\pi_2 P_2 + W_2 P_1)(1 - P_3) + (\Delta\pi_3 P_3 + W_1 P_1)(1 - P_2) -$$

$$f_2 P_3 - C_1 P_1 - f_1 P_1 P_2 - f_2 P_1 P_3$$

复制动态通常是用来描述演化过程中策略的动态变化,博弈参与方的特定策略比例的变化速度与参与方采取策略的数量和收益成正比。因此,由以上公式推导出政府参与情况下的演化博弈复制动态方程为

$$f(P_1) = \frac{\mathrm{d}P_1}{\mathrm{d}t} = P_1(U_{11} - \overline{U}_1) - P_1(1 - P_1)[W_1(1 - P_2) +$$

$$W_2(1 - P_3) - f_2 P_3 - f_1 P_2 - C_1]$$

$$F(P_1) = \frac{\mathrm{d}f(P_1)}{\mathrm{d}P_1} = (1 - 2P_1)[W_1(1 - P_2) + W_2(1 - P_3) - f_2 P_3 - f_1 P_2 - C_1]$$

令 $G(P_2) = W_1(1 - P_2) + W_2(1 - P_3) - f_2 P_3 - f_1 P_2 - C_1$

公式中, $\dfrac{\mathrm{d}P_1}{\mathrm{d}t}$ 表示随着时间推移,政府采取参与策略的概率的变

化情况。当 $\dfrac{\mathrm{d}P_1}{\mathrm{d}t} > 0$ 时,表示随时间推移,政府采取参与策略的概率越

来越大;当 $\dfrac{\mathrm{d}P_1}{\mathrm{d}t} < 0$ 时,表示随时间推移,政府采取参与策略的概率越

来越小。

根据微分方程稳定性原理,政府选择监管的概率处于稳定状态必

须满足: $F(P_1) < 0$ 且 $f(P_1) = 0$。求得 $\dfrac{\partial G(P_2)}{\partial P_2} < 0$,所以 $G(P_2)$ 为关

于 P_2 的减函数。

因此，当 $P_2 = P_2^* = \dfrac{W_1 + W_2 - (W_2 + f_2)P_3 - C_1}{W_1 + f_1}$ 时，$G(P_2) = 0$，

此时 $F(P_1) \equiv 0$，政府不能确定稳定策略，如图 8-4（a）所示。当 $P_2 \ne P_2^*$ 时，需要讨论 P_2 和 P_2^* 的关系，分两种情况讨论。

（1）当 $P_2 < P_2^*$ 时，$G(P_2) > 0$，此时，$f(P_1) = 0$，$\left.\dfrac{\mathrm{d}f(P_1)}{\mathrm{d}P}\right|_{P_1=1} < 0$，$P_1 = 1$ 为政府的演化稳定策略稳定点。此时，政府会采取积极监管的策略作为演化稳定策略。由此推断，当政府的罚金收入（$W_1 + W_2$）大于政府对学研方采取积极合作策略时给予的经费支持和其他优惠政策（$W_2 + f_2$）与政府监管成本（C_1）时，在"政产学研用"协同创新过程中，政府将更偏向于采取积极监管的策略，如图 8-4（b）所示。

（2）当 $P_2 > P_2^*$ 时，$G(P_2) < 0$，此时，$f(P_1) = 0$，$\left.\dfrac{\mathrm{d}f(P_1)}{\mathrm{d}P}\right|_{P_1=0} > 0$，$P_1 = 0$ 为政府的演化稳定策略稳定点。此时，政府会采取消极监管的策略作为演化稳定策略。由此推断，当政府的罚金收入（$W_1 + W_2$）小于政府对学研方采取积极合作策略时给予的经费支持和其他优惠政策（$W_2 + f_2$）与政府监管成本（C_1）时，在"政产学研用"协同创新过程中，政府将更偏向于采取消极监管的策略，如图 8-4（c）所示。

根据该演化博弈复制动态方程对 P_1 进行求解，以便确定该微分方程在 P_1^* 点达到稳定状态。图 8-4 表明，政府选择积极监管策略的概率为 V_{A_1}（A_1 的体积），选择消极监管策略的概率为 V_{A_2}（A_2 的体积），通过计算可以得到：

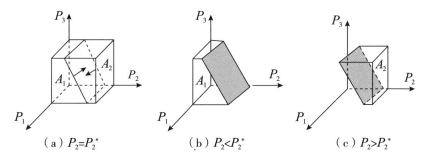

（a）$P_2=P_2^*$　　　　（b）$P_2<P_2^*$　　　　（c）$P_2>P_2^*$

图 8-4　政府复制动态相位

$$V_{A_1} = \int_0^1 \int_0^1 \frac{W_1 + W_2 - (W_2 + f_2)P_3 - C_1}{W_1 + f_1} dP_3 dP_2 = \frac{2(W_1 + W_2 - C_1) - (W_2 + f_2)}{2(W_1 + f_1)}$$

$$V_{A_2} = 1 - V_{A_1} = 1 - \frac{2(W_1 + W_2 - C_1) - (W_2 + f_2)}{2(W_1 + f_1)}$$

推论 1：政府选择积极监管的概率与政府对企业和学研方的罚金收入正相关，与政府对企业和学研方采取积极合作策略时给予的经费支持和其他优惠政策负相关。

证明：根据政府选择积极监管情况下 V_{A_1} 的表达式，求各要素的一阶偏导数，得：$\dfrac{\partial V_{A_1}}{\partial W_1} > 0$，$\dfrac{\partial V_{A_1}}{\partial W_2} > 0$，$\dfrac{\partial V_{A_1}}{\partial f_1} < 0$，$\dfrac{\partial V_{A_1}}{\partial f_2} < 0$，$\dfrac{\partial V_{A_1}}{\partial C_1} < 0$，因此，$W_1$、$W_2$ 减少或 f_1、f_2、C_1 增加，均可能使政府选择积极监管的概率上升。

推论 1 表明：通过设定相关条款，加强对企业和学研方的监管，不仅可以增加政府的罚金收入，还可以促进政府积极监管。政府监管规定的罚款数额越高，政府严格监管的可能性就越大，给企业和学研方设定的奖励金额越高，政府严格监管的可能性就越小。而上级政府对监管部门的严厉惩罚也会让监管部门更好地履行自己的监管职责。另外，政府严格监管的概率越高，企业和学研方积极合作的概率就越大，对完善与发展应急物流人才供应链具有重要意义。

推论2：演化过程中政府积极监管的概率随着企业和学研方积极参与概率的增加而下降。

证明：由政府策略稳定性分析可知，当 $P_2 < P_2^*$ 时，$G(P_2) > 0$，此时，$f(P_1) = 0$，$\left. \dfrac{\mathrm{d}f(P_1)}{\mathrm{d}P} \right|_{P_1 = 1} < 0$，$P_1 = 1$ 为政府的演化稳定策略稳定点；反之，$P_1 = 0$ 为政府的演化稳定策略稳定点。因此，随着 P_2、P_3 的逐渐增大，政府的稳定策略由 $P_1 = 1$（积极监管）下降至 $P_1 = 0$（消极监管）。

推论2表明：政府监管部门严格监管的概率受企业和学研方在"政产学研用"协同创新过程中参与策略选择的影响，当企业和学研方积极参与的概率较大时，政府监管部门会降低其严格监管概率，易出现监管缺失现象。

（二）企业在合作策略比例下的演化博弈分析

同理，根据协同创新过程中，政府、企业、学研方的支付矩阵，可以得出，对企业而言，采取积极协同策略的期望收益为

$$U_{21} = (\pi_1 + \pi_2 + f_1 - C_2)P_1 P_3 + (\pi_1 + f_1 - C_2)P_1(1 - P_3) + (\pi_1 + \pi_2 - C_2)(1 - P_1)P_3 + (\pi_1 - C_2)(1 - P_1)P_3$$

企业采取消极协同策略的期望收益为

$$U_{22} = (\pi_1 + K_1 - W_1)P_1 P_3 + (\pi_1 - W_1)P_1(1 - P_3) + \pi_1(1 - P_1)(1 - P_3) + (\pi_1 + K_1)(1 - P_1)P_3$$

因此，企业采取积极协同和消极协同合作策略时得到的平均期望收益为

$$\overline{U}_2 = P_2 U_{21} + (1 - P_2) U_{22} = P_2 \big[(\pi_1 + \pi_2 + f_1 - C_2) P_1 P_3 +$$

$$(\pi_1 + f_1 - C_2) P_1 (1 - P_3) + (\pi_1 + \pi_2 - C_2)(1 - P_1) P_3 +$$

$$(\pi_1 - C_2)(1 - P_1) P_3 \big] + (1 - P_2) \big[(\pi_1 + K_1 - W_1) P_1 P_3 +$$

$$(\pi_1 - W_1) P_1 (1 - P_3) + \pi_1 (1 - P_1)(1 - P_3) +$$

$$(\pi_1 + K_1)(1 - P_1) P_3 \big]$$

$$= (\pi_2 - C_1) P_2 + (\pi_2 P_3 - P_1 f_1) P_2 + (f_2 - f_1) P_1 P_2 P_3$$

由此得出，企业在积极合作比例下对应的演化博弈的复制动态方程为

$$f(P_2) = \frac{\mathrm{d} P_2}{\mathrm{d} t} = P_2 (U_{22} - \overline{U}_2)$$

$$= P_2 (1 - P_2) \big[(f_1 + W_1) P_1 + (\pi_2 - K_1) P_3 - C_2 \big]$$

$$F(P_2) = \frac{\mathrm{d} f(P_2)}{\mathrm{d} P_2} = (1 - 2P_2) \big[(f_1 + W_1) P_1 + (\pi_2 - K_1) P_3 - C_2 \big]$$

令 $G(P_3) = (f_1 + W_1) P_1 + (\pi_2 - K_1) P_3 - C_2$

式中，$\dfrac{\mathrm{d} P_2}{\mathrm{d} t}$ 表示随着时间推移，企业采取积极合作策略的概率的

变化情况。当 $\dfrac{\mathrm{d} P_2}{\mathrm{d} t} > 0$ 时，表示随时间推移，企业采取积极合作

的概率越来越大；当 $\dfrac{\mathrm{d} P_2}{\mathrm{d} t} < 0$ 时，表示随时间推移，企业采取积极合

作策略的概率越来越小。

根据微分方程稳定性原理，企业选择积极合作的概率处于稳定状

态必须满足：$f(P_2) = 0$ 且 $F(P_2) < 0$。求得 $\dfrac{\partial G(P_3)}{\partial P_3} > 0$，所以 $G(P_3)$

为关于 P_3 的增函数。

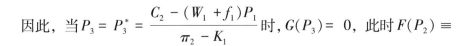

因此，当 $P_3 = P_3^* = \dfrac{C_2 - (W_1 + f_1)P_1}{\pi_2 - K_1}$ 时，$G(P_3) = 0$，此时 $F(P_2) \equiv 0$，企业不能确定稳定策略，如图 8-5（a）所示。当 $P_3 \neq P_3^*$ 时，需要讨论 P_3 和 P_3^* 的关系，分两种情况讨论。

（1）当 $P_3 < P_3^*$ 时，$G(P_3) < 0$，此时，$f(P_2) = 0$，$\left.\dfrac{\mathrm{d}f(P_2)}{\mathrm{d}P}\right|_{P_2=0} < 0$，$P_2 = 0$ 为企业的演化稳定策略稳定点。此时，企业会采取消极合作的策略作为演化稳定策略。由此推断，当企业采取积极合作策略时享受到的经费支持和其他优惠政策 f_1 以及企业消极合作产生的罚金支出 W_1 小于企业采取积极合作策略时产生的成本 C_2，或者企业与学研方积极合作时产生的收益 π_2 减去企业从与学研方的积极合作中获得的额外收益 K_1 小于企业采取积极合作策略时产生的成本 C_2，在"政产学研用"协同创新过程中，企业将更偏向于采取消极合作的策略，如图 8-5（b）所示。

（2）当 $P_3 > P_3^*$ 时，$G(P_3) > 0$，此时，$f(P_2) = 0$，$\left.\dfrac{\mathrm{d}f(P_2)}{\mathrm{d}P}\right|_{P_2=1} > 0$，$P_2 = 1$ 为企业的演化稳定策略稳定点。此时，企业会采取积极合作的策略作为演化稳定策略。由此推断，企业采取积极合作策略时享受到的经费支持和其他优惠政策 f_1 以及企业消极合作产生的罚金支出 W_1 大于企业采取积极合作策略时产生的成本 C_2，或者企业与学研方积极合作时产生的收益 π_2 减去企业从与学研方的积极合作中获得的额外收益 K_1 大于企业采取积极合作策略时产生的成本 C_2，在"政产学研用"协同创新过程中，企业将更偏向于采取积极合作的策略，如图 8-5（c）所示。

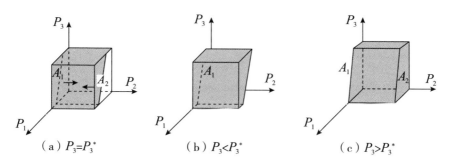

（a）$P_3=P_3^*$　　　　（b）$P_3<P_3^*$　　　　（c）$P_3>P_3^*$

图 8-5　企业复制动态相位

根据该演化博弈复制动态方程对 P_2 进行求解，以便确定该微分方程在 P_2^* 点达到稳定状态。图 8-5 表明，企业选择积极合作策略的概率为 V_{A_2}（A_2 的体积），选择消极合作策略的概率为 V_{A_1}（A_1 的体积），通过计算可以得到：

$$V_{A_1} = \int_0^1 \int_0^1 \frac{C_2 - (W_1 + f_1)P_1}{\pi_2 - K_1} \mathrm{d}P_1 \mathrm{d}P_3 = \frac{2C_2 - (W_1 + f_1)}{2(\pi_2 - K_1)}$$

$$V_{A_2} = 1 - V_{A_1} = 1 - \frac{2C_2 - (W_1 + f_1)}{2(\pi_2 - K_1)}$$

推论 3：企业选择积极合作的概率与政府对企业的罚金、政府对企业采取积极合作策略时给予的经费支持和其他优惠政策、企业与学研方积极合作时产生的收益与企业从学研方的积极合作中得到的额外收益的差（$\pi_2 - K_1$）正相关，与企业积极合作时付出的成本 C_2 负相关。

证明：根据企业选择积极合作情况下 V_{A_2} 的表达式，求各要素的一阶偏导数，得：$\frac{\partial V_{A_2}}{\partial W_1} > 0$，$\frac{\partial V_{A_2}}{\partial f_1} > 0$，$\frac{\partial V_{A_2}}{\partial (\pi_2 - K_1)} > 0$，$\frac{\partial V_{A_2}}{\partial C_2} < 0$，因此，$W_1$、$f_1$、$\pi_2 - K_1$ 增加或 C_2 减少，均可能使企业选择积极合作的概率上升。

推论 3 表明：保证应急物流企业在积极合作时的收益能够让企业

积极参与"政产学研用"协同创新。通过加大奖励和惩罚力度，可以增加企业的积极参与程度，同时也可以通过促进信息化建设、扩大媒体影响力等方式，促进企业参与"政产学研用"协同创新。

推论4：演化过程中企业积极参与的概率随着学研方积极参与协同创新和政府监管部门严格监管概率的增加而上升。

证明：由企业策略稳定性分析可知，当 $P_3 < P_3^*$ 时，$G(P_3) < 0$，此时，$f(P_2) = 0$，$\left.\dfrac{\mathrm{d}f(P_2)}{\mathrm{d}P}\right|_{P_2 = 0} < 0$，$P_2 = 0$ 为企业的演化稳定策略稳定点；反之，$P_2 = 1$ 为企业的演化稳定策略稳定点。因此，随着 P_1、P_3 的逐渐增大，企业的稳定策略由 $P_2 = 0$（消极合作）上升至 $P_2 = 1$（积极合作）。

推论4表明：学研方积极参与"政产学研用"协同创新概率的增加，有利于应急物流企业选择积极参与作为稳定策略。一方面，加强政府的监管力度，可以保障应急物流人才供应链；另一方面，还可通过提高学研方的社会责任感、增强学研方人才供应等措施，增强学研方的参与度，充分发挥社会力量对应急物流人才的保障效力，构建完备的应急物流人才供应链。

（三）学研方在合作策略比例下的演化博弈分析

同理，根据协同创新过程中，政府、企业、学研方的支付矩阵，可以得出，对学研方而言，采取积极协同策略的期望收益为

$$
\begin{aligned}
U_{31} &= (\pi_3 + \pi_4 + f_2 - C_3)P_1P_2 + (\pi_3 + f_2 - C_3)P_1(1 - P_2) + \\
&\quad (\pi_3 + \pi_4 - C_3)(1 - P_1)P_2 + (\pi_3 - C_3)(1 - P_1)(1 - P_2) \\
&= \pi_4 P_2 + f_2 P_1 + \pi_3 - C_3
\end{aligned}
$$

学研方采取消极协同策略的期望收益为

$$U_{32} = (\pi_3 + K_2 - W_2)P_1P_2 + (\pi_3 - W_2)P_1(1 - P_2) + $$
$$\pi_3(1 - P_1)(1 - P_2) + (\pi_3 + K_2)(1 - P_1)P_2$$
$$= K_2P_2 + \pi_3 - W_2P_1$$

因此，学研方采取积极协同和消极协同合作策略时得到的平均期望收益为

$$\overline{U_3} = P_3U_{31} + (1 - P_3)U_{32}$$
$$= P_3(\pi_4P_2 + f_2P_1 + \pi_3 - C_3) + (1 - P_3)(K_2P_2 + \pi_3 - W_2P_1)$$

学研方采取积极合作比例策略时的复制动态方程为

$$f(P_3) = \frac{dP_3}{dt} = P_3(U_{31} - U_3) = P_3(1 - P_3)[(\pi_4 - K_2)P_2 + (f_2 + W_2)P_1 - C_3]$$

$$F(P_3) = \frac{df(P_3)}{dP_3} = (1 - 2P_3)[(\pi_4 - K_2)P_2 + (f_2 + W_2)P_1 - C_3]$$

$$G(P_1) = (\pi_4 - K_2)P_2 + (f_2 + W_2)P_1 - C_3$$

式中，$\dfrac{dP_3}{dt}$ 表示随着时间推移，学研方采取积极合作策略的概率的变化情况。当 $\dfrac{dP_3}{dt} > 0$ 时，表示随时间推移，学研方采取积极合作策略的概率越来越大；当 $\dfrac{dP_3}{dt} < 0$ 时，表示随时间推移，学研方采取积极合作策略的概率越来越小。

根据微分方程稳定性原理，学研方选择积极合作的概率处于稳定状态必须满足：$f(P_3) = 0$ 且 $F(P_3) < 0$。求得 $\dfrac{\partial G(P_1)}{\partial P_1} > 0$，所以 $G(P_1)$ 为关于 P_1 的增函数。

因此，当 $P_1 = P_1^* = \dfrac{C_3 - (\pi_4 - K_2)P_2}{(f_2 + W_2)}$ 时，$G(P_1) = 0$，此时 $F(P_3) \equiv 0$，学研方不能确定稳定策略，如图 8-6（a）所示。当 $P_1 \neq P_1^*$ 时，需要讨论 P_1 和 P_1^* 的关系，分两种情况讨论。

（1）当 $P_1 < P_1^*$ 时，$G(P_1) < 0$，此时，$f(P_3) = 0$，$\left.\dfrac{\mathrm{d}f(P_3)}{\mathrm{d}P}\right|_{P_3 = 0} < 0$，$P_3 = 0$ 为学研方的演化稳定策略稳定点。此时，学研方会采取消极合作的策略作为演化稳定策略。由此推断，当学研方采取积极合作时享受到的经费支持和其他优惠政策 f_2 以及学研方消极合作产生的罚金支出 W_2 小于学研方采取积极合作时产生的成本 C_3，或者学研方与企业积极合作时产生的收益 π_4 减去学研方从与企业的积极合作中获得的额外收益 K_2 小于学研方采取积极合作时产生的成本 C_3，在"政产学研用"协同创新过程中，学研方将更偏向于采取消极合作的策略，如图 8-6（b）所示。

（2）当 $P_1 > P_1^*$ 时，$G(P_1) < 0$，此时，$f(P_3) = 0$，$\left.\dfrac{\mathrm{d}f(P_3)}{\mathrm{d}P}\right|_{P_3 = 1} > 0$，$P_3 = 1$ 为学研方的演化稳定策略稳定点。此时，学研方会采取积极合作的策略作为演化稳定策略。由此推断，当学研方采取积极合作时享受到的经费支持和其他优惠政策 f_2 以及学研方消极合作产生的罚金支出 W_2 大于学研方采取积极合作时产生的成本 C_3，或者学研方与企业积极合作时产生的收益 π_4 减去学研方从与企业的积极合作中获得的额外收益 K_2 大于学研方采取积极合作时产生的成本 C_3，在"政产学研用"协同创新过程中，学研方将更偏向于采取积极合作的策略，如图 8-6（c）所示。

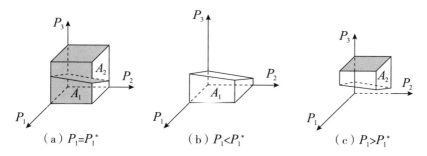

（a）$P_1 = P_1^*$　　　　（b）$P_1 < P_1^*$　　　　（c）$P_1 > P_1^*$

图 8-6　学研方复制动态相位

根据该演化博弈复制动态方程对 P_3 进行求解，以便确定该微分方程在 P_3^* 点达到稳定状态。图 8-6 表明，学研方选择积极合作策略的概率为 V_{A_2}（A_2 的体积），选择消极合作策略的概率为 V_{A_1}（A_1 的体积），通过计算可以得到：

$$V_{A_1} = \int_0^1 \int_0^1 \frac{C_3 - (\pi_4 - K_2)P_2}{(f_2 + W_2)} \mathrm{d}P_2 \mathrm{d}P_1 = \frac{2C_3 - (\pi_4 - K_2)}{2(f_2 + W_2)}$$

$$V_{A_2} = 1 - V_{A_1} = 1 - \frac{2C_3 - (\pi_4 - K_2)}{2(f_2 + W_2)}$$

推论 5：学研方选择积极合作的概率与政府对学研方的罚金、政府对学研方采取积极合作策略时给予的经费支持和其他优惠政策、学研方从与企业的积极合作中得到的额外收益正相关，与学研方积极合作时付出的成本、当产学研合作中企业选择协同但学研方选择不协同时学研方所获得的收益负相关。

证明：根据学研方选择积极合作的情况下 V_{A_2} 的表达式，求各要素的一阶偏导数，得：$\dfrac{\partial V_{A_2}}{\partial W_2} > 0$，$\dfrac{\partial V_{A_2}}{\partial f_2} > 0$，$\dfrac{\partial V_{A_2}}{\partial \pi_4} > 0$，$\dfrac{\partial V_{A_2}}{\partial C_3} < 0$，$\dfrac{\partial V_{A_2}}{\partial K_2} < 0$，因此，$W_2$、$f_2$、$\pi_4$ 增加或 C_3、K_2 减少，均可能使学研方选择积极合作的概率上升。

推论 5 表明：保证学研方在积极合作时的收益能够让学研方积极参与"政产学研用"协同创新。政府不仅可以通过增强奖励、惩罚力度增加学研方的积极参与度，还可以通过促进信息化建设、扩大媒体影响力等方式增加学研方的拒绝成本，促进学研方参与"政产学研用"协同创新。

推论 6：演化过程中学研方积极参与的概率随着企业积极参与协同创新和政府监管部门严格监管概率的增大而增大。

证明：由学研方策略稳定性分析可知，当 $P_1 < P_1^*$ 时，$G(P_1) < 0$，此时，$f(P_3) = 0$，$\left.\dfrac{\mathrm{d}f(P_3)}{\mathrm{d}P}\right|_{P_3=0} < 0$，$P_3 = 0$ 为学研方的演化稳定策略稳定点，反之，$P_3 = 1$ 为学研方的演化稳定策略稳定点。因此，随着 P_1、P_2 的逐渐增大，学研方的稳定策略由 $P_3 = 0$（消极合作）上升至 $P_3 = 1$（积极合作）。

推论 6 表明：增加应急物流企业积极参与"政产学研用"协同创新的概率有利于学研方选择积极参与作为稳定策略，政府监管部门不仅可以通过提高政府严格监管概率保障应急物流人才供应链，还可以通过提高应急物流企业的参与度，如提高应急物流企业的社会责任感、增强应急物流企业人才供应等措施，充分发挥社会力量对应急物流人才的保障效力，构建完备的应急物流人才供应链。

（四）小结

通过对政府促进产学研协同创新的必要性与实现路径展开分析，在此基础上，将政府纳入协同创新体系，建立演化博弈分析框架，探讨不同条件下协同创新体系的演化稳定策略。综上所述，可以得出以下主要结论。

第一，通过设定相关条款，加强对企业和学研方的监管，不仅可以增加政府的罚金收入，还可以促进政府积极监管。政府监管规定的罚款数额越高，政府严格监管的可能性就越大，给企业和学研方设定的奖励金额越高，政府严格监管的可能性就越低。而上级政府对监管部门的严厉惩罚也会让监管部门更好地履行自己的监管职责。另外，政府严格监管的概率越高，企业和学研方积极合作的概率就越大，对完善与发展应急物流人才供应链具有重要意义。

第二，政府监管部门严格监管的概率受企业和学研方在"政产学研用"协同创新过程中参与策略选择的影响，当企业和学研方积极参与的概率较大时，政府监管部门会降低其严格监管概率，易出现监管缺失现象。

第三，保证应急物流企业在积极合作时的收益能够让企业积极参与"政产学研用"协同创新。政府不仅可以通过增强奖励、惩罚力度增加企业的积极参与度，还可以通过促进信息化建设、扩大媒体影响力等方式，促进企业参与"政产学研用"协同创新。

第四，增加学研方积极参与"政产学研用"协同创新的概率有利于应急物流企业选择积极参与作为稳定策略，政府监管部门不仅可以通过提高政府严格监管概率保障应急物流人才供应链，还可以通过提高学研方的参与度，如提高学研方的社会责任感、增强学研方人才供应等措施，充分发挥社会力量对应急物流人才的保障效力，构建完备的应急物流人才供应链。

第五，保证学研方在积极合作时的收益能够让学研方积极参与"政产学研用"协同创新。政府不仅可以通过增强奖励、惩罚力度提高学研方的积极参与度，还可以通过促进信息化建设、扩大媒体影响力等方式增加学研方的拒绝成本，促进学研方参与"政产学研用"协同创新。

第六，增加应急物流企业积极参与"政产学研用"协同创新的概率有利于学研方选择积极参与作为稳定策略，政府监管部门不仅可以通过提高政府严格监管概率保障应急物流人才供应链，还可以通过提高应急物流企业的参与度，如提高应急物流企业的社会责任感、增强应急物流企业人才供应等措施，充分发挥社会力量对应急物流人才的保障效力，构建完备的应急物流人才供应链。

第四节　应急物流人才供应链管理治理体系构建策略

一、充分发挥党管人才的治理功能

党管人才是中国共产党的一贯原则和优势，是中国共产党执政的重要原则，也是新时代中国共产党执政兴国的一项基本方略。我国人才工作进入了关键时期，必须把党管人才的政治优势充分发挥出来，通过发挥党管人才治理功能，实现对人才工作的全面领导和统一管理，进而充分调动社会各方力量参与人才工作，形成全社会共同重视和推进人才工作的良好氛围。当前及今后一个时期，必须贯彻以习近平总书记关于做好新时代党管人才工作的重要思想，充分调动各方力量共同推动人才发展体制机制改革创新。

　　坚持党对人才的管理理念，其实质就是要以中国共产党为核心，推进人才发展，在宏观层面上形成总体性、统领性和协同性的管理框架，从而形成"集天下英才为本"的人才供应链治理体制。在资源整合和利用的过程中，中国共产党发挥着集中资源的主导作用，通过集聚、整合各类治理主体，加快建设应急物流人才队伍，实现问题导向治理、专业导向治理、战略导向治理的目标。

　　要深入学习领会把握习近平总书记的重要指示精神，深刻认识到：坚持做好应急物流人才建设工作，既是一项战略任务，也是一项重大政治任务；既是一项基础性工作，也是一项战略性工作；既是一项系统性工程，又是一个重大现实课题。党管人才的重要作用体现为统一管理和统筹调配社会各方力量参与应急物流人才队伍建设，实现人才工作的全面领导和统一管理；与此同时，通过聚集和整合社会各方力量共同参与，在应急物流领域开展创新创业，促进新旧动能转换。

　　党管人才既要发挥党的政治优势，也要发挥组织集中力量办大事、办难事的作用。"集天下英才为本"的人才供应链治理体系，要求在推动国家高质量发展、建设现代化经济体系过程中，必须发挥集中人、财、物等优势，集聚人才队伍，形成人才供应链治理机制。广泛整合公共机构、产业界、企业界、代表特定专业人才群体的职业共同体、专业共同体等参与治理进程，形成分行业、分领域的人才发展治理网络。这一治理网络是由党和政府、政府和企业、政府和社会、中央和地方组成的建设性协同治理网络。

二、加快提升多元主体的治理能力

　　应急物流人才供应链管理治理机制的有效运作，有赖于政府职能的转换与落实，而政府要实现这一目标，就必须改变治理观念，构建新的治理方式。一方面，政府应该将应急物流作为国家重点关注的发展方向，增强人们对应急物流的重视。另一方面，政府应该保障应急物流人才的培养和供应，在重点院校开设应急物流专业，并促进应急物流专业学生对医疗卫生、自然灾害等应急知识的学习。从国家层面重视应急物流专业人才的培养，培养既具有专业实践能力又具有良好应变能力的应急物流人才。关于应急物流人才培养的设计应该从综合型、应用型、创新型三个方面入手，以综合提升学生的应急物流能力和水平，满足应急物流市场对各类人才的需求。

我国已基本形成了一个结构完整、功能完备、层次分明的人才市场服务系统，有效地实现了人才供求的均衡与合理配置。然而，我国的人才市场还存在着许多问题，例如，地区间人才市场分割问题依然突出，国家一体化的人才市场体系尚未建立，亟须认真对待。人才市场作为人力资源的最优配置，必须以提高人力资源的效率与效益为目的，寻求最优的人力资源和最大的收益。因此，我国的人才市场应以社会主义市场经济和人才流动为基本准则，大力降低政府的人力资源配置，以激发市场主体、中介组织、个人的积极性和创造性。特别是要把重点人才放在第一位，把人才的兴趣和成就动机当作推动人才市场不断发展的根本力量，而人才市场、人才服务体系要为他们提供最好的平台和服务。现阶段我国应急物流企业运行机制不顺畅，企业需要高素质的人才，而许多应急物流专业的人才由于经验限制无法找到匹配度高的工作。这一现象的存在导致即使我国能够保证应急物流人才的供应，企业在招聘过程中也很难做到人尽其用，造成专业人才的浪费。所以为了提高人才和岗位的匹配度，应急物流企业可以通过设立人力资源部门，对有良好的应急物流知识但是缺乏经验的物流人才进行培训。同时在企业内部建立上升机制，接受基层物流员工的晋升请求，对其展开考核，通过考核即可录用。同时可与国内外开设相关专业的高校合作，有针对性地培养对口人才。

社会组织在公共事务中具有很强的专业性和灵活性，是政府与市场机制的一个重要补充。特别是在人才评价与推荐、培养与发展、洞察人才动态、协调劳资关系等领域，社会组织的参与程度日益加深，为企业提供了大量有效的服务。政府组织的人才规划、人才统计、人才项目评估等工作，通过授权、招标等形式向社会组织移交。对某些需要政府引导的人才项目，并不需要全部由政府部门来做，可以采取灵活的外包方式，与更多的专业机构进行合作，形成一个政社合作的模式，既能提高服务的质量，又能加强政府与社会组织之间的联系，为今后的合作做好准备。

高校的教育体制改革是应急物流人才供应链管理治理体系的重要保障。传统物流管理人才的培养更偏重于理论的培养，针对应急物流人才培养应该采用"理论+实践"模式，丰富课堂教学的同时注重对学生实践能力的培养。在具体的人才培养中，一方面要对现有理论做分析和研究，另一方面要对现实实践经验做分析和讨论，通过理论和经验的对照性分析确定理论的适用性和不足，实现理论的针对性利用，并就发展的理念理论做补充。在应急物流人才的培养过程中应该多使用实践性的培养方法，如实训法、组织探索法、模型拟合法、项目驱动法等，这些方法可以充分调动和激发学生的学习兴趣，提升学生的实践能力。另外，应该组织学生多参与实践，只有通过实践的磨炼学生才能对具体的实践流程和工作方法有形象的掌握。教师可以通过丰富的教学方法和专业的技能吸引学生的注意力，打破传统课堂中教师传授知识学生被动接受的模式，采用任务驱动法、情景模拟法、项目驱动法、讨论法、小组合作法以及各种小游戏教学，最大限度地发挥学生的主动性。教师除完成课上教学外，课后还要注重与学生的沟通与交流，及时解决学生遇到的专业问题。

三、健全协同协调的治理机制

对应急物流人才供应链管理的治理，需要跨界协同，建立跨区域、跨部门、跨领域的协调合作，提供纵横结合的灵活工具组合。

第一，做好应急物流人才发展战略规划和政策供给。应充分发挥政府的引导作用，深刻认识做好应急物流人才发展工作的重要性，科学制定应急物流人才开发战略规划，做好政策供给。

第二，构建跨部门应急物流人才发展协调机制。在组织机构上，各部门的应急物流人才发展政策和资金保障机制尚未形成，应急物流人才发展的顶层设计与规划相对滞后。在人才队伍上，缺乏一支适应应急物流发展需要的高素质、专业化应急物流人才队伍。在组织管理上，尚未建立有效沟通协调机制，各部门之间协作配合不够。面对这些问题，有必要建立一套跨部门的应急物流人才发展协调机制。跨部门应急物流人才发展协调机制的建立，需要统一的组织机构统筹安排。因此，建议由政府部门牵头成立全国跨行业部门的应急物流人员协调机制组织机构，负责制定全国各地跨行业人员协调工作计划表。另外，建立全国跨行业人员交流机制和工作协调平台，形成常态化的沟通协调机制。

第三，将应急物流人才发展战略与国家战略和区域经济发展战略相协同。物流是近年全球经济发展的一个新兴产业。尤其是随着电子商务的兴起和大型跨国企业的产业转移，对各类物流的需求也随之增加。我国应急物流发展呈现新特征：产业融合不断深入；技术创新层出不穷；市场主体不断涌现；人才培养能力持续提升；新业态新模式不断涌现等。与此同时我国应急物流也面临着以下问题：体制机制不适应、法律法规不健全、标准体系不完善、人才培育体系不健全；服务保障能力不适应、应急预案不健全、信息资源配置不精准、物资储备和运力储备不足；科技创新支撑跟不上、信息化应用水平较低。应急物流是物流当中的一个很重要的分支。将应急物流人才发展战略与国家战略和区域经济发展战略相协同，从战略角度重视应急物流，从根源上解决应急物流人才供应链存在的问题。

四、创造技术变革的治理环境

第一，构建"制度+技术"的智慧治理体系。第三方物流企业开启智慧物流供应链建设，灵活运用 WMS（仓库管理系统），与企业原有 ERP（企业资源计划）系统、订单管理系统以及运输管理系统对接，加强智慧物流升级。与国家军队合作运输抗疫物资，实现"军民融合"。开启云办公时代，线上商务成为主要手段，企业大量采用线上视频会议、云签约活动、网络交易会和发布会、在线查询、互联网订舱提货消单等线上商务方式。

第二，构建信息共享平台。突发公共事件的紧急性要求各个应急物流部门做出快速的反应，而这种快速反应需要大量信息的支撑。危机之中，对于应急人力资源供应链管理而言，信息流动至关重要。供应链上各个部门之间通过信息传递与共享建立紧密的联系，将分散的信息及时汇总分析，这有利于突发公共事件下应急人力资源的引入和管理。突发公共事件发生初期，信息共享平台可以提供有关人力、物资方面的信息，有助于企业及时从各种渠道招聘、动员应急人力资源，帮助企业快速扩充应急人力队伍。应急物流实施中期，事件信息每天都在变化，如果没有足够的重视与有效的管理，会影响应急物流的效率甚至影响社会公众的利益。例如，在新型冠状病毒感染疫情中，地方红十字会因为对应急物资管理不力，导致很多已经送达的医疗物资不能及时分配到各个医院，从而陷入巨大的舆论风波。因此，应急物资运输过程中各个流程的信息透明化非常重要，而信息共享平台可以很好地实现这项功能。除此之外，信息共享平台可以大大提高对应急物流人员的培训、沟通与管理效率。信息共享平台利用大数据等技术将应急人力资源数据进行快速汇总、分析与评价，人力资源管理的效率大大提高。突发公共事件尾期，信息共享平台可以用来调节应急人力资源的分配与退出，有助于对突发公共事件整个阶段产生的问题与处理方法进行总结，组织员工学习，为日后做准备。

第三，建立灵活的人力资源共享模式。规模较大的突发公共事件下，很容易出现短期内应急人力不足的情况，此时不同组织的人力资源共享可以在一定程度上缓解应急人力资源短缺。人力资源共享模式依赖于信息共享平台的支持。在新型冠状病毒感染疫情中，第三方物流企业也做出了自己的贡献。菜鸟、京东、顺丰、东航等物流公司主动加入应急物资的运输队伍中，接受社会各界爱心人士的捐赠，运用它们的智慧物流进行应急物资运输。这为应急物资的运输做出了极大贡献。除此之外，社会各部门及很多热心公益的志愿者都贡献了自己的力量，虽然他们应急物流知识有限，但可以承担一些琐碎却必要的工作。通过各个物流企业及社会各界人士的通力合作，疫情中的应急物资需求得到了及时的满足。

第四，科学管理应急人力资源。人力资源供应链管理上各个环节紧密联系，科学地管理应急人力资源可以"制造"高质量的人力资源，从而促进整个供应链效率的提高。应急物流人力资源的管理从培训、分配、激励、员工关怀、员工发展规划及员工退出6个模块进行分析。当供应链上的人力资源部门通过各种渠道获得应急物流人力资源后，需要按照人力资源的水平与应急物流的需要进行不同层次的培训。接着根据信息共享平台上统计出的职位需求及人力资源的质量和数量进行科学的分配，在分配人力资源时要注意优化部门之间的协同，以最经济的方式做到精准用人、人尽其能。在应急物流人才供应链管理中，对一线员工的鼓励与关心必不可少。大规模的突发公共事件给包括应急物流人员在内的广大社会群众的生命健康造成了极大的威胁，因此，为了充分发挥应急物流人员的能力，需要对应急物流人员进行合适的激励与关怀，包括物质激励、精神激励及情感承诺。2015年，西班牙社会学科研人员进行了一项研究，他们基于情感承诺和培训之间的关系对部分企业的156名高级员工进行调查，结果发现对员工进行的培训与情感承诺具有相互促进的作用，由此说明了情感承诺对企业人力资源管理的重要性。另外，对于核心应急物流人力资源，企业必须对他们的职业发展规划予以密切关注，做好他们的职业规划也是建造企业长远发展的基石。最后，关注员工的退出。遵循人性化管理原则，通过恰当的沟通做好员工的退出工作，实现人力资源优化配置。

第五，检验和调整人力资源供应链。在处理突发公共事件的各个阶段，注意对人力资源供应链的检验和调整。突发公共事件具有较大的不可预知性，随着事件的推进，供应链上的信息每天都在更新，人力需求也会因事件的严重程度而不断改变。因此企业应当不断对人力资源供应链进行适当的调整，在成本可控的基础上提升物流效率。在保证效率的前提下，可以适当跨部门共享员工，保证人力的动态供给。同时要及时对人力资源供应链的管理绩效进行评价，企业应当制定和实施合适的评价指标与方法，对整个人力资源供应链的运行效果做出评价，对供应链内各个节点之间的合作关系进行评价，以此对供应链整体及各部分进行综合检验与反馈。通过反馈的信息再对供应链整体及各节点进行调整，从而不断为企业带来的期望效益。

第九章 应急物流人才保障的应对策略与措施

第一节　应急物流人才保障的基本内涵及其构成

一、应急物流

（1）应急物流（Emergency Logistics）概述

应急物流是指在紧急情况下提供必要的物质、人力和财力支持的特殊物流服务，以帮助人们应对自然灾害、公共卫生事件、公共安全事件和军事冲突等突发事件。应急物流是一种特殊的物流方式，与普通物流类似，都需要考虑流体、载体、流向、流程和流量等因素。应急物流既能在空间上发挥作用，又能在时间上发挥作用，并且还能在形式上发挥作用。在大多数情况下，应急物流通过提高物流效率实现其目标，而普通物流则更加注重经济效益。应急物流可分为军事和民用两种，其中军事应急物流更加紧急，而民用应急物流则更加普通。

（2）应急物流产生的背景

尽管当今世界科技高度发达，然而突发公共事件仍不时发生。其中一些事件很难预测，而另一些事件是可预测的，但由于预测出结果和事件发生的时间间隔太短，材料、人员和工具无法实现其时空效应。从宏观上看，从我国唐山大地震到美国"9·11"事件，从"非典""禽流感"到矿难事故，目前人们被动的应急状态暴露了应急机制、法规、物资准备等方面的不足。我国在公共卫生设施和国家应急经验方面还有许多需要改进的领域，迫切需要研究应急物流的内容、法律、机制和实施方式。在微观层面，由于信息不完整及决策者的经验限制，决策者无法保证所有决策都是正确的。另外，由于道路建设周期的影响，运输时间和货物交付时间增加。物流企业迫切需要为不可抗力和人为紧急情况制订有效的预防计划，以最大限度地降低应对成本。

（3）应急物流的发展前景

自然灾害、公共卫生事件、决策者因信息不完整而犯的错误、复杂的国际环境造成的供应链的复杂性和完整性、消费者召回政策等，导致了物流系统中新的应急物流。美国科学家在这方面的研究很早就开始了。最初，应急物流与军事后勤有关。在我国，2003 年 "非典" 的突然暴发引起了科学家的注意，这次事件造成的巨大损失让我们意识到，长期的物流模式只追求成本效益最大化，不利于应急物流的实现，因此我们开始对应急物流进行系统研究。事实上，应急物流在生活中随处可见。国家军事后勤保障，2008 年北京奥运会和 2010 年上海世博会，每年的春节假期、"十一" 黄金周等，都涉及应急物流；对于公司来说，销售的急剧增长和政策制定者的错误也可能导致迫切的物流需求。结合现有实践和研究成果，我们将应急物流定义为一种特殊的物流活动，旨在最大限度地利用临时优势，减少因意外事件造成的损失。从而应对不可预见的情况，以满足相关的物流需求。

上述分析表明，应急物流是在传统物流系统不稳定的背景下产生的，因为需求的突然变化会导致紧急情况，如导致储备不足、运输能力有限和资源短缺等问题。在现有研究的基础上，我们要整合应急管理、危机管理、现代物流和供应链管理等学科，进一步研究和发展综合应急物流系统。目的是完善应急物流的内容，研究紧急情况下的不确定性，并构建应急物流风险分析模型。鉴于救济物资的供应与分配的不确定和复杂性，加强对救济物资库存的有效管理仍然是研究的重点。在确保应急物流"应急需求"的基础上，防止资源浪费，尽量降低社会成本，重新审视政府与市场的有效合作协调机制，突出应急物流体系的灵活性。为了确保灾害响应的可持续性和准确性，在应急物流系统建设规划中必须整合反向物流，形成完整的应急物流系统。

二、物流人才

（1）物流人才（Logistic Personnel）概述

物流人才是近年在我国突然变"热"的名词。随着各种媒体的普及，"物流人才"已成为我国稀缺的人才之一。

（2）我国物流人才的定位

我国物流行业仍处于起步阶段，对专业人才的需求非常大，但这种需求也有其不同的层面。首先是物流运营商，由于我国物流行业发展时间短，能够理解现代物流理念并根据需要完成物流单元工作的技术人员并不多。随着我国物流专业化和现代化的深化，对此类技术人才的需求将是巨大的。据不完全统计，我国有超过 1600 所高校、中高等职业学校开设物流课程，主要用于培养上述物流专业人才。考虑到我国各教育机构、行业组织和劳动部门提供的培训，我国拥有中高等技能的物流专业人员每年增加近 100 万人。这些专业人员的工资与普通技术人员的工资差别并不大。其次是物流经理，物流的核心是通过现代管理概念和工具降低物流成本并提高效率，使货物、信息和资本在整个供应链中高效、快速地流动，为企业创造新的价值。它的本质是管理，最终由拥有现代物流概念和管理技能的高素质管理人员实现，这是我国物流行业最稀缺的。对于一个好的物流经理，数十万甚至数百万的年薪并不算高。从学科教育分类来看，上述物流运营商属于物流工程类，也属于人文物流管理类。我国物流运营商数量快速增长，很快就能满足社会需求，但物流管理人才的发展步伐缓慢。由于物流本身就是一个服务部门，现代物流中的竞争是由人决定的。目前，缺乏行业领导者，严重限制了我国物流企业的发展。如何用科学的教学方法改变局面，培养优秀的领导力，已经成为整个物流行业的挑战。

（3）我国的物流人才状况

①对物流人才的需求很高

随着我国物流业的蓬勃发展，国内对物流人员的需求也在不断增长。然而，由于我国物流业起步较晚，物流人才的培养无法跟上经济发展的步伐，全国一直存在"物流人才短缺"问题。据预测，我国物流行业将以每年 30% 的速度快速增长，对国内物流人才的需求将达到600 万人。从 2010 年起，我国每年对高素质物流管理专业人才的需求将达到 3~4 万人。每年需要 30000 名以上的物流和营销专业人员。以南京为例，南京建立了龙潭港、王家湾、定家庄、浦口机场、河西农副产品、柳泰化工园 6 个物流基地，年贸易额达到 400 亿美元，但辅助人员非常少。预计到 2025 年，南京物流人才缺口将达到 10 万人。这些需求将反映在所有可能的岗位中，无论是后勤基地岗位还是中高级岗位。目前，南京的物流专业人员无法满足业务发展需求。令人担忧的是，我国高校开设物流专业的时间较晚。由于高校人才培养滞后，物流人才供需矛盾在市场上十分突出。许多公司愿意支付数百万年薪，以雇用符合公司需求的物流人才。据报道，公司物流经理的平均月收入在 8000~15000 元，收入在中上水平。但是刚进入物流行业的员工月收入还较低。很明显，最受公司欢迎的物流人才是既有扎实的专业理论知识，又有实际工作经验的物流人才。因此，在现阶段获得物流专业方面的资格认证已成为物流人才获得现代物流知识并提高竞争力的最佳方式。

②国内物流认证培训市场的状况

随着我国物流业的快速发展，越来越多的社会组织和机构认识到物流教育和培训具有很大市场。自 2003 年中华人民共和国劳动和社会保障部（现为人力资源和社会保障部）制定《物流师国家职业标准》以来，我国已有数千个经过资格认证的物流师。中国物流与采购联合会作为物流行业的主管机构，率先参与我国物流认证。自 2002 年下半年以来，协会组织了物流经理专业资格认证和物流工程师专业资格认证，并支持劳动和社会保障部制定的《物流师国家职业标准》，为我国物流人才培养做出了巨大贡献。几乎在同一时间，中国商业技师协会和中国商业联合会商业职业技能鉴定指导中心联合举办了一系列物流经理和物流管理员认证项目，规模相当大。随后英国皇家物流和运输学会也迅速进入我国，并在我国主要城市举办认证课程。为了加快对当地物流专业人员的培训，许多城市还引入了具有当地特色的物流技能培训。其中最典型的是由江苏省人力资源和社会保障厅与交通运输厅共同建立的"物流工程师"称号认证，以及由江苏、上海、浙江共同举办的长江三角洲物流人才紧缺认证。据报道，这两类证书自推出以来培养了数万名当地物流人才，极大促进了当地物流行业的发展。活跃的物流培训市场，一方面加快了我国物流人才培养的步伐，促进了物流员工整体素质的提高；另一方面，由于部分政府部门监管不足，导致了各种培训和考试参差不齐，使物流学习市场混乱。目前，国内物流培训市场的一个主要问题是许可机构之间缺乏统一性，证书缺乏权威性，这让培训者难以选择。此外，许多教育机构从大学借用教师，共同管理所属机构。教学方法也是基于理论学习，这使培训缺少实践环节，不得不承认物流人才和企业需求之间仍然存在一定差距。

③公司需要的物流人才

因为物流是一项综合管理工作，涉及采购、储存、运输、包装、国际贸易、信息技术等多个方面。除具备一定的物流经验外，高级物流专家还必须掌握其他专业技能，以更好地应对物流工作。无论是毕业生还是拥有几年前线工作经验的员工，他们都必须在实践中不断提升自己，以适应现代企业的快速发展。现代企业最需要的是领先的物流人才，因为这些物流人才不仅能够从战略角度规划公司的长期发展，而且有基层的实践经验，最好是在国外知名物流公司、物流上市公司或咨询行业工作过。据报道，三菱集团计划三年内在我国建立1000家大型分公司。然而实现这一宏伟目标的一个重要先决条件是拥有一支精通大型物流中心运营的物流团队，能够创建仓储和配送系统。现代教育体系往往偏重理论学习。毕业生的专业技能与企业的需求相去甚远，这也是我国物流人才供需矛盾突出的重要原因。一般而言，物流专业人员应具备以下四种专业知识和技能。

第一，物流管理知识。物流管理的核心是宏观资源集成和微观经济运营。从事物流管理的人员应熟悉行业的基本流程、物流中心的规划和组织、货物的运输和分销、采购管理和库存控制，掌握物流机械和设备的基本原理以及物流公司的运营和管理特点。

第二，计算机信息系统知识。现代企业的物流业务需要高效的计算机信息系统，因此除了掌握基本的计算机操作技能，高素质的物流专业人才还必须对计算机信息系统有深入的了解，并能够在企业信息化浪潮中正确评估公司的物流需求。

第三，财务知识。物流被称为"第三利润来源"，因为它通过节省成本提高企业的经济效率。作为一名高级物流人才，只有具备财务知识，才能为公司正确进行"物流诊断"，分析和降低物流成本。

第四，外语知识。高级物流管理人才必须不断学习世界上最新的物流管理技术、计算机信息系统知识，以及金融、外贸和人力资源等领域的知识。只有不断地了解物流领域国内外前沿发展才能确保公司的物流工作始终处于行业领先地位，并实现持续节省成本的目标。因此较好的外语应用能力是所有高级人才的重要技能。

三、应急物流人才保障

（1）提高应急物流人才保障的意义

各种挑战相继出现在应急物流所有环节：供需不平衡、反应速度迟缓、方法过于单一等。因此，改善应急物流的重点是提高应急物流人才保障。同时，物流和供应链也是区块链技术的核心应用领域，并为物流行业的发展提供了新的机遇。在此背景下，应急物流人才管理也是重中之重，业界苦思冥想如何管理人才之时，涌现出了新思路、新想法——人才供应链管理。人才供应链管理已经成为很好的管理案例。它在30年的发展中经受了时间的考验。事实证明，人才供应链管理理论为疫情控制时期的运营效率和成本管理提供了很好的参考。人才供应链管理理论最初是为了在瞬息万变的商业环境中提高企业员工的能力，颠覆传统的人才管理思维，建立及时动态的管理模式。在调整业务发展的过程中，我国领先企业也进行了大量有益的研究和经验总结，推动我国人才管理转型，有效展示了这种管理模式的高效率、低成本优势。在目前的情况下，这种动态的短期人才管理理念是理想的。根据动态、短期、及时的物资供应，高效的人员配置和动态办公流程的"前线"要求，人才供应链管理具有巨大优势，这些优势在一定程度上有助于控制疫情，可以保证应急物流人员的安全，可以有效提高应急响应能力，优化物料运输能力，为预防和控制随后的紧急情况提供支持。

（2）如何提高应急物流人才保障能力

新型冠状病毒感染疫情的暴发是对国家和所有行业的巨大考验。物流公司还必须创新和改进关键的流行病预防和控制措施，以提高其应对突发公共卫生事件的能力。物流公司在预防和控制疫情方面发挥着重要作用。运输人员在前线确保医疗用品的快速运送。在紧急情况下，后勤人员的供应可通过以下方面得到保障。

①突发公共事件的模拟培训

物流公司可以在培训中增加应急培训，以提高员工对危机的认识。只有制订完整的应急计划，让工作人员熟悉应急过程，才能快速应对突发公共卫生事件，有效减少恐慌，稳定工作人员信心。

②建立良好的人才保障机制

这要求我们坚定树立强烈的人才意识，尊重知识、尊重人才、尊重创新，做好人才引进工作，共同为人才创造良好的社会环境。只有树立好人才导向，结合上述人才供应链管理理论，才能真正激发人才的潜力，进而发挥更大的作用。为了保护人才，我们还必须维护法治，为物流人才创造良好的工作条件和工作环境。积极维护人才权利，积极推进人才服务保障体系建设，不断优化人才成长和发展环境。只有当人们感到被需要、被尊重，保障他们的基本权利并创造有利的工作环境时，人们才能积极参与突发公共卫生事件的管理，从而认为这是一个非常重要的活动，参与其中将是一种荣幸和自豪。此外，我们要积极听取人才的建议，纠正不足，这需要建立一定的渠道，倾听群众的声音，积极响应他们的计划，与公众共同创造良好的环境，为人才服务。

③应急物流人才激励

在这种情况下，一线工作人员的工作在一定程度上是危险的。为了鼓励员工，物流公司可以通过提高绩效和奖金来激励他们。

④人才共享机制

这也是保护物流人才的一种手段。除了苏宁物流宣布的"人才共享"计划，家乐福等企业已经在新冠疫情防控期间启动了"跨境人员交流"计划。在新型冠状病毒感染疫情防控期间，剧院、酒店、旅行社和其他暂时关闭的行业，其大量员工希望重返工作岗位。同时，电子零售商、外卖餐厅、超市等业务量猛增，分拣员和送货员极度缺乏。随着各行业逐渐恢复工作，一些公司也面临劳动力短缺，难以恢复运营。一方有需求，另一方恰好可以提供，就产生了一种新的灵活招聘模式。在突发公共卫生事件中，盒马鲜生率先采用"合用人员"模式。新型冠状病毒感染疫情引发的食品需求强劲，导致盒马鲜生在线订单量增加。此后，盒马鲜生和云海肴联合宣布，他们已达成就业合作，不仅解决了餐厅员工等待复工的问题，还缓解了盒马鲜生员工短缺的问题。春节期间，每家商店平均雇用70%的员工，以确保充足的供应和价格稳定。继盒马鲜生与餐饮企业"共享员工"之后，包括京东七鲜、美团买菜、叮咚买菜、永辉超市、三江购物、步步高等公司也逐步地发出"提单",通过"共享员工"解决因新冠疫情无法参加工作的缺口。这场突然暴发的疫情不仅考验了供应链运营水平和每个公司的管理能力,还开启了供应链之间的流动。有研究人员表示,"人才共享"打破了基于行业分工的传统竞争战略理论的局限性,并将价值和利益转化为价值链上的各个环节。为商业生态系统建立共生互利的价值网络。同时,还将社会问题与企业战略相结合,承担起社会责任,这样不仅降低了自己的成本,还优化了公司与政府之间的关系,以获得政府的认可和资源偏好。

⑤动态短期的人才规划

员工的能力很难跟上业务发展的要求,这已成为企业领导者主要担忧的问题。因此,动态的短期人才规划需要企业战略与外部人才市场保持紧密联系,动态建立和更新招聘机制,确保及时更新人才管理需求,以便突发公共卫生事件发生时迅速做出响应。此外,以业务部门为主导的对人才需求的短期预测也十分重要,对人才保障机制有重要的借鉴意义,应当及时确立短期预测,要基于对风险的全面评估匹配供给策略。

第二节 应急物流人才保障的模式与途径

一、"一带一路"背景下应急物流人才保障的培养模式

(1)"一带一路"应急物流人才培养体系构建

"一带一路"倡议下的应急物流专家培训位于陕西省,旨在培养

具有坚定、正确的政治导向，实践社会主义核心价值观，全面发展，具有国际视野，熟悉国际港口和自由贸易区物流运营和业务流程管理的应急物流人才。同时，能熟练运用物流系统自动识别技术和建模技术，具有较强的社会责任感、创新创业能力和实践能力，可从事物流管理、业务运营、基础管理，在物流公司、自由贸易区、物流园区、物流部门等国际物流系统中从事管理咨询和建模工作。应急物流人才培养体系如图9-1所示。

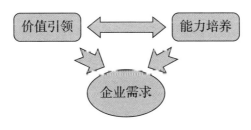

图9-1　应急物流人才培养体系

（2）培训人员满足公司需求的同时，还必须满足以下要求

①用现代价值观规范行为，用现代审美意识探索现代生活的目标，成为有教养的现代人。

②强调能力的发展，特别是理论思维能力的提升。我们要坚持以问题为导向，注重培养物流人才对当代问题的理论理解和科学概括的能力，培养和展现他们对当代问题的理性思维，应对和解决当代问题时运用的理论思维能力。

③在技能提升和健康人格塑造的过程中，我们必须采取整合和互补的方式。

（3）具体思路

①研究企业对应急物流专家的需求。通过访谈、问卷调查、实地

考察等方式，调查陕西省属地内应急物流人员的需求量，并建立应急物流需求调查报告。

②研究应急物流培训系统与职业发展之间的联系。重点关注陆港物流培训系统和学生未来职业发展之间的关系。这项研究结合了西安外事学院的四大优势（培养具有国家党建模范学院特点的学生、国际合作交流、创业精神和传统文化教育），研究课题为"需要什么来规划应急物流人员职业生涯"。

③应急物流培训方法的实证研究。特别是探讨"一带一路"背景下应急物流培训的途径。具体而言，它包括应急物流培训与国家物流培训之间的相似性和差异，建立应急物流培训基地和汇集资源的可能性，以及国际试点培训的实施条件，形成国际培训体系，与陕西陆港国际物流发展相适应。

（4）应急物流人才培养体系的具体措施

①研究物流公司人才需求的现状，形成企业对国际陆港人才能力需求调研报告。

②打破部门、学科和社会之间的壁垒，结合公司物流人才绩效指标，充分利用西安外事学院的四大优势，制订学校应急物流人员培训计划。

③应急物流人才培养体系的特点和创新：重点推进综合教育，教书和育人有机融合，学科建设与专业建设有机融合，有机地将学习内容与学生对现实社会的理解相结合，努力培养具有批判性精神、跨学科知识及国际视野的高素质人才。在人才培养过程中，我们不仅要考虑学生在校期间的教育，还要考虑学生的长远发展，培养符合时代背景的人才。目前国内的高校要接受教育部制定的学科评估标准，但同

时为了体现高校自身的办学特色和优势，又逐渐引进并开展国际标准认证。通过调研企业对应急物流人才能力的需求，研究国标与国际认证体系间的异同点，进而根据差异在应急物流人才培养中着力体现创新之处，助力应急物流人才培养水平的提升，助推国际化陆港物流人才培养的发展。

二、从生产与教育一体化的角度看应急物流人员培训模式

首先，通过分析目标导向、实际困难和实现生产教育一体化的途径，可以确定应用型与研究型应急物流专业人员的培训路径。生产与教育的结合旨在为人才培养创造生态环境。面对现实困难，必须探索实现生产教育一体化的实际途径。从生产与教育相结合的角度看，应急物流人员培训应立足生态学习环境，结合不同高校和不同专业应急物流人员的目标定位，探索培养高质量应急物流人员的途径。可从两个方面探索可行的途径：应急物流人员应用培训和应急物流人员研究培训。以新鲜农产品供应链中"公司+农户"集约需求管理的培训设计为例，重点是集中化、集群化和实证集约管理模式。应用应急物流的学习路径反映在"理论→实践→实践"应用理论的实践中，而研究应急物流的学习路径反映在"理论→实践→理论"验证理论的实践中。应用型与研究型应急物流人才培养路径的出发点和落脚点均有所不同。培养应用型与研究型物流人才的途径，从产业教育一体化的角度，描述了物流人才培养的出发点和目的。不仅要探索不同院校物流人员实际培训的可能途径，还要探索物流人员培训的创新模式。因此，整合工业教育的物流人才培养模式引起了学者们的极大关注。本文重点介绍"四合一"物流人才培养模式和"智能行动集成"。

（1）应用型应急物流人才培养模式

高等院校应用型应急物流人才培养，不同于不脱离岗位的物流师、供应链管理师等职业人才培养，需要培育校企合作基地等产教融合生态环境。应用型应急物流人才培养路径可以设计成"理论→实践→实践"，通过理论应用于实践，培养物流人员的实践能力，并在新的实践中加强实践能力，如图9-2所示。

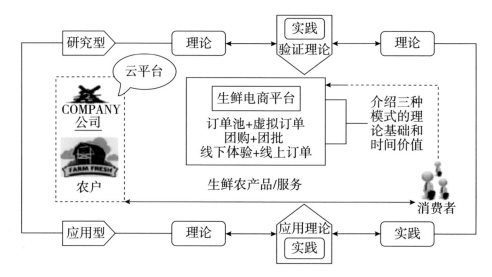

图9-2　"公司+农户"需求侧集约经营模式教学设计

①"理论→实践"应用理论

培训应用型应急物流人才的起点是理论与实践的结合。它基于将工业和教育融入生态环境的应用理论，以增强新的实践能力。应用型应急物流人才培训的基础是实践技能培训，结合生产教育和环境，不断提高人员实践能力。培训指导学生应用产品供应链管理的强化理论，从消费者需求的角度分析基于"订单池+虚拟订单"的集中管理模式，基于"团购+团批"的学习模式，实践"线下体验+线上订单"

模式，帮助学生提高实践技能，并在实践中发现和解决问题。

②"实践→实践"强化能力

应用型应急物流人才的实际能力来自实践。在生产和教育一体化的生态环境中，需要更多的观察窗口、经验场景和互动平台将理论知识转化为实践技能。加强、扩大生产和教育一体化的能力已成为应急物流专业人员选择培训的先决条件。生产和教育的综合生态环境帮助学生从"实践"中加强和扩展技能。通过不同的窗口、场景和平台进行实践，以提高其实践能力。

（2）研究型应急物流人才培养模式

高等院校研究型应急物流人才培养，同样需要培育产学研合作基地等产教融合生态环境，以增强学生对现实问题的感知、认知能力。研究型应急物流人才的应急物流培训路径可以设计为"理论→实践→理论"，通过在实践中验证理论并在进一步的理论讨论中升华理论，培养物流人才的实践能力。

①"理论→实践"验证理论

培训研究型应急物流人才的起点是知识和技能的结合。将生产和教育结合，检验生态环境理论，提高实践能力，在讨论中升华理论能力。应急物流研究人员培训的最终目的是培养理论知识，重点是引导学生在发现和解决问题的实践中检验理论。

②"实践→理论"升华理论

研究型应急物流人才的实践能力来自实践。他们必须通过在实践中结合知识和技能实现理论升华，必须从实践回到理论知识的讨论体系。在研究型应急物流人才培养路径中设计回归理论的途径，完成理论在实践中的升华。集成生态环境的研究是研究型应急物流人才培养的必要前提。在教学设计中，学生基于对"公司+农户"的观察和分析，从"公司+农户"集约经营模式中的供应方看，集约经营模式、需求与数据集成工业教育，同时生产与教育集成在生态环境中，有助于学生升华理论，帮助学生在"实践→理论"中强化能力、拓展能力，增强学生面对生鲜农产品供应链集约化经营方式的实践能力。

（3）"四合一"的应急物流人才培养模式

从整合工业学习的角度看，应急物流培训更加注重实践技能的发展。新的学习模式"课堂教学、课外研究、网络学习支持和实践中学"满足理论与实践、知识和技能相结合的需求。以课堂上生鲜农产品的教学设计为例，运用舞台制作原理，设计"四合一"教学场景，实现课内和课外、线上和线下、理论和实践的融合，如图9-3所示。帮助学生了解一枚鸡蛋到餐桌的整个过程。课堂内外的集成场景用于指导教师参加生鲜农产品供应链资源集聚、多渠道发展、服务创新、集约化、集成、智能化等课程。同时指导学生进行研究、实践。使用线上和线下集成场景，指导学生应用生鲜农产品供应链网络资源、理论和实践解决问题，增强线上和线下学习和独立研究能力。理论与实践集成场景用于吸引学生参与生鲜农产品的案例分析、实证研究、实习培训等实践。

①课内课外融合

生产和教育的整合提供了一个实用的环境，以整合学校内外的活动。他可以通过教学和课外研究完成理论知识和实践技能的培训，并在生产教育一体化的实际生态环境中引入"双轨制"，即在学校学习基础理论的同时，还可以在公司实习。物流"四合一"培训模式强调了校内外活动的整合，提供了一个可替代的多样化生态环境，以整合

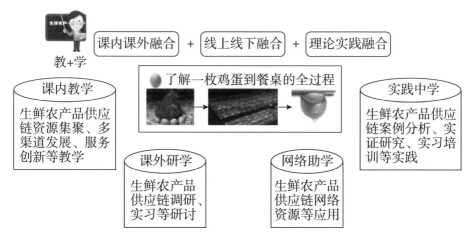

图 9-3　生鲜农产品供应链课堂教学设计

生产和教育的"教学"。该模式将教师教学与学生自我研究和学习有机结合，提高了学生的学习能力。

②线上线下融合

在线集成拓宽了生产和教育集成的视野和环境，可以帮助教师和学生充分利用网络资源。例如，通过扫描教科书上的二维码，获得在线学习材料。在线学习工具扩大了线上和线下整合的机会，有助于加强多样化生产、教育与环境融合之间的联系。"四合一"应急物流培训模式加强了线上和线下的集成模式，随时随地提供互动和学习交流空间，有效打破传统离线学习的时间限制。

③理论实践融合

理论与实践的融合是教育融合的必要性和结果，进一步完善了生产与教育一体化的目标，有助于提高理论与实践、知识与技能相结合的深度，更好地融入生产与教育的综合生态环境，培养高素质的物流人才。应急物流"四合一"学习模式侧重于理论与实践的结合，指导学生利用所学知识在生产与学习相结合的环境中发现和解决问题，并提高学生对实践中获得的知识的理解，提高他们的实践技能。

（4）应急物流人才"知识与实践的统一"培训模块

考虑到在新技术和工业发展趋势中迫切需要高素质的应急物流专业人员，高校应努力整合生产、研究和开发，从生产和教育一体化的角度探讨应急物流培训合作机制及课程整合计划，建立应急物流培训模式，该模块"汇集知识和实践"，为技术创新和工业发展派遣高素质的应急物流人员。以生鲜农产品供应链的实践教学设计为例，利用脚本创建原理开发"知识与实践的统一"教学场景，提高学生发现和解决问题的能力，如图9-4所示。"痛点与机遇"场景用于帮助学生观察和分析生鲜农产品从生产结束、流通结束到消费结束的价格变化。促使他们探索生鲜农产品供应链中的瓶颈和机遇，提高发现问题的能力。新型商业模式场景用于培训学生分析和比较不同商业模式的竞争优势，提高他们应用基础理论、经验和实践技能解决实际问题的能力。健康价值情景旨在鼓励学生关注人民的生计，提高学生以"质量＝健康"的概念解决生鲜农产品质量和安全问题的能力。

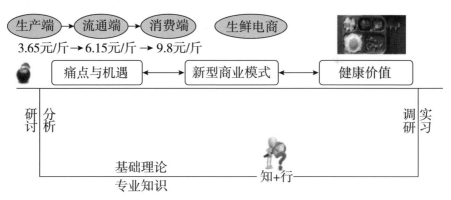

图9-4　生鲜农产品供应链实践教学设计

①多学科资源和多样化技术系统

"知识与实践相结合"的应急物流人才培养模式需要借鉴文学、科技等多学科资源体系，从而支持物流人才培养理论与实践的交叉融合，提高应急物流人才的整体素质。在培训应急物流人才的过程中，实践技能、数学逻辑知识和工程知识的集成和渗透有助于提高应急物流人才的整体能力，以先进的物流技术和理论方法培养出高素质的应急物流专家，从而应对多方面的挑战。多元化的技术体系是先进技术与教育体系深度融合的产物，可以全面支持现代和未来教育的发展，培养高素质人才的能力。人工智能和大数据等新一代信息技术的发展重新定义了教育的内容和扩展，智能教育和合作教育等平台提高了学生自主研究和学习的能力。在生产和教育一体化的环境中，新的技术能力嵌入"知识与实践相结合"的应急物流人才培养模式中，有助于提高"知识"与"行动"的融合能力，以强大的技术支持保持高质量的人才培养。

②多样化和多层次教育

在生产与教育、理论与实践、知识与技能相结合的生态环境中，形成了从课内到课外、从国内到国外的多样化学习体系，可以有效提高学生的学习能力，在"知"与"行"之间做出选择、做出决定，并加强他们自觉参与实践学习的意愿。应急物流培训模式"知识与实践的结合"强调了课堂内外、国内外各种学习资源的整合，探索共同发展的新学习模式，使产业和研究相互促进。同时，导师制、学院制、行业制等多层次教育体系已成为有效支持物流人才培养的新机制。整合政府、学术界、企业、社会共同建设的人才培养体系，走向多元化的综合生产教育环境，培养应急物流人才。"知识与实践相结合"的应急物流人才培养模式强调多层次培训，以学习为基础，深度融合"知识"与"实践"，为社会提供更高水平的应急物流人才。

三、应急物流人才保障的途径

（1）做好人才的规划

人才规划是人力资源供应链管理模式的第一环节，也是企业长期稳定发展的必要保障，应急物流专家建议继续在大学将人才引入社会。平衡任何行业的人才供需并不容易，对人才供需的长期预测也不可能完美。这不仅要求企业做好应急物流人才短期供需预测，进行动态人才规划，还要求高校能够培养出应对紧急情况的高素质人才。在企业内部，动态的短期人才规划反映了对人才供应战略外部环境的需求。组织对外部商业环境的快速反应可以真正反映动态的短期人才规划，并在人才供需之间实现平衡，而不是过时和无效的人才预测。长期人才规划还必须根据一定的标准对人才进行分类。就应急物流人员而言，人才可分为初级物流人员、中级物流人员和高级物流人员。初级物流人员负责基础运营和物流技术的整合，中级物流人员管理多个物流流程和重要的物流活动，应急物流还要充分考虑高级物流人员。当然，应急物流人才的规划过程缓慢，我们必须采取吸引人才的方法，并提供相应的优惠政策。

（2）巩固人才盘点

灵活和标准化的人才盘点是人才供应链管理的关键过程，人才盘点旨在在合适的时间，与公司的现状、绩效和未来发展战略相结合，寻找具有潜力的合格人才。其中，最重要的因素是员工的数量、结构和专业素质，但在实践中，很难检验人才的技能。检验每个人的合规能力变得不切实际，团队合规的想法更符合成本效益的供应链管理概念。因此，公司必须注重团队技能的发展，并选择具有相关技能的人组建团队。寻找支持不同类型企业需求的人才缺口，不断调整团队，结合人才供应策略，做好人才合理流动、员工职业规划体系建设和人才库建设，最大限度地发挥人力资源的作用。

（3）关注人才供应

人才供应链模式正在逐步改变和完善。在紧急情况下，人才供应是人才供应链管理的重要组成部分。在传统经营领域，公司要注重提升和选拔内部人才。对于一个特定的或新的领域，我们应该专注于外部招聘，为公司带来新的想法，并提高工作效率，当然，我们不能忽视公司内部的称职人员，也不能忽视建立必要的内部人员流动机制，以纠正公司不同部门的供需失衡。突发公共事件是不可预测的，因此公司必须建立内部和外部人才储备。一旦发生这种情况，他们就可以迅速部署应急人员。公司的一个重要支柱是其留住人力资源的能力。确保企业人才团队的连续性，还可以避免因紧急情况而导致物流停滞。在突发公共事件发生的初期，公司必须先规划他们需要什么样的人才，并在招聘过程中关注应急物流专业人员的能力，包括应急响应和决策技能等应急管理技能。此外，面试时应具体审查候选人处理紧急情况的方法，避免因突发事件时间仓促而使物流停滞。

（4）强化人才培训

培训是组织发展的一项长期战略。同样，培训分为高校培训和公司培训。作为一所高校，物流专业的建设非常重要，由专业的教师奠定学生的理论基础。同时，有必要培养学生的实践技能，与相关公司、研究机构及其他机构进行合作，创造实践学习的机会。突发公共事件也可以为高校培训带来新的灵感，即建立复杂的人员培训机制。复合人才必须具有广泛的知识，能够处理各种紧急情况，并对事件有完全的控制。高校可以定期模拟紧急情况，为学生提供适当的战略和紧急情况管理知识。未来高校可以实现突破性和系统性，为物流人才提供培养渠道。作为一家公司，员工的长期职业规划非常重要。现代管理理论认为，培训是员工的最佳福利。此外，企业不仅要提供传统业务领域的培训，还要积极提供应急管理培训，提高应对突发公共事件的能力。许多员工认为，只要他们正在做核心工作，就无法做好应对应急管理工作的准备。因此，企业还必须在培训期间告知员工危机情况。沉着冷静是应急物流人才在面对危机时必须具备的素质。无论是在企业还是高校，发展应急物流人才的能力都是至关重要的，包括组织管理技能、团队和控制能力、业务技能、人际公关技能、绩效导向和个人素质。企业和高校必须客观地评估人才，评估他们的能力，找出他们之间的差距，制定目标，然后及时对他们进行评估。

（5）完善激励制度建设

有很多方法可以提供激励。有效的激励措施是改善应急管理人才开发水平的先决条件。企业应注意激励措施在突发公共事件下的作用。物质奖励和非物质奖励、短期奖励和长期奖励相结合，是在紧急情况下激励应急物流人才的有效手段。在日常工作中，必须及时了解工作人员的需要，并动态评估他们的能力。面对危机，处于应急物流专业前沿的人才拥有复杂的技能，同时也面临着个人安全问题。因此，企业必须建立奖励和保障机制，取消对同一工作的不同奖励，加强奖励和保障政策，确保公平和奖励机制。建立有效的激励机制。当然，企业文化对于保持员工忠诚度、促进员工创新研究和实践以及引导员工创新发展至关重要。这不仅使应急物流人员能够感受到工作的价值，还能使企业留住人才，获得竞争优势，更好地应对突发公共事件。通过上述指导和应对措施，我们看到人才规划、盘点、供应和培训是相互关联的，每个环节都可以反映在其他环节中。在突发公共事件下，需要加强物流人才供应链管理，更重要的是要了解人才和物流信息收集的及时性、信息分析和信息利用的有效性。当今是信息时代，掌握及时、充足的信息，也是应急物流人员及时决策、高效运行的有力保障。

第三节　应急管理人员保障的应对策略

一、应急管理人员保障在激励措施下的应对策略

（1）我国应急管理人员的保障和培训问题

①现有的应急管理系统没有充分重视对应急管理人员的保护和激励，也没有系统化和制度化的激励措施

我国长期以来没有引进现代应急管理理论。鉴于 2003 年"非典"疫情对我国经济、社会、生活造成的重大冲击，我国总结了抗击"非典"疫情的经验教训，开始建设以"应急规划和管理体系、机制和法律体系"为基础的应急管理体系。从近年的实践看，我国应急管理体系在应对紧急情况方面发挥了重要作用。以"一案三制"为基础的应急管理体系主要包括具体的操作程序、应急管理组织结构、应急管理工作流程和应急响应行为准则，这是一个重要环节。尽管我国应急管

理提出了加强人才储备建设的建议，但应急管理制度、机制和法律制度缺乏明确、具体、系统的激励措施来保障应急管理人员。应急管理系统的奖惩规则比较模糊，奖惩原则、目标、对象和手段等均没有具体明确的标准。在应急管理实践中，由于缺乏系统化和制度化的激励措施，有关机构经常使用临时激励措施确保激励应急管理人员，或从其他规则和条例中获得激励措施，这些规则和条例在短期内能提供一些激励措施，但就长期而言，这种措施的影响有限，不利于开发和利用资源，不能确保应急管理人员的安全。

②缺乏对应急管理人员需求的有效分析

根据动机理论，一个人的行为是由动机决定的，动机是由需求驱动的。不同的人在不同的阶段、不同的条件下有不同的需求。有效的激励措施应当符合人的心理和生理活动规律，充分满足人的各种需要。在经济、社会、文化等因素的影响下，应急管理人才保障的需求不尽相同，既存在较低层次的物质需求，也存在较高层次的精神需求，既有外在需求，也有内在需求。此外，随着社会经济的变化以及与确保应急人员安全有关的社会和文化环境的发展，对应急人员安全的需求将不断变化。因此，系统的设计只能基于不同类型的应急管理人员的不同安全要求，并根据要求提供不同的激励措施。只有有效激励应急管理人员的行为，激励措施才可以成为提高应急管理绩效的重要因素，激励措施才有效。然而，我国目前在实施应急管理人员安全奖励措施时，常常没有对应急管理人员的安全需要进行有效的分析，而且没有对应急管理人员的级别、结构进行有效分析。应急管理人员的安全需要没有得到充分理解。由于生理、社会、经济和文化特征的差异而产生的需求差异，导致激励措施缺乏相关性并影响其有效性。

③缺乏适当、有效、客观和公平的制度和标准来评估紧急情况下管理人员的保障绩效

奖励的目的是激励受激励对象的积极性和行为，以改善组织业绩并实现其目标，而有效的奖励则基于对业绩的彻底评估。一方面，由于涉及利益主体众多，由政府部门主导的应急管理存在目标模糊性和多元性，其多目标之间可能存在冲突。应急管理目标可能因情况而异，而且是动态的。很难制定明确、一致和稳定的应急管理目标。事实上，很难确定合理的应急管理目标，特别是在制定应急管理政策、应急计划和早期预警时。另一方面，应急管理是一种公共服务，具有许多优点。这不仅具有经济效益，而且具有显著的社会效益。不仅会带来短期利益，还会带来长期利益。因此，应急管理的产出结果难以量化，应急管理人员的业绩难以观察和证实，无法对应急管理工作的结果进行直接考核和评价，而以间接指标进行考核难以得到准确和客观的评价。与其他公共行政活动一样，作为紧急情况管理代理人的行政人员面临着道德风险，可以利用信息优势根据其个人利益选择组织的目标和业绩指标，从而增加了体制成本，降低了激励措施的有效性。正是由于应急管理目标的确定性和结果的可量性差，导致难以建立合理、有效、客观、公正的应急管理绩效评估体系和评估标准，应急管理激励缺乏可靠依据，不能保证激励的公平性，影响激励效果。

④对需要管理的不同类型的人才没有多样化的激励系统

在我国目前的应急管理体系下，对不同类型应急管理人才的保障需求缺乏有效分析，导致应急管理人才激励缺乏针对性，激励方式单一。由于政府部门领导应急管理工作，而政府部门的预算支出是有限的，因此应急激励措施具有财政约束力，这使政府部门向应急管理人

员提供的货币性激励和保障极其有限。政府部门在应急管理实践中往往强调个人和地方利益服从集体利益，鼓励自我牺牲和集体精神，强调应急管理的精神需要，忽视物质需要，颁发荣誉和奖品已成为政府部门重要的激励措施。总体而言，强调内部激励、忽视外部激励的单边激励模式无法满足应急管理人员安全需求的多样性，不能给应急管理人才保障提供充分激励，影响了激励效果。

⑤注重短期激励，忽略长期激励

我们在紧急情况管理中专注于鼓励短期行为和效率，忽略了长期以来良好的应急管理激励措施，特别是基本的应急管理工作（如应急计划、应急管理技术等）实施的有效激励不足，激励行为短期化，缺乏对应急管理长短期激励机制的综合考虑，导致对参与基本应急管理的工作人员的激励措施不足，对基本应急管理发展水平产生不利的影响。

（2）对完善应急人员激励机制的思考

针对我国应急管理人员安全激励存在的问题，进一步完善激励机制，加强应急管理人员资源的开发和提高应急管理人员的能力将有助于改进应急管理。

①注重激励机制在人力资源开发中的作用，完善应急管理安全激励体系，提高激励体系的系统性

我国应急管理系统缺乏统一有效的应急管理人员激励制度。要求各级应急管理机构认识到人才在应急管理中的核心和战略作用，完善应急管理战略规划，以人才为重，充分开发应急管理人员安全资源，注重应急管理人才管理体系创新。以人力资源管理理论为指导，制订应急人员安全保障计划，组织实施应急人员安全保障团队，提高现代

技术和人才开发手段的应用能力和水平，深入学习人员安全保障激励机制的工作原理，分析激励措施对工作人员安全紧急情况管理效率的影响，在此基础上全面评价现行工作人员安全激励政策和相关制度。结合突发、公开、专业、复杂、合作的应急管理特点，以及当前激励政策存在的问题，相关应急管理部门应率先消除行业的制约因素，建立应急管理人员安全保障激励制度，协调应急管理人员安全保障政策和标准，完善激励政策的公平和系统化。

②分析不同类型的应急管理安全需求，关注需求差异，制定有针对性的激励措施

由于需求不同，同样的激励措施和手段对于不同应急管理人员将产生不一样的激励效果。因此，要完善我国应急管理人员安全保障激励制度，必须结合应急管理工作的特点，切实满足应急管理人员保障的各种需求。这要求我们在制定激励政策时，将心理学、社会学和其他领域的研究成果作为理论基础。运用科学手段和方法研究分析各类应急管理人员的安全需求，预测其发展趋势和变化。在尊重个体需要差异的基础上，重点分析各类型应急管理人才保障最重视、最具倾向性的共性需求，从而向不同类型应急管理人才提供差异化的激励。例如，对于从事应急管理的行政人员来说，职业发展是最有吸引力的，故可以采取提供更多职业发展机会的激励方式。而从事应急管理的专业技术人才则更加重视声誉、被尊重和工作环境，故可以采取提供更高的荣誉、专业职称、社会地位以及良好的工作生活环境等激励方式。对于参与紧急救援的人民解放军、武装警察和民兵预备役人员来说，获得荣誉和晋升是对他们工作的有效奖励。这些工作人员中有许多人也面临第二次职业选择的问题。在紧急情况下工作的社会工作者

和志愿者必须集中精力满足他们的内部需求，提高他们的技能。

③完善应急管理绩效评估体系，为激励措施的实施提供坚实基础，提高激励措施的公平性和有效性

改进对紧急情况管理业绩的评估，制定适当的应急管理绩效评价标准，完善应急管理绩效管理，是全面解决应急管理激励作用的重要条件。在应急管理工作中，要建立绩效意识，提高相关部门对绩效管理的重视。在确定紧急情况管理目标时，必须进行广泛的讨论和协商，以避免道德风险和缺乏科学分析，从而提高灾害管理目标的可用性和有效性。鼓励应急管理人员积极参与制订应急管理工作计划，从而促进计划的成功实施。完善应急管理绩效考核制度，根据各类应急管理工作的内容，建立各类应急管理人员安全绩效考核指标和标准制度，提高相关性、应急管理有效性、评估的可获得性和客观性。在进行绩效考核时，可以考虑由政府和独立的外部评价机构评估紧急情况管理的有效性，以确保公平性。加强关于业绩的沟通和反馈，使应急管理人员能够理解和接受绩效考核结果，并帮助他们提高技能和业绩，真正发挥促进作用。

④根据应急管理人员保障的不同需求，将物质激励与精神激励相结合，建立多元化激励体系

鉴于处理紧急情况的人员的安全要求不同，应采用不同的奖励办法。在物质激励方面，要制定符合各种应急管理保障措施的工资制度，提高应急管理人员的工资水平，吸引和留住人才。应优先考虑改善高级应急管理人员和外地救灾人员的工作和生活条件，保证他们的生活。要对应急管理人员保障中的社会工作者和志愿者给予一定的财政支持和经济补偿，有效利用这部分社会应急管理资源。应为处理危

险紧急情况的工作人员制订有效的安全保险计划，并提供风险津贴，降低他们承受的风险。在精神激励方面，要注意各类人才的职业规划，给他们职业发展空间，提高工作满意度。必须提高应急管理人员的奉献精神和集体士气，并保持应急安全管理人员的专业精神。要加强感情激励，认同、关心和鼓励应急管理人员，满足他们受到尊重的需要。我们要提高精神激励水平，建立国家应急管理人员安全功绩奖励制度，对做出突出贡献的应急管理人员给予表彰和奖励。简言之，在体制安排和激励措施的实施上，要从多方面满足应急管理人员保障的不同需求，实现内外激励相结合，充分调动应急管理人员的积极性，激发他们的潜能，从而提高应急管理队伍的整体绩效。

⑤建立事前激励和事后激励相结合，长期激励和短期激励相协调的应急管理人才保障长效激励机制

着眼于加强应急管理人才队伍建设，重视应急管理水平的长远考虑，应该重视对于应急管理人才激励的时效性，兼顾过程和结果，实现事前激励与事后激励结合，长期激励和短期激励协调统一。在制定激励政策时，既要对应急管理人才既定的、明确的绩效事实给予及时激励，以避免由于激励滞后使被激励对象产生未达到期望的失落感，挫伤应急管理人才的积极性，降低激励效果，甚至产生不满情绪，导致与激励初衷相反的结果。另外，激励政策也应该兼顾经常处于预备状态，从事长期性、基础性工作的应急管理人才，这部分人才可能由于不能及时获得基于结果的事后激励而降低工作绩效，对于这部分应急管理人才的保障，可以考虑将激励措施适当前置，建立面向过程的非应急响应时的长效激励机制，以保证应急管理人才处于被高度激励和长期激励的状态。

二、应急管理人才保障结合胜任素质模型的应对策略

20 世纪 70 年代，美国心理学家麦克莱兰在《测量胜任素质而非智力》一文中提出了"胜任素质"的概念。目前，对于胜任素质的概念存在多种理解，其中被普遍认同的是斯宾塞夫妇于 1993 年提出的概念。他们认为胜任素质是指"能将某一工作（或组织、文化）中有卓越成就者与表现平平者区分开来的个人的潜在特征，它可以是动机、特质、自我形象、态度或价值观、某领域知识、认知或行为技能等任何可以被可靠测量或计数的并能显著区分优秀与一般绩效的个体特征"。应急物流人才胜任素质就是确保应急物流人才能顺利完成任务或达到目标，并能区分绩优者和绩劣者的潜在的、深层次的各种特质。应急物流人才胜任素质模型就是采用科学的研究方法，以显著区分应急物流人才中绩效优异者与一般员工为基础寻求鉴别性的岗位胜任素质，经过反复比较分析，最终确立起来的与绩效高度相关的胜任素质结构模式。通过对应急物流行业相关人员开展行为事件访谈和问卷调查，后续又对访谈报告进行编码与统计，初步构建应急物流人才胜任素质模型，如表 9-1 所示。

表 9-1　　　应急物流人才胜任素质及其重要性分布

素质要素	涉及的关键事件（件）	权重（%）
组织管理能力	28	19.6
指挥控制能力	25	17.5
业务能力	35	24.5
人际公关能力	22	15.4
成就导向	18	12.6
个人品质	15	10.5

组织管理能力代表应急物流团队成员之间的合作，以及合作过程中所需的计划、组织、协调等能力，涵盖组织领导力、应变能力、人际理解能力、团队合作能力等素质指标。指挥控制能力是组织掌握和控制战略执行的能力，包括战略思维能力、分析和判断能力、执行能力、适应能力、风险识别能力、细节把握能力和其他质量指标。业务能力是指在紧急情况下管理物流的经验和技能，涵盖信息收集能力、学习能力、责任感、时间管理能力和创造力等质量指标。人际公关能力代表了应急物流人员处理人际关系的广泛技能。成就导向代表了应急物流人员为自己和他们管理的组织设定目标的动机和愿望水平，以提高绩效和效率，涉及压力管理、竞争意识和对成功的渴望等。个人品质是应急物流人才的人格特征及其影响力，包括诚信、组织参与、自我理解、关心他人、内部影响和其他质量指标。能力模型在管理实践中的应用是核心绩效的标准，外部绩效是行为描述。只有将胜任素质模型融入招聘选拔、培训管理、绩效管理等人力资源管理实践中，其价值才能得到体现。

①建立基于能力模型和基于能力特征的业绩分析制度。基于优秀员工的业绩，研究优秀员工在工作场所的特点和行为，结合他们的特点和行为确定工作场所的绩效要求，为组织中的员工提供明确和具体的标准，以更有效地完成工作任务。比较不同绩效水平的员工的关键行为，确定影响绩效水平的关键因素，并为高绩效制定行为标准，以帮助提高员工的绩效，从而提高组织的整体绩效水平。与传统的"一人一职"匹配理论相比，基于能力的绩效分析不仅将组织文化、价值观和发展战略紧密联系在一起，还将"一人一职、一组织"匹配视为组织核心竞争力的关键，改善了工作人员与组织之间的关系。实现人

员、职位和组织的完全匹配。此外，以能力模型为基础的应急物流管理的工作说明是对某个职位或特派团中业绩优异的能力描述。因此，有必要仔细审查和修订《应急物流管理手册》和《应急物流工作手册》，并将修订后的工作手册与实际的应急物流管理工作进行比较，修改和完善所有内容。

②建立基于素质模型的工作人员甄选制度。应急物流专业人员的能力模型包括专业知识和技能、信息收集、全面思考、冲突管理能力、影响力、团队合作、领导力、沟通能力、成就导向、主动性、自信的胜任素质要素，且对每个能力都有明确的定义和解释。进行甄选的考官必须将每个能力的精确定义和能力模型中的具体行为要求紧密结合起来，不仅关注教育背景、专业经验、知识和技能的明确特征，而且要注意更深层、更有价值的质量要素，如自尊、个性和动机。至于物流人员在紧急情况下必须具备的潜在能力，如反应能力、决策能力、应急能力、责任感等，面试中也是必须考察的。为了确保面试的客观性和与职位的匹配性，面试问题的设计应考虑到物流人员在紧急情况下的能力，而情景或行为问题应根据结构化面试问题的面试结果确定。候选人根据专业经验回答问题，然后对候选人的资格进行连续审查，以提高面试的成功率和质量。

③基于能力模型的业绩管理制度的一个重要特点是，能力与业绩密切相关，可以预测工作人员今后的业绩，并有效地区分出色的业绩和总体业绩。传统的业绩评估通常以事后分析为基础，以确定关键业绩指标（KPI）。在确定应急物流管理岗位绩效标准的过程中以及利用绩效结果的时候，不能很好地把过程和结果结合起来评估，最终结果往往不准确、不公平。应急物流管理的特殊性对管理人员的技能提

出了更高的要求。因此，将能力模式应用于业绩管理尤为重要。基于能力模型的绩效管理体系应根据我国应急物流运行特点和应急物流人才能力模型进行设计。总的来说，这一系统应包括应急物流人员日常服务、效率、能力和质量等方面具体可衡量的指标。因此，应急物流管理人员的工作必须与组织的发展战略保持一致，确保应急物流管理人员不会偏离组织的发展道路，并充分利用组织有限的资源以实现更好的结果。该系统识别了成功者和整体成功者之间的差异，并在整个应急物流管理过程中反映了这些差异。还为各组织提供了比较工作人员过去、现在和未来行为的机会，使管理人员能够更好地评估现有工作人员今后的业绩趋势。应急物流人员还可以更清楚地看到自己与绩效优异的员工之间的差距，以增强员工的能力，自觉提高整体质量，克服专业障碍，提高组织整体绩效。

④建立以能力为基础的学习体系。组织行为学和工效学强调"人岗匹配"。基于能力模型的工作分析提出了"人与组织之间的匹配"。组织内员工既要符合特定工作环境和岗位的要求，也要使个体特质和组织特征相配。基于胜任素质模型的培训，我们必须先区分能力结构，全面评估现有和后备管理人员的能力和潜力，帮助他们了解自己的特点、专业行为和发展需求，并找出能力差距。然后根据不同的结构层次和培训难易度，设计符合个人特征和组织发展需求的培训计划，通过实施培训计划提高个人和组织能力。此外，必须监测和评估工作人员学习全过程，以提供反馈和改进意见，优化学习效果，最大限度地提高工作人员的能力和潜力，有效地实施本组织的人力资源开发，促进战略目标的实现。

⑤胜任素质定价支付报酬的影响因素主要包括岗位、能力和绩

效。应急物流人才属于复合型技能人才，在薪酬体系设计时，必须充分考虑胜任素质的关键影响因素。在实践中，组织可以结合自身现实，逐步实施宽带薪酬制度，将应急物流人员的薪酬制度与其能力挂钩。通过素质测评，确定员工的能力素质水平及其对应的薪酬水平，能力强、绩效高的人可以获得更多的薪酬激励，有效地激励员工继续学习，使他们能够在职业生涯中进一步发展，提高自身的胜任素质水平，从而不断提升应急物流管理能力。

第四节　应急物流人才保障的应对措施

一、应急物流人才保障与劳动合同、调薪及安置相关的应对策略

（1）完善劳动合同和机制

在突发公共卫生事件背景下，很多企业的员工及管理者都处于手忙脚乱的状态，这时候也最容易产生人际矛盾、劳动纠纷。因此，参与应急物流的企业有必要完善应急物流人才劳动合同，并制定集体协商机制。越在特殊时期，应急物流企业内部员工的团结一致就显得越重要。应急物流企业完善劳动合同和机制有助于稳定人心，为参与应急物流的人才消除后顾之忧。为此，应急物流企业的人力资源部门应该与参与应急物流的人才进行充分的交谈，了解他们参与应急物流存在哪些问题。通过了解他们的现状、未来的规划和对员工权益的看法，应急物流企业可以制定更完善的劳动协商机制，充分解决应急物流人才的困难，达到良好的人才保障效果。

（2）制定临时性调薪机制

很多人才不愿意参与应急物流很大的原因是付出和回报不成正比，为了切实解决这一问题，应急物流企业的人力资源部门应该积极与应急物流人才进行沟通，并商议可接受的薪酬范围，根据企业的收益情况适当地调整应急物流人才的薪酬。同时，应急物流企业也需要保证自身的效益，维持经营。

（3）制定人员安置方案

应急物流企业必须保证参与应急物流的人才的人身安全。为了预防员工在参与应急物流过程中出现意外状况，企业必须事先制定好应急方案和人员安置方案、保障方案。对于参与应急物流的人才，应急物流企业应该为其准备好防护措施、应急药物和食物，保证他们的安全和健康。同时，由于重大疫情下封路等情况会导致运输时间增加，应急物流企业还需为应急物流人才提供临时的住所，保证他们的休息。另外，应急物流企业应向家庭生活困难的员工提供补助方案、帮助就业方案等。解决参与应急物流的人才的后顾之忧。当劳资双方商议好相互的权益后，征求大部分企业员工的意见，然后送至企业的党组织或工会进行审核批准，使其具有法律效应。

二、应急物流人才保障从人力资源管理出发探求的解决方案

和发达国家相比，我国的人力资源管理研究尚不完善。要借鉴国外应急物流的先进经验，探索适合我国国情的中国特色应急人员管理体系，使应急人员管理更加标准化和制度化。为加快我国高素质应急管理人才的发展，必须在以下领域开展应急管理工作。

（1）更好地了解紧急情况下的人力资源管理

第一，完善应急人力资源管理相关法律法规。第二，紧急情况下的人力资源管理应成为系统和政策的优先事项，因为这是立法的基础，而且有充分的理论和实践基础可确保立法具有科学性。第三，提高对紧急情况下人力资源管理的法律认识和行政立法对社会宣传的法律限制，这是社会法治的基础。因此，必须加强政策和法律宣传，有效监测紧急情况下工作人员的行为和人力资源管理。第四，改进应急计划中的人力资源管理。在制订应急计划时，应明确界定应急管理的概念和方法。第五，必须改变应急人员管理的传统做法。应设立专门的工作人员，负责应急人员的招聘、培训、评价、晋升、福利等事项。确定紧急情况下人力资源管理的原则、程序、目标和预防措施。将重点放在紧急情况下人力资源的开发和培训、人力资源的能力建设以及职业发展计划上。

（2）建立统一的应急人力资源管理系统

建立了一个统一的应急人员管理系统，将相关数据储存在数据库中，在发生危机时访问和选择该系统。通过通信和网络技术，所有指挥和部署职能都可以在同一个系统中实现，其中的信息可以与其他单位共享。在宏观一级，指导小组必须发布指令并做出决定，具体问题和一般问题可由各部门主管分开处理。建立一个统一的应急工作人员管理系统的好处是避免浪费资源，从一开始就可以获得关于工作人员部署的所有信息，从而节省了应急管理的时间。

（3）提供应急培训

应急培训的目的是加强人力资源应对紧急情况的能力。要对各类应急人员进行系统、科学的培训，丰富应急演习的内容和形式。首先，改善应急技术人员的培训，联系各自专业领域的研究单位，提供理论支持，重点培训如何使用专业设备，加强实际操作实践。应特别注意培训复杂设备的保养和维修。定期举办专业技能竞赛和研讨会，通过网络平台分享新技术，加强专业人才应急沟通。其次，对应急管理人员提供适当的培训，包括应急管理规划和基层培训。目前，该方法已在我国一些省市应用。例如，甘肃省将应急管理培训纳入公务员培训。在培训公务员时，应按计划加强应急管理培训。最后，我们还必须把重点放在整个社会的应急准备上。我国的应急管理具有明显的国家动员特点。公众对紧急情况的反应能力与我们管理紧急情况的效力直接相关，因此，国家应急管理培训至关重要。这应包括传播紧急情况的类型和内容的信息，传播关于紧急情况的基本知识，传播关于应急服务、法律和政策的信息，以及基本应急技能的培训。各级政府和应急服务部门应组建各种形式的专业组织，向公众通报紧急情况。我国已将5月12日定为全国防灾减灾日，在这一天为全国人民开展防灾和减灾宣传活动，以传播防灾和减灾知识，加强防灾和互助能力。

（4）建立长期应急人力资源数据库

应急管理是一个复杂而系统的项目，涉及许多方面。专家库人员在事件的发生、发展、演变、传播等方面更具专业性、权威性。各级应急管理部门应了解各自对环境和紧急情况的管辖权，调查和分析本组织的所有应急人力资源，建立应急人力资源数据库。应急人力资源数据库的功能是提供准备和背景预测。专家库成员包括：高层决策者、技术人员、信息人员、国内外应急管理科学家等。同时，应加强建立专家数据库并将此作为日常管理的长期机制。一旦建立了专家数据库，还必须及时维护和更新数据。专家库成员在研究危机机制、演绎机制、沟通机制等方面更先进、更专业、更贴切，对如何应对危机有更多的看法。无论在危机管理的哪个阶段，专家的作用都是不可或缺的。一般而言，各国政府应在各类专家的指导下加强危机监测和预警。危机发生后，各国政府应在专家的指导下，对危机做出及时和有效的反应。鉴于此，政府对各专家库的建设和使用均应形成长效机制，使之成为一个日常性的政策和制度。专家库人员能为应急管理工作的开展提供强有力的智力支撑。

参考文献

［1］薛澜，钟开斌．突发公共事件分类、分级与分期：应急体制的管理基础［J］.中国行政管理，2005（2）：102-107.

［2］THOMAS A, MIZUSHIMA M. Logistics training：necessity or luxury? ［J］. Fritz Institute，2005（22）：60-61.

［3］ALTAY N, GREEN W G . OR/MS research in disaster operations management ［J］.European Journal of Operational Research，2006，175（1）：475-493.

［4］欧忠文，王会云，姜大立，等．应急物流［J］.重庆大学学报（自然科学版），2004，27（3）：164-167.

［5］张丽芳，冯小霖，易灵香，等．新发展阶段云南省应急物流体系优化研究［J］.时代经贸，2022（4）：121-123.

［6］余家祥，王遥飞，索馨，等．应对新冠肺炎疫情武汉应急物流发展问题与对策建议［J］.综合运输，2020，42（4）：4-7.

［7］姜岚．基于绿色物流的应急物流对生态环境保护方法研究［J］.环境科学与管理，2021，46（10）：124-128.

［8］唐珍．青岛市应急物流管理系统构建研究［J］.青岛职业技术学院学报，2021，34（4）：5-7.

［9］马福婧．宁波舟山港应急物流系统运行绩效评价［J］.浙江

万里学院学报，2021，34（4）：25-31.

［10］尹传忠，刘咪，武中凯，等．区域应急物流中心空间布局规划研究［J］.铁道科学与工程学报，2022，19（6）：1550-1558.

［11］胡晓，付江伟，吴珊丹．基于演化博弈的应急物流最优仓库定位［J］.计算机仿真，2021，38（11）：415-419.

［12］冯瑛杰，谢庆红．基于遗传算法的应急物流设施选址与调度［J］.科技和产业，2021，21（9）：102-106.

［13］倪卫红，陈太．基于聚类-重心法的应急物流配送中心选址［J］.南京工业大学学报（自然科学版），2021，43（2）：255-263.

［14］孟燕萍，申慢慢．考虑灾后道路恢复情况下动态应急物资选址问题［J］.重庆交通大学学报（自然科学版），2019，38（1）：89-96.

［15］陈业华，白静，李兴源．多阶段灾后救援选址-路径模型及求解算法［J］.工业工程与管理，2017，22（5）：150-157.

［16］曲冲冲，王晶，余家豪．基于网格化管理视角下灾后应急物流决策模型与算法研究［J］.运筹与管理，2022，31（1）：75-79，98.

［17］陈端玉，黄文霞．区块链在应急物流物资保障体系构建中的应用［J］.计算机时代，2022（2）：55-58.

［18］冯良清，陈倩，郭畅．应对突发公共卫生事件的"智慧塔"应急物流模式研究［J］.北京交通大学学报（社会科学版），2021，20（3）：123-130.

［19］姜旭，胡雪芹，王雅琪．社会化应急物流管理体系构建——日本经验与启示［J］.物流研究，2021（1）：14-20.

［20］王圣洁．提升现代化应急物流体系运转效率的策略研究［J］.中国集体经济，2022（2）：102-104.

［21］宋则，孙开钊．中国应急物流政策研究（上）［J］.中国流通经济，2010（4）：19-21，33.

［22］马丽荣，尹耀杰．甘肃省应急物流设施选址问题研究［J］.合作经济与科技，2022（12）：177-179.

［23］瞿群臻，王嘉吉，唐梦雪，等．基于组合模型的"十四五"期间中国科技人才需求预测［J］.科技管理研究，2021（21）：129-135.

［24］蒋莉莉，杨颉．未来10年我国高校高层次知识创新人才预测——基于高被引科学家的研究视角［J］.科技管理研究，2011（22）：133-136.

［25］单博．浅谈手术机器人发展现状及我国人才需求预测［J］.中国仪器仪表，2022（6）：31-35.

［26］赵昕，李丹．基于灰色预测模型GM（1，1）的海洋人才预测研究［J］.海洋开发与管理，2010，27（1）：36-38.

［27］王小许，蔡文伯，柴蒙亮．后疫情时代我国卫生人力资源供求预测的实证研究［J］.成都师范学院学报，2020，36（8）：109-116.

［28］刘恬玥，高冰，张晓建．基于ARIMA预测模型的人才市场需求分析［J］.商讯，2019（11）：189-190.

［29］陈振斌，张万红，彭勃．基于Elman神经网络的江苏技术人才需求预测［J］.商场现代化，2007（12）：324-325.

［30］解进强，李晶晶，周少华．胜任素质模型在应急物流人才管理中的应用［J］.统计与管理，2015（5）：128-129.

［31］赵秋红. 重特大突发事件分形应急物流管理体系建设及其保障机制［J］. 江淮论坛，2020（4）：13-20，27.

［32］王玖河，魏春红，邓舒婷，等. 人才供应链管理体系建设［J］. 企业管理，2013（8）：112-114.

［33］CAPPELLI P. A supply chain approach to workforce planning［J］. Organizational Dynamics，2008，38（1）：8-15.

［34］黄丽娜. 人员素质测评方法在企业招聘中的应用研究［J］. 智库时代，2019（10）：285-286.

［35］何欣. 人才供应链的失衡与再平衡［J］. 人力资源，2020（9）：58-61.

［36］郑烨."供应链"视域下的我国企业人才管理模式研究［J］. 中国市场，2011（10）：58-59.

［37］许锋. 人才供应链管理模式［J］. 华东经济管理，2011，25（10）：109-114，144.

［38］林海明，杜子芳. 主成分分析综合评价应该注意的问题［J］. 统计研究，2013，30（8）：25-31.

［39］韩小孩，张耀辉，孙福军，等. 基于主成分分析的指标权重确定方法［J］. 四川兵工学报，2012，33（10）：124-126.

［40］李晴. 社会物流总费用与社会物流总额的定性与定量关系［J］. 物流工程与管理，2011，33（4）：1-3.

［41］袁璟璟. 我国货物运输保险影响物流业发展实证研究［J］. 保险研究，2011（11）：106-111.

［42］张兆民，韩彪. 以社会物流费用占社会物流总额比重测算物流成本［J］. 中国流通经济，2016，30（10）：24-30.

［43］丁俊发．改革开放 40 年中国物流业发展与展望［J］．中国流通经济，2018，32（4）：3-17.

［44］段晓鸽，马占军．PEST 模型下的西咸新区海外人才引进模式探索［J］．农村经济与科技，2015，26（11）：155-156.

［45］王秀梅．创新高校引智机制的探索与体会［C］．中国国际人才交流与开发研究会．中国国际人才交流与开发研究会年会暨第二届国际人力资源开发研讨会论文集．中山大学出版社，2016：352-361.

［46］冯国基．中小企业人才流动与管理对策研究［J］．投资与创业，2021，32（23）：165-167.

［47］陈柱香．高校、政府、企业联动耦合的创新创业型人才培养机制形成分析——基于三螺旋理论视角［J］．大学教育科学，2015（1）：42-47.

［48］李汉超，王英．基于"三螺旋"理论视角下高校创业教育协同发展探究［C］．中国高等教育学会大学素质教育研究分会．素质教育与一流大学建设——中国高等教育学会大学素质教育研究分会 2017 年年会暨第六届大学素质教育高层论坛论文集．高等教育出版社，2018：435-439.

［49］杨勇波，刘宗明，赵佳．三螺旋联动机制下的产品设计人才实践能力培养模式［J］．湖南包装，2017，32（2）：94-96.

［50］四川大学课题组．四川省基层公共文化服务人才知识教育培训研究［J］．党政研究，2018（1）：119-128.

［51］张倩，邬丽群．三螺旋理论下高校创新型会计人才协同培养及创业教育研究［J］．商业会计，2017（19）：108-111.

［52］汪艳，吴琴琴．对我国东中西部区域发展差异性的实证分

析［J］.北方经济，2012（4）：75-76.

［53］侯晓娜，王巍.现代中小企业人才流失影响、因素与对策分析［J］.现代经济信息，2017（2）：83.

［54］李严锋.国外救灾物资应急物流经验分享［J］.中国减灾，2013（19）：24-25.

［55］蒋宁，张军.应急物流系列讲座之九 国外应急物流发展现状与特点［J］.物流技术与应用，2009，14（3）：112-114.

［56］孙静霞，张净.国外应急物流研究综述［J］.物流工程与管理，2012，34（4）：93-95，140.

［57］续媞特.国内应急物流发展现状及对策研究［J］.内蒙古农业大学学报（社会科学版），2013，15（4）：32-36.

［58］阚龙营，段丽妮，杨芬.国内应急物流现状研究——一篇文献综述［J］.中国储运，2022（8）：145-146.

［59］徐端端.中国应急物流优化研究［J］.黑龙江交通科技，2011（12）：100-101.

［60］张志鹏，曾佑校，陈博.应急物流系列讲座之八　应急物流法规建设［J］.物流技术与应用，2009（2）：106-108.

［61］赵洁.建筑供应链信息共享平台设计与应用［J］.计算机工程，2010，36（17）：249-251.

［62］卢安文，刘佳奇.物流服务供应链信息共享激励策略研究［J］.科技管理研究，2019（7）：221-225.

［63］贾华，郭强.基于创新人才培养视角的高校信息化建设研究［J］.继续教育研究，2014（4）：116-118.

［64］张潇化.浅析美国城市应急物流管理体系对我国的启示［J］.

中国城市经济，2010（5）：255-256.

［65］魏四新，郭立宏．文化因素对地方政府绩效管理的影响研究——基于霍夫斯塔德的跨文化视角［J］.我国软科学，2010（3）：82-87.

［66］殷洁．应急物流人才培养的思考——以职业院校为例［J］.经营管理者，2021（9）：90-91.

［67］李创．我国应急物流发展的主要问题与应对措施研究［J］.物流科技，2017（3）：1-3.

［68］张改平，萧赓，李红昌，等．我国应急交通运输体系的问题及建议［J］.中国公路，2020（7）：37-38.

［69］董海波．浅谈突发公共卫生事件应急型人力资源管理研究［J］.消费导刊，2008（7）：126.

［70］吴磊明，张文斌，龙绵伟，等．着眼疫情防控物流短板，加快构建现代应急物流体系［J］.中国物流与采购，2020（17）：39-40.

［71］郝英奇．科技进步动力机制研究［J］.暨南学报（哲学社会科学版），2003，25（6）：61-66.

［72］田国强．经济机制理论：信息效率与激励机制设计［J］.经济学（季刊），2003，2（2）：271-308.

［73］郝英奇，刘金兰．动力机制研究的理论基础与发展趋势［J］.暨南学报（哲学社会科学版），2006，28（6）：50-56.

［74］邱伏生．从新型冠状病毒疫情阻击战看国家疫情应急供应链体系建设及建议［J］.物流技术与应用，2020，25（2）：52-55.

［75］刘俊，董千里，李毅斌，等．军事应急物流军民融合层次划分［J］.包装工程，2013，34（11）：117-120.

［76］华连连，张诗苑，王建国，等．供应链治理：理论基础、研究综述及展望［J］．供应链管理，2021，2（8）：5-19.

［77］HUMPHREY J, SCHMITZ H. Governance in global value chains［J］. IDS Bulletin, 2001, 32（3）: 19-29.

［78］DIXIT A. Governance institutions and economic activity［J］. American Economic Review, 2009, 99（1）: 5-24.

［79］李维安，李勇建，石丹．供应链治理理论研究：概念、内涵与规范性分析框架［J］．南开管理评论，2016，19（1）：4-15，42.

［80］窦良坦，贾传亮．应急处置人力资源调度系统构建与对策研究——基于复杂系统理论视角［J］．中国人力资源开发，2012（12）：62-65.

［81］徐军海．构建现代人才发展治理体系的逻辑与路径——基于"主体—要素—过程"分析框架［J］．江海学刊，2020（3）：91-96，254.

［82］吴会江．高校的人才供应链管理［J］．沈阳工程学院学报（社会科学版），2007，3（3）：425-428.

［83］章荣君．政府促进产学研协同创新的机制构建［J］．中国高校科技，2017（3）：29-30.

［84］王卫民，吴永乐，张一凡．产教融合视域下芯片领域校企合作双元育人模式探索与研究［J］．中国大学教学，2021（6）：67-71.

［85］马静琳，马培蘬，王清雅．多元主体协同育人理念与实践的探索——基于信息化的政产学研用视角［J］．中国高校科技，2022（7）：61-65.

［86］朱立龙，荣俊美，张思意．政府奖惩机制下药品安全质量

监管三方演化博弈及仿真分析［J］.中国管理科学，2021，29（11）：55-67.

［87］孙锐，吴江.构建高质量发展阶段的人才发展治理体系：新需求与新思路［J］.理论探讨，2021（4）：135-143.

［88］肖静怡.基于顾客期望的互联网应急物流平台评价研究［J］.现代营销（经营版），2020（9）：56-57.

［89］柯秀云，陈建华.基于灰色关联的应急物流最优路径选择［J］.物流工程与管理，2014，36（7）：182-184.

［90］周学智，徐昌锐，王建.构建湖北石油成品油应急物流配送体系初探［J］.石油库与加油站，2009，18（1）：16-18.

［91］甘红云.应急物流研究综述［J］.湘潭师范学院学报（社会科学版），2009，31（6）：60-61.

［92］胡海博，胡一波.我国物流人才现状分析及培养对策研究［J］.知识经济，2012（3）：172.

［93］韦宏，张廷龙.基于就业能力为培养目标的高校物流管理专业课程设置［J］.商场现代化，2013（1）：128-131.

［94］张凌辉.物流人才杀入热门行业［J］.我国大学生就业，2005（24）：34-35.

［95］李蓉.我国高校物流人才培养模式创新研究［J］.物流科技，2010，33（9）：25-28.

［96］胡秋琴，朱根弟，刘斌，等.完善评价工作 促进工科院校教师综合素质提高［J］.浙江丝绸工学院学报，1998，15（3）：258-262.

［97］佟姗姗.我国高职院校物流专业人才培养现状分析及对策［J］.现代经济信息，2016（13）：440.

［98］清华．市场需求导向下的我国物流企业人才培养模式研究［J］．物流科技，2017（6）：160-161.

［99］翁启伟，陈春玲．海南自贸区背景下应用型物流人才培养模式研究［J］．现代经济信息，2018（18）：389-390.

［100］徐向彩，钱文文．激励机制，释放人才政策红利［J］．人力资源，2021（24）：40-42.

［101］王慧珍．"一带一路"倡议下国际陆港物流人才培养体系探析［J］．物流科技，2022（1）：168-170.

［102］赵林度．产教融合视域下物流人才培养模式创新［J］．中国大学教学，2021（12）：18-23.

［103］许玉芳．关于应急管理人才激励问题的研究［J］．商业文化（下半月），2011（8）：56.

［104］唐华茂．我国应急管理人才激励问题研究［J］．经济管理，2011，33（4）：96-101.